三苏文化

苏辙评传

曾枣庄 著

巴蜀书社

图书在版编目（CIP）数据

苏辙评传 / 曾枣庄著. —成都：巴蜀书社，2023.4
ISBN 978-7-5531-1950-2

Ⅰ.①苏… Ⅱ.①曾… Ⅲ.①苏辙（1039—1112）—评传 Ⅳ.①K825.6

中国国家版本馆CIP数据核字（2023）第055543号

苏 辙 评 传
SUZHE PINGZHUAN

曾枣庄 著

出 品 人	林　建
策　　划	侯安国
责任编辑	陈亚玲
封面设计	冀帅吉
出　　版	巴蜀书社
	四川省成都市锦江区三色路238号新华之星A座36层
	邮编：610023
	总编室电话：(028)86361843
网　　址	www.bsbook.com
发　　行	巴蜀书社
	发行科电话：(028)86361852
经　　销	新华书店
照　　排	四川胜翔数码印务设计有限公司
印　　刷	成都思潍彩色印务有限责任公司　(028)87510100
版　　次	2023年4月第1版
印　　次	2023年4月第1次印刷
成品尺寸	240mm×170mm
印　　张	14.75
字　　数	250千
书　　号	ISBN 978-7-5531-1950-2
定　　价	55.00元

本书若有印装质量问题，请与工厂调换

目 录

第一章　"少者谨重" …………………………………………（001）

第二章　"求天下之奇闻壮观" ………………………………（008）

第三章　"江上同舟诗满箧" …………………………………（014）

第四章　"素所为文五十篇" …………………………………（021）

第五章　"妄语自知当见弃" …………………………………（029）

第六章　"岐梁偶有往还诗" …………………………………（034）

第七章　"从军在河上" ………………………………………（044）

第八章　"虽欲自效，其势无由" ……………………………（047）

第九章　"宛丘学舍小如舟" …………………………………（055）

第十章　"齐俗强梁懒不容" …………………………………（065）

第十一章　"同泛清河古汴" …………………………………（075）

第十二章　"南都从事老更贫" ………………………………（085）

第十三章　"得罪南来正坐言" ………………………………（091）

第十四章　"微官终日守糟缸" ………………………………（099）

第十五章　"行年五十治丘民" ………………………………（112）

第十六章　"谏草未成眠未稳" ………………………………（118）

第十七章　"谁将家集过幽都" ………………………………（134）

第十八章　"冰炭同器，必至交争" …………………………（139）

第十九章　"以汉武比先朝" …………………………………（146）

第二十章　"岁更三黜" ………………………………………（150）

第二十一章 "再谪仍此州"	(155)
第二十二章 "圣恩尚许遥相望"	(160)
第二十三章 "龙川父老尚相寻"	(165)
第二十四章 "骨肉丧亡"	(171)
第二十五章 "经年汝南居"	(176)
第二十六章 "筑居定作子孙计"	(180)
第二十七章 "教敕诸子弟"	(185)
第二十八章 "编排旧文章"	(190)
第二十九章 "心中未必空"	(196)
第三十章 "三千里外未归人"	(202)
第三十一章 "齿爵皆优于兄"	(207)
第三十二章 "经营妙在心"	(209)
第三十三章 "小苏文一波三折"	(212)
第三十四章 "有王维辋川遗意"	(219)
第三十五章 "各自胜绝无彼此"	(228)
参考书目	(232)

第一章 "少者谨重"
——少年苏辙

苏辙（1039—1112），字子由，又字同叔。他生于宋仁宗宝元二年二月二十日，这年是己卯年，故苏轼又称他为"卯君"。晚年隐居许昌颍水之滨，自号颍滨遗老。

苏洵有三子三女，苏辙是幼子。他出生时，大姐已于十年前不到一岁时死去，二姐、三姐还在孩提时代，二姐的年龄不清楚，三姐八娘时年五岁。长兄景先已于一年前夭折，仲兄苏轼才两岁多。

《宋史·苏辙传》说："辙与兄（轼）进退出处，无不相同。患难之中，友爱弥笃，无少怨尤，近古罕见。"的确如此，苏轼兄弟从小就有很多共同之处。

他们从小共同受着良好的家庭教育，在苏辙七岁时，父亲苏洵因应制科考试，再次东游京师，程夫人亲自教他们读书。她不仅向他们传授书本知识，而且尤其注意对他们进行品德教育。她经常说，读书不能仅仅"以书自名"，要他们以古人"名节自励"。她勉励二子说："汝果能死直节，吾无憾焉。"（司马光《程夫人墓志铭》）苏辙兄弟后来都成为朝廷的著名直臣，不能不说与程夫人对他们这些教育有关。在苏辙九岁的时候，祖父苏序去世，在外做官的苏涣返家居丧，苏辙兄弟第一次见到伯父，伯父也以自己的所作所为教育他们，说自己从小读书作文，都给自己规定有任务，没有完成就不终止。"出游于途，行中规矩，入居室无惰容。"他要他们学他的"寡过"。这里，既包括了刻苦学习，又包括了品德修养。

不久，父亲苏洵因赴祖父之丧赶回家里，此后十年未再出游。苏洵一面刻苦钻研，著书立说；一面以其所学亲授二子，希望二子"能明吾学"（孙汝听《颍滨年表》）。苏洵藏书数千卷，亲自整理校正，并对二子说："读是书，内以治身，外以治人，足矣！"（苏辙《藏书室记》）又说："士生于世，治气养心，无恶于身。推是以施之人，不为苟生也；不幸不用，犹当以其所知著之翰墨，使人有闻焉。"（苏辙《历代论》）这就是说，读书的目的首先是要把自己培养成为德才兼备的有用的人，即使不为世所用，也应著书立说，为世所闻。一旦为世所用，就应以自己的所学来为国为民效劳。正是从这样的读书目的出发，他注重教育二子要研究"古今成败得失"（同上）。父子三人曾共同研读富弼的《使北语录》，赞叹富弼"其言明白，切中事机"（周辉《清波杂志》卷一）。

苏洵夫妇除亲自教授苏辙兄弟读书外，还把他们送到学校读书。苏辙兄弟都曾在以道士张易简为师的眉山天庆观读书："予幼居乡间，从子瞻读书天庆观。"（《龙川略志》第一）后来又就学于城西社下刘巨（字微之），与家安国兄弟以及程建用、杨尧咨等同学。苏辙后来回忆道："城西社下老刘君，春服舞雩今几人？白发弟兄惊我在，喜君游宦亦天伦。"（《送家安国赴成都教授三绝〈其一〉》）这里的"老刘君"即指眉山老儒刘巨。苏辙兄弟在学舍读书非常努力，即使游戏也很有意思。一天大雨，他们在学舍中以六言诗联句，程建用先说："庭松偃仰如醉"；杨尧咨接着说："夏雨凄凉似秋"；苏轼又联道："有客高吟拥鼻"；苏辙最后联的一句，惹得大家哄堂大笑，叫做"无人共吃馒头"。从这稚气十足的话可看出，他当时也许是其中年龄最小的，但已聪慧过人。

在父母的精心教育下，苏辙从小就壮志凌云，关心国家治乱："闭门书史丛，开口治乱根。文章风云起，胸胆渤澥宽。不知身安危，俯仰道所存。……誓将贫贱身，一悟世俗昏。"（《初发彭城有感寄子瞻》）"少年读书不晓事，坐谈王霸了不疑。脂车秣马试长道，一日百里先自期。"（《四十一岁岁暮日歌》）苏辙从小刻苦读书，他说："我家亦多书，早岁尝窃叩。晨耕挂牛角，夜烛借邻牖。经年谢宾客，饥坐失昏昼。堆胸稍蟠屈，落笔逢左右。"（《张恕寺丞益斋》）苏辙读书有以下特点：

一是从不先看注解，而是仔细研究原文，反复思考，最后实在看不懂，再看注释。他在《上两制诸公书》中说：

第一章 "少者谨重"

昔者辙之始学也,得一书伏而读之,不求其传(传注),而惟其书之知。求之而莫得,则反复而思之,至于终日而莫见,而后退而求其传。何者?惧其入于心之易,而守之不坚也。

这是一条十分重要的读书经验,读书应直接读原著,不应把过多精力花在读注解上。如果舍本逐末,不动脑筋,依赖注释,那就会得之易而守之不坚,更谈不上发现和纠正前人的错误。

二是贵"自得"。《孟子解》是他少年时代所作("予少作此解"),其中说:"学者皆学圣人,学圣人者不如学道。圣人之所是而吾是之,其所非而吾非之,是以貌从圣人也。以貌从圣人,名近而实非,有不察焉,故不如学道之必信。孟子曰:'君子深造之以道,欲其自得之也。'"

三是"遍观百家之说",并把"不观非圣之书",斥之为"腐儒"之论:

世之言者曰:"学者不可以读天下之杂说。不幸而见之,则小道异术将乘间而入于其中。"虽扬雄尚然,曰:"吾不观非圣之书。"以为世之贤人其所以自养其心者,如人之弱子幼弟,不当出而置之于纷华杂扰之地。此何其不思之甚也!古之所谓知道者,邪词入之而不能荡,诐词犯之而不能诈,爵禄不能使之骄,贫贱不能使之辱。如使深居自闭于闺阁之中,兀然颓然,而曰"知道"。"知道"云者,此乃所谓腐儒者也。(《上两制诸公书》)

苏辙一生在学术上的造诣很深,这同他从小就"百家之书……无所不读"是分不开的。

他们兄弟从小就勤于著述,苏轼自称"我时尚年幼,作赋慕相如"(《答任师中家汉公》)。但可惜苏轼少年时代的作品,几乎都失传了。苏辙的少作却留了一部分,如《春秋论》《孟子解》《缸砚赋》等。这些作品,证明他确实勇于独立思考。他的《春秋论》就提出了与《公羊》《穀梁》不同的见解:"公少与坡公治《春秋》,明圣人喜怒好恶,讥《公》《穀》以日月土地为训。其说固自得之。"(苏籀《栾城遗言》)苏辙后来写成洋洋二十卷的《春秋集传》，与他少年时代起就深入研究过《春秋》，并作《春秋论》是分不开的。他少年时代还作有《论语略解》，苏轼后来作《论语说》曾采其说，"今见于(轼)书者十二三也"（苏辙《论语拾遗引》），可见也颇有见地。特别是他少时所作的《孟子解二十四章》，不仅阐明了《孟子》一书的许多重要思想，而且有的地方直接反驳《孟子》的观点。如《窃负而逃》：

《孟子》曰："舜为天子，皋陶为士。瞽叟杀人，皋陶则执之，舜则窃负而逃于海滨。"（《孟子·尽心上》，文字略有出入）吾以为此野人之言，非君子之论也。舜之事亲，"烝烝乂，不格奸"（见《尚书·尧典》），何至于杀人而负之以逃哉？且天子之亲，有罪议之，孰谓天子之父杀人，而不免于死乎？

《孟子》是儒家经典，苏辙却斥《孟子》的这则记载为"野人之言，非君子之论"。文章也写得十分干净利落，毫不拖泥带水，首先他根据《尚书·尧典》对舜的记载，认为不可能出现这样的事情；接着又根据《周礼》的八辟（汉代叫八议，议亲为其一，即对皇亲国戚可减免刑罚），认为即使"瞽叟杀人"，舜也没有必要"窃负而逃"。又如：

《孟子》曰："不仁而得国者有之矣，不仁而得天下者，未之有也。"（《尽心下》）孟子之为是言也，则未见司马懿、杨坚也。不仁而得天下也，何损于仁？仁而不得天下也，何益于不仁？得国之与得天下，何以为异？君子之所恃以胜不仁者，上不愧乎天，下不愧乎人，得失非吾之所知也。

前一章还只是反驳《孟子》一书的记载（当然也代表了孟子的观点），这一章却直接反驳孟子的观点。文章先以司马懿、杨坚为例，辩明不仁者未必不能得天下，接着说"得国"与"得天下"也很难区别，最后说以得失利害来警告不仁者，本身就不可取。这篇驳论也同样写得斩钉截铁，十分有力。苏辙在《孟子解》题下自注说："予少作此《解》，后失其本，近得之，故录于此。"苏轼少年时代可能也作有大量类似的文章，可惜他比苏辙少活十年，未来得及收集整理，今天已见不到了。

在苏辙十七岁时，苏轼游成都，得一破酿酒缸做的砚台，"极美"，送与苏辙。苏辙为此作了一篇《缸砚赋》。如果说《孟子解》证明苏辙确实不以圣人之所是为是的话，那么《缸砚赋》则证明他确实敢于阅读并运用"天下之杂说"。赋的前部分写缸砚的由来："生乎黄泥之中""出乎烈火之下"而成酿酒缸；"偶与物斗，胁漏内槁"而"弃于路傍"；"忽然逢人""斧凿见剖"而成砚台。后一部分是议论："既成而毁者，悲其弃也；既弃而复用者，又悲其用也。"过去做酿酒缸，是悲"开口而受湿，茹辛含酸，而不得守子之性"，现在做缸砚，是悲"坦腹而受污，模糊弥漫，而不得保子之正"。最后是劝诫之词：

> 子果以此自悲也，则亦不见夫诸毛之捽拔（指笔），诸楮之烂靡（指纸，楮皮可做纸），杀身自鬻，求效于此，吐词如云，传示万里，子不自喜而欲其故，则吾亦谓子恶名而喜利，弃淡而嗜美，终身陷溺而不知止者，可足悲矣！

大意是说，毫楮（笔纸）虽因久用而"杀身"，却能"吐词如云，传示万里"。缸砚与之为伍而"不自喜"，还想恢复故态，做酿酒缸，则是恶名喜利，弃淡嗜美。作者的想象是丰富的，通篇用拟人化的手法，设想缸砚过去是"悲其弃"，现在是"悲其用"，患得患失，沉溺于利。这篇赋显然受了《庄子》一书的影响，所谓缸"不得守子之性"，砚"不得保子之正"，毫楮"杀身自鬻"，就是来自《庄子·人间世》的"山木自寇也，膏火自焚也，桂可食，故伐之；漆可用，故割之"。但这时的苏辙还是积极向上的青年，他并没有由此得出"无用之用"的消极结论，他得出的是相反的结论，即砚虽"坦腹受污"，纸笔虽"杀身自鬻"，却能"吐词如云，传示万里"，扬名天下，并对终身沉溺于利而不知止者，做了无情的嘲笑。

苏家虽是书香之家，但却并不富裕。司马光在《程夫人墓志铭》中说："程氏富而苏氏极贫。"当然，这里所谓"极贫"是与眉山巨富程家相比较而言的。特别是在苏辙出生时，程夫人为了支持苏洵"专志于学"，"罄出服玩鬻之以治生，不数年遂为富家"。但也只能算是小康之家，苏辙后来曾风趣地说:"吾家本眉山,田庐之多寡与扬子云等。"(《和〈苏〉迟田舍杂诗九首并引》)《汉书·扬雄传》说:"扬雄,字子云,蜀郡成都人……处岷山之阳曰郫,有田一廛,有宅一区,世世以农桑为业。"一廛即一百亩,不算很富,也不算太穷。苏辙说:"我生溪山间,弱冠衡茅住。生来乏华屋,所至辄成趣。"(《茸东斋》)又说:"我迁海康,实编于民。少而躬耕,老复其真。"(《和子瞻次韵陶渊明劝农诗》)苏辙兄弟除主要读书外,也曾参加过轻微的农业劳动。

苏辙兄弟少年时代的健康状况都不甚佳。苏辙说他"少年尝病肺"(《坐忘》),又说:"余少而多病,夏则脾不胜食,秋则肺不胜寒。治肺则病脾,治脾则病肺,平居服药,殆不能全愈。"(《服茯苓赋》)苏轼也说他"少年多病怯杯觞"(《次韵乐著作送酒》)。

以上是苏辙兄弟少年时代的一些共同点。但任何"相同"都是相对的,不可能"无不相同"。

苏轼是标准的四川人,中等身材;苏辙却是高个子,苏轼曾以夸张的语气形容苏辙的身高说:"宛丘先生长如丘,宛丘学舍小如舟。常时低头诵经史,忽然欠伸屋打头。"(《戏子由》)

他们的爱好也不尽相同。苏轼爱好书画,喜欢收藏,每有所获快乐到极点;苏辙对此不感兴趣,"观之漠然,不甚经意"(苏轼《子由幼达》)。苏轼爱游山玩水,"有山可登,有水可涉,子瞻未始不褰裳先之,有不得至,为之怅然移日"。苏辙对此也有兴趣,常"从之游",但远没有苏轼那么浓厚的兴趣,以至于苏轼常常"翩然独往"(《武昌九曲亭记》)。

苏辙兄弟性格更不相同。苏轼是一位外向型人物,敢想敢说敢做,爽朗豪放,很像他的祖父苏序;苏辙却是内向型的人物,思想活跃却沉默寡言,很像他的父亲苏洵。苏洵在《名二子说》中写道:

轮、辐(车轮上凑集于中心毂上的直木)、盖、轸(车箱底部四面的横木),皆有职乎车。而轼独若无所为者。虽然,去轼,则吾未见其为完车也。轼乎,吾惧汝之不外饰也!

天下之车莫不由辙,而言车之功,辙不与焉。虽然,车仆马毙,而患亦

第一章 "少者谨重"

不及辙。是辙者善处乎祸福之间也。辙乎，吾知免矣！

轼是车上用做扶手的横木，是露在外面的，因此说："轼乎，吾惧汝之不外饰也。"苏轼性格豪放不羁，锋芒毕露，确实"不外饰"，结果一生屡遭贬斥，差点被杀头。辙是车子碾过的印迹，它既无车之功，也无翻车之祸，"善处乎祸福之间"。苏辙性格冲和淡泊，深沉不露，在以后激烈的党争中，虽然也屡遭贬斥，但终能免祸，悠闲地度过了晚年。这篇短文，说明了苏洵为两个儿子取名轼、辙的原因，表现了苏轼兄弟的不同性格以及苏洵对二子的担心和希望。

苏辙十八岁时，随父兄去成都拜谒张方平。张方平与苏辙兄弟初次交谈，就奇其才。苏轼在《张文定公墓志铭》中说，张方平"晚与轼先大夫游，论古今治乱，及一时人物，皆不谋而同。轼与弟辙，以是皆得出入门下"。他在《乐全先生文集叙》中说："轼年二十，以诸生谒公成都，一见，待以国士。"苏辙在《追和张公安道赠别》诗叙里说："予年十八，与兄瞻，东游京师。是时，张公安道守成都，一见，以国士相许。"苏轼兄弟向张方平呈交了自己的文章，苏洵问张方平，二子将从乡举，行吗？张方平看了苏轼兄弟的文章，回答苏洵说："从乡举，乘骐骥而驰闾巷也。六科所以擢英俊，君二子从此选，犹不足骋其逸力尔。"（《文安先生墓表》）据无名氏《瑞桂堂暇录》载，张方平安排苏轼父子住于斋舍，第二天出题来考苏轼兄弟，自己则于壁间密窥之。苏轼兄弟得题后，各自专心思考。苏辙对题目有疑，指以示轼。苏轼不言，只是举笔倒敲几案，意为"管子注"。苏辙疑而未决，又指第二题示轼。苏轼却勾去了第二题，并开始答卷。二人完卷后，出来交与张方平。张方平非常高兴，因为第二题本无出处，是他故意用来考察苏轼兄弟的判断力的。张方平对苏洵说："二子皆天才，长者明敏尤可爱。然少者谨重，成就或过之。"苏轼兄弟的性格不同，确实太鲜明了，即使初见面，也能感觉到。苏轼"明敏""不外饰"，他的才气远远超过苏辙，是其不幸（"我为聪明误一生"），又是其大幸，他在历史上的地位和影响正得力于此；而苏辙比苏轼"谨重"，是其幸，也是其不幸，他后来的官位虽比苏轼高，但无论对当时还是对后世的影响，都比其兄稍逊一等。

第二章 "求天下之奇闻壮观"
——入京应试

至和二年（1055），十七岁的苏辙同十五岁的史氏结婚，其《寄内》诗有云："与君少年初相识，君年十五我十七。"婚后不久，嘉祐元年（1056）三月，苏辙兄弟随同父亲到成都辞别张方平，经阆中出褒斜谷，发横渠镇，入凤翔驿，过长安，五月到达京城开封。

苏轼兄弟都是初次出川，兴奋之情不难想象。他们从小就喜欢游山玩水，但其足迹似乎未出眉州，连离他家很近，以高与山齐闻名于世的嘉州（今四川乐山）大佛也未去观光过。四年后，苏辙在《初发嘉州》诗中写道："余生虽江阳，未省至嘉树"，又在《上枢密韩太尉书》中说："辙生十有九年矣，其居家所与游者，不过其邻里乡党之人；所见不过数百里之间，无高山大野可登览以自广。百氏之书虽无所不读，然皆古人之陈迹，不足以激发其志气。恐遂汨没，故决然舍去，求天下奇闻壮观，以知天地之广大。"现在，"求天下奇闻壮观"的愿望实现了。他们来到了太白山下横渠镇的崇寿院。太白山高入云霄，有"武功太白，去天三尺"之称。这里充满了神秘色彩，传说山下行军，不得鼓角，一鼓角即风雨骤至。三苏父子联骑来到崇寿院，欣赏着这一带"乱山横翠嶂，落月淡孤灯"（苏轼《太白山下早行，至横渠镇，书崇寿院壁》）；"山下晨光晚，林梢露滴升。峰头斜见月，野市早明灯"（苏辙《次韵子瞻太白山下早行题崇寿院》）的奇特景色。接着他们经过秦朝的故都咸阳、汉唐的故都长安。

苏洵父子一行在经过凤鸣驿（今属陕西）时，本来想住在驿馆之中，但驿馆破败不堪，无法居住，只好出来住旅舍（见苏轼《凤鸣驿记》）。当经过二陵（河南崤山中的两个丘陵，为当时的交通要道）时，他们的马死了，只

第二章 "求天下之奇闻壮观"

好改骑毛驴到渑池，苏轼后来问苏辙道："往日崎岖还记否？路长人困蹇驴嘶"，就是指他们骑驴过渑池。苏轼兄弟还曾在渑池僧舍老僧奉闲的壁上题诗，但几年后苏轼再过渑池时，奉闲已死，壁上题诗也见不到了："老僧已死成新塔，坏壁无由见旧题。"（苏轼《和子由渑池怀旧》）他们经过两个多月的长途跋涉，于五月到达京城开封。

北宋的京城，"金翠耀目，罗绮飘香"（孟元老《东京梦华录》），一派繁华景象。祖国山河的壮丽，历史之悠久，京城之繁华，给青年苏辙留下了强烈的印象，他在《上枢密韩太尉书》中说："过秦汉之故都，恣观终南、嵩、华之高；北顾黄河之奔流，慨然想见古之豪杰；至京师，仰观天子宫阙之壮与仓廪、府库、城池、苑囿之富且大也，而后知天下之巨丽。"

初至开封时，他们住在兴国寺浴室院。这时正遇上京城大雨，蔡河决口，水涌进城，房舍到塌。直至七月，大雨才止，但仍然到处是水。苏轼登上龙津桥，观京城夜市，只见星寒月皎，灯火辉煌，如在江湖之上。他在《牛口见月》中回忆道：

> 忽忆丙申年，京邑大雨霁。
> 蔡河中夜决，横浸国南方。
> 车马无复见，纷纷操筏郎。
> 新秋忽已晴，九陌尚汪洋。
> 龙津观夜市，灯火亦煌煌。
> 新月皎如画，疏星弄寒芒。
> 不知京国喧，谓是江湖乡。

因此直至秋天，大水退后，苏洵才见到欧阳修等人。

苏轼兄弟来到京城就积极准备参加考试。苏辙晚年隐居颍昌，在他的书橱里藏有《春秋传》一轴，就是嘉祐元年苏辙寓居兴国寺浴室时所亲书，并有次年夏苏轼所题书名。苏辙之孙苏籀翻到这些珍贵遗物时说，由此可想见祖父"尔时与坡公同学，潜心稽考"的情况《栾城遗言》。当时的进士考试要经过举人考试、礼部考试、礼部复试、皇帝御试等几次筛选。嘉祐元年九月，苏轼兄弟顺利通过了举人考试。第二年正月，仁宗任命礼部侍郎兼翰林侍读学士、北宋诗文革新的领袖欧阳修为主考官，国子监直讲梅圣俞负责编排详定等具体事务，举行礼部考试。宋初的诗文沿袭了五代的柔靡之风，虽有柳开、王禹偁与之分庭抗礼，但成绩并不显著。在11世纪初又出现了以杨亿为代表的西昆体，他们模仿李商隐的诗文，虽对克服宋初诗文的浅薄刻露有一定作用，但又形成了穷妍极态、浮巧侈丽的不良文风，统治文坛三四十年。古文家穆修、政治家范仲淹、道学家石介都同这种不良文风进行了对抗。到11世纪中叶西昆体之风已不占优势，但在古文运动内部又出现了狂怪艰涩的不良倾向。欧阳修在知贡举时对这种不良倾向进行了严厉的打击，一方面对凡为险怪奇涩之文的人一律不录取，另一方面又把"生于草野，不学时文，词语甚朴，无所藻饰"的苏轼兄弟置之高等，大力宣传三苏文章。欧阳修的这一行动曾引起因作怪涩之文而落第的士子的强烈反对，他们聚众起哄，围攻欧阳修，闹得街逻不能制；甚至投书欧阳修，咒其早死。但"屋场之习，从是遂变"（《宋史·欧阳修传》），使北宋散文走上了平易流畅的正确轨道。苏辙后来在《祭欧阳少师文》中做了详尽记述：

嗟维此时，文律颓毁。奇邪谲怪，不可告止。……号兹古文，不自愧耻。公为宗伯，思复正始。狂词怪论，见者投弃。踽踽（孤独无亲的样子）元昆（长兄，指苏轼），与辙皆来。皆试于庭，羽翼病摧。有鉴在上，无所事媒。驰词数千，适当公怀。攉之众中，群疑相尫（击）。公恬不惊，众惑徐开。

所谓"驰词数千"，是指这次应试所作的《刑赏忠厚之至论》《春秋对义》《民监赋》《鸾刀诗》《重申巽命论》等。这些文章大都失传了，只有《刑赏忠厚之至论》还保存下来，收在《栾城应诏集》卷一一中。这篇文章的观点与苏轼同题之作基本上是一致的，都以儒家的仁政思想立论，主张"天下之人不幸而有罪，可以刑、可以无刑，刑之而伤于仁；幸而有功，可以赏，可以无赏，无赏而害于信"，"与其不屈吾法，孰若使民全其肌肤，保其首领而无憾

第二章 "求天下之奇闻壮观"

于其上？与其名器之不僭（不让超越本分取得名器爵禄），孰若使民乐得为善之利而无望望（失意貌）不足之意？"比较研究苏辙兄弟的这两篇应试之作，既可看出他们的不同性格，也可看出他们的不同文风。苏轼的性格豪放不羁，在应试的文章中公然敢杜撰典故，虽是政论，却能做到以情动人。苏辙当然不敢开这种玩笑，他的应试文章观点平稳，结构谨严，语言明晰，处处以理服人。

苏辙兄弟这次入京不但欣赏了沿途的大好河山，京城的巍峨宫阙，而且认识了很多名人，特别值得一提的是因进士及第而认识了欧阳修及其门人。苏辙说："见翰林欧阳公，听其议论之宏辩，观其容貌之秀伟，与其门人贤士大夫游，而后知天下之文章聚乎此也。"（《上枢密韩大尉书》）他在《送欧阳辩（修子）》诗中回忆说：

> 我年十九识君翁，须发白尽颧颊红。
> 奇姿云卷出翠阜，高论河决生清风。
> 我时少年岂知道，因缘父兄愿承教。
> 文章疏略未足云，举止猖狂空自笑。
> 公家多士如牛毛，扬眉抵掌气相高。
> 下客逡巡愧知己，流梯低昂随所遭。

从这些诗文中不难看出文坛泰斗欧阳修的风采。他虽然已须发尽白，但面颊红润，精神饱满，议论宏伟。家中门人，多如牛毛，抵掌谈笑，意气风发。苏辙兄弟初次在欧阳修家中做客，与这样多的文坛精英接触，深感自己的无知，只能像漂流的树枝，随时俯仰而已。

苏辙在京城还结识了史学家刘恕，他博学强识，精通三坟五典，以及上至春秋战国下至五代的史书，"上下数千岁，如指诸左右"（《刘凝之屯田哀词》）。苏辙在进士及第后，曾上书求见枢密使韩琦。韩琦（1008—1075），字稚珪，相州安阳（今属河南）人，是北宋名臣。他任右司谏时，以直言敢谏著称，曾一次要求罢免宰相、参知政事四人。元昊反叛后，他与范仲淹一起共同防御西夏。庆历新政中，他与范仲淹一起革新朝政。庆历新政失败后，他出知扬州、定州、并州。在并州，他收回了契丹冒占的土地，加强了对契丹的防御。这时，他又被召还朝，担任枢密使的重要职务。苏辙在《上枢密韩大尉书》中说："大尉以才略冠天下，天下之所恃以无忧，四夷之所惮以不敢发，入则周公、召公，出则方叔、召虎，而辙也未之见焉。……辙之来也，于山见终南、嵩、华之高，于水见黄河之大且深，于人见欧阳公，而犹以为未见太尉也，故愿得观贤人之光耀，闻一言以自壮，然后可以尽天下之大观而无憾者矣！"苏辙这次是否获见韩琦，虽史无明文，但苏洵这时已成为韩琦座上客，苏辙被韩琦接见的可能性是很大的。他后来在《祭忠献韩公文》中曾自称"游公之门"，感谢韩琦的"长育成材"之恩。

《上枢密韩太尉书》是苏辙的一篇名作，他虽然因《刑赏忠厚之至论》而进士及第，但这封信在文学史上的地位，却是他那篇应试文章所不可比拟的。这封信不但表现了少年苏辙的豪情，而且在文艺理论上提出了一些重要观点。他说：

辙生好为文，思之至深，以为文者气之所形。然文不可以强学而能，气可以养而致。孟子曰："我善养吾浩然之气。"今观其文章，宽厚宏博，充乎天地之间，称其气之小大。太史公行天下，周览四海名山大川，与燕赵间豪俊交游，故其文疏荡，颇有奇气。此二子者，岂尝执笔学为如此之文哉？其气充乎其中而溢乎其貌，动乎其言而见乎其文，而不自知也。

这段话的要点有三：第一，"文不可以强学而能"。三苏父子都反对为文而文，认为不得不为之文，不得已而言之文，才是天下之至文。文是气的表现，因此，只有气充乎其中，溢而为文，才是好文章。第二，文虽不可强学而能，但"气可以养而致"，并举孟子之言为据。气既可养而致，那么就可通过"养吾浩然之气"来提高其文章。第三，怎样养吾然之气呢？孟子偏重于主观的道德修养，苏辙则强调阅历对养气的作用。这是对孟子养气说的极大发展。孟子说："我知言，我善养吾浩然之气。"（《孟子·公孙丑上》）这里已明确把

第二章 "求天下之奇闻壮观"

知言与养气并列。曹丕把孟子的养气说发展为文气说,他说:"文以气为主,气之清浊有体,不可力强而致。譬诸音乐,曲度虽均,节奏同检,至于引气不同,巧拙有素,虽在父兄不能以移子弟。"(《典论·论文》)曹丕既认为文章、音乐之巧拙是由气的不同决定的,从文艺思想上看,这比孟子的知言养气说进了一步,但他又把这种气看成是先天的,"虽在父兄不能以移子弟",这比孟子的集义养气说还退了一步。韩愈在曹丕的"文以气为主"的基础上,进一步提出了气盛文宜说:"气盛则言之长短与声之高下皆宜。"(《答李翊书》)但在如何养气的问题上,韩愈并未比孟子的集义养气说前进半步:"虽然,(气)不可以不养也。行之乎仁义之途,游之乎诗书之源,无迷其途,无绝其源,终吾身而已。"苏辙在这个问题上前进了一大步,他既不讲浩然之气是"集义所生",又认为百氏之书不足以激发其志气,而认为行天下,周游四海名山大川,与豪俊交游,"尽天下之大观",才能养其浩然之气。这是苏辙在文艺思想史上的一大贡献。

元人郝经《内游》反驳苏辙说:"欲学(司马)迁之游而求助于外者,曷(何不)亦内游乎?身不离于衽席之上,而游于六合之外;生乎千古之下,而游于千古之上,岂区区于足迹之余,观赏之末者所能也?"这位道学家对苏辙的反驳,从反面证明了苏辙"行天下"以养气的观点与孟子集义养气说的正统儒家观点是很不同的。

郭绍虞先生主说:"子瞻才高,能由文以致道,更能因道以成文。……子由上不能如子瞻之入化境,而下又不敢有作文之意……于是不得不求之于气。"(《中国文学批评史》)这样评价苏辙的文气说,恐怕低估了它在文艺思想史上的贡献。而且在这个问题上苏辙兄弟是没有分歧的。苏轼谈及养气以为文的地方很多,如:"昌身如饱腹,饱尽食还饥;昌诗如膏面,为人作容姿;不如昌其气,郁郁老不衰。……养之塞天地,孟轲不吾欺。"(《韩退之〈孟郊墓铭〉云"以昌其言",举以问王定国……》)这首诗与苏辙的观点就是一致的。

苏轼的第一篇文论《南行前集叙》作于嘉祐四年(1059)年底,年二十四岁;苏辙这篇文论比苏轼的早将近三年,这时他才十九岁。

第三章 "江上同舟诗满箧"

——服母丧后返京

苏辙兄弟刚刚进士及第，嘉祐四年（1057）四月母亲程夫人即病卒于家，年仅四十八岁。五月，苏辙父子闻讯，匆促返家料理丧事，葬程夫人于眉山安镇乡可龙里老翁泉上。苏洵在《祭亡妻文》中，详尽叙述了程夫人在抚育二子过程中的辛劳："有子六人，今谁在堂？唯轼与辙，仅存不亡。咻呴（温和貌）抚摸，既冠既婚。教以学问，畏其无闻。昼夜孜孜，孰知子勤？"由于程夫人操持家务过分辛劳，她在苏辙父子赴京前可能身体已很不好，兄弟二人既担心没有考上对不起母亲，更担心长期在外，母亲有三长两短："提携东去，出门迟迟。今往不捷，后何以归？二子告我，母氏劳苦。今不汲汲，奈后将悔。"苏辙兄弟在京一举进士及第，以为母亲一定非常高兴："大寒酷热，崎岖在外。亦既荐名，试于南宫。文字炜炜，叹惊群公。二子喜跃，我知母心。非官实好，要以文称。我今西归，有以借口。故乡千里，期母寿考。"谁知母亲还没有听到这一好消息就永离人世了，苏辙兄弟之难过，是可想而知的："归来堂空，哭不见人。伤心故物，感涕殷勤。"

苏辙在《上枢密韩太尉书》中说："辙年少，未能通习吏事。向之来，非有取于斗升之禄，偶然得之，非其所乐。然幸得赐归待选，使得优游数年之间，将归益治其文，且学为政。"苏辙在服母丧期间，确实是在"益治其文，且学为政"。嘉祐五年（1060）春，苏轼兄弟一回到京城，就被举参加制科考试，各进呈所为文五十篇，除《进论》中的一部分可能作于进士及第之前外，其余的文章特别是二十五篇《进策》很可能都作于服母丧期间，因为这样多的文章不可能全是入京以后所能赶作，也不可能作于南行途中，南行途中主要在游山玩水，凭吊古迹。

第三章 "江上同舟诗满箧"

苏轼在《书子由绝胜亭诗》中说："'夜郎秋涨水连空，上有虚亭缥缈中。山满长天宜落日，江吹旷野作秋风。爨烟惨淡浮前浦，渔艇纵横作钓筒。未省岳阳何所似，应须仔细问南公。'蜀州新建绝胜亭，舍弟十九岁作。"蜀州即今四川省崇州市，十九岁正是苏辙居母丧期间。前人说，苏辙兄弟在居丧期间不为诗文，苏轼这一记载证明，这种说法是不可靠的。如果说十七岁所作的《缸砚赋》是可以系年的苏辙最早的文章，那么这首《蜀州绝胜亭》诗就是他可以系年的最早诗作。这首诗描绘了登上蜀州绝胜亭所见的美丽景色，秋水连空，落日满山，秋风拂野，炊烟袅袅，渔舟纵横，简直可与洞庭湖上的岳阳楼媲美。

苏辙居丧期间还曾去成都谒见益州路转运使赵抃。赵抃（1008—1084），字阅道，衢州西安（今浙江衢江区）人，官至参知政事。任殿中侍御史时，敢于弹劾权贵。一生曾三次仕蜀，一琴一鹤自随，以清廉闻名。这时，他从梓州路转运使移益州路转运使，在任期间曾荐苏洵于朝而苏洵不知。苏洵后来在《谢赵司谏书》中说："向家居眉阳，以病懒不获问从者。常以为阁下之所在，声之所振，德之所加，士以千里为近，而洵独不能走二百里一至于门，纵不获罪，固已为君子之弃人也。今年秋，始见太守窦君（于）京师，乃知阁下过听，猥以鄙陋上塞明诏。"苏洵虽未"走二百里一至于（赵抃）门"，苏辙却曾"走二百里一至于（赵抃）门"，其《太子少保赵公诗石记》说："辙昔少年始见公于成都。"即指此时。

嘉祐四年（1059）十月，苏辙兄弟服母丧期满，赴京候官。比起前一次赴京来，这次赴京有以下不同：一是成员不同，前次是父子三人赴京，这次是全家出动（苏洵《初发嘉州》："托家舟航千里速"）。除程夫人已去世外，苏轼之妻王氏、长子苏迈、乳母任彩莲，苏辙之妻史氏、乳母杨金蝉皆一同赴京。二是所走路线不同，前次是陆行北上，这次是舟行南下。自眉山沿岷江、长江而下，经嘉州（今四川乐山）、犍为（今属四川）、戎州（今四川宜宾）、渝州（今重庆）、忠州（今重庆忠县），出三峡，于同年十二月初到达江陵（今属湖北），在此度岁；次年正月从江陵出发，陆行北上，经襄阳（今属湖北）、唐州（今河南唐河）、许州（今河南许昌），于嘉祐五年二月十五日到达京城。三是费时不同。前次只走了两个多月，这次他们一路探幽访胜，走了将近半年。他们分乘数船，浩浩荡荡，顺流而下，好不热闹。在船上，下棋饮酒，吟诗作赋，弹琴高歌。他们且行且止，每到一地多舍舟登岸，游览名胜古迹。沿途多有亲朋好友、地方官吏接送，过得相当愉快。四是途中作诗文多少不同，前次他们作诗不多，并大都失传了；这次作诗特多，而且十之八九的诗文流传至今。自眉山至江陵，三苏父子共作诗文一百篇，编为《南行前集》，由苏轼作序；自江陵至京城，共作诗文七十三篇，编为《南行后集》，由苏辙作《引》（已佚）。两书合称《南行集》，这是三苏父子亲自编辑的第一部也是唯一一部合著的诗文集。它真实地记录了沿途"山川之秀美，风俗之朴陋，贤人君子之遗迹"（《南行前集叙》）。

  苏辙南行途中诗，歌颂了祖国山河的壮丽。他善于把握各地山川特色，例如，他在《初发嘉州》中写道："飞舟过山足，佛脚见江浒。舟人尽敛容，竞欲揖其拇。俄顷已不见，乌牛在中渚。移舟近山阴，峭壁上无路。"嘉州（今四川乐山）三江汇合，水流湍急，舟过如飞。名闻中外的凌云大佛，高与山齐，望之令人肃然起敬。仅仅它的一个脚趾拇就足以摆一桌筵席，因此，苏辙突出描写佛脚和脚趾（拇，脚的大趾），以极言佛像之大。乌牛即乌牛山，后来黄庭坚过此，以其名不雅，改名乌尤山。它位于岷江、青衣江、大渡河交汇处，山高入云，石壁陡峭，故说"乌牛在中渚""壁峭上无路"。今天我们游乐山大佛寺和乌尤寺，仍不能不佩服青年苏辙刻画之工。又如《入峡》诗描写三峡风光说：

舟行瞿塘口，两耳风鸣号。
渺然长江水，千里投一瓢。
峡门石为户，郁怒水力骄。
扁舟落中流，浩如一叶飘。
呼吸信奔浪，不复由长篙。
桹柁破溃旋，畏与乱石遭。
两山蹙相值，望之不容舠。

第三章 "江上同舟诗满箧"

> 渐近乃可入，白盐最雄高。
> 草木皆倒生，哀叫悲猿猱。
> 白云缭长袖，零落如飞毛。

山口风大，瞿塘峡口因两岸峭壁高耸，风更大，诗一开头就抓住了入峡特征。千里长江，汇聚百流而为夔门所阻，江水不得畅流，因郁怒而非常骄狂，这是写江流汹涌。一叶扁舟在急流中行驶，转瞬之间，就随波逐流，奔腾而过，根本用不着篙竿，这是写江流之急。江中乱石林立，漩涡密布；两山相遇，十分迫近，好像连小船（舠）都不能通过一样，这是写江面之窄。峡中行舟，时时有山重水尽疑无路之感，但转一个弯，又总是有路可走；白盐山高入云霄，山上草木倒生，猿猱哀号，白云缭绕，这是写峡中之山。苏辙这些诗句都能给人以如临其境之感，特别是"两山蹙相值，望之不容舠"二句，任何游过三峡的人，都有同感。

沿江两岸有很多名胜古迹，在嘉州的乌尤山上有尔雅台，《嘉定府志》卷五《古迹》载："尔雅台在乌尤山正觉寺外……相传郭璞注《尔雅》于此。"《尔雅》是我国最早的词书。郭璞，字景纯，河东闻喜（今属山西）人。他是东晋著名的训诂学家，著有《尔雅注》，集《尔雅》学之大成。传说他曾在这里注释《尔雅》，乌牛山下的墨鱼就是吃了他的洗砚之水而变黑的。苏辙在《初发嘉州》中记下了这一美丽传说："闻有古郭生，此地苦笺注。区区辨虫鱼，《尔雅》细分缕。洗砚去残墨，遍水如黑雾。至今江上鱼，顶有遗墨处。览物悲古人，嗟此空自苦！"

忠州有严颜碑，严颜是东汉末的巴郡太守，刘备攻刘璋，张飞俘获严颜，怒斥道："大军至，何以不降而敢拒战？"严颜回答说："我州但有断头将军，无降将军也！"张飞壮而释之（事见《三国志·张飞传》）。苏辙对严颜的临危不惧非常仰慕："被擒不辱古亦有，吾爱善折张飞豪。……匹夫受戮或不避，所重壮气吞黄河。临危闲暇有如此，览碑慷慨思横戈。"（《严颜碑》）

夔州（今重庆奉节）有诸葛亮著名的八阵图。苏辙父子对诸葛亮在军事上的过分谨慎都是持批评态度的。苏辙在《八阵碛》中说："世称诸葛公，用众有法度。区区落褒斜，军旅无阔步。中原竟不到，置阵狭无所。茫茫平沙中，积石排队伍。独使后世人，知我非莽卤。"这些话显然含有微词。

"屈原遗宅秭归山"，屈原是秭归（今属湖北）人，一生未到过忠州，但在忠州却有屈原庙。苏辙对此是怀疑的："过者迟疑不能识。"（《屈原塔》）他在经过屈原的故乡时，写了《屈原赋》，模仿屈原的口气反驳了那些指责屈原不该投汨罗江自杀的人，认为由于宗国殒灭，他只有以死殉国："彼其所处之不同兮，又安可以谤予？抱关而击柝兮，余岂责以必死？宗国殒灭而不救兮，夫予舍是安去？"

襄阳城东二十里有刘表的呼鹰台。刘表（142—208），字景升，山阳高平（今山东鱼台东北）人。表好鹰，东汉末治襄阳时常登此台，歌《野鹰来曲》，故名。但刘表好谋而无决，有才而不能用，闻善而不能纳，他死后其子刘琮即投降曹操。苏辙感慨道："父生已不武，子立又不强。北兵果南下，扰扰如驱羊。鹰来野雉何暇走，束缚笼中安得翔！可怜野雉亦有爪，两手摔鹰犹可伤。"（《野鹰来》）刘表虽好鹰但他们父子却不是什么鹰，而是任鹰宰割的野雉；甚至连野雉都不如，野雉尚能以爪摔鹰，刘琮却不战而降。联系到当时朝廷对辽、夏的软弱态度，苏辙这些诗篇显然皆有感而发，而非仅仅是怀古。

苏辙南行途中诗，还有不少反映社会现实的诗篇。苏辙在嘉州所作的《郭纶》诗，揭露朝廷赏罚不明，为"屡战有功不赏"的郭纶鸣不平，并从一个侧面反映了北宋民族矛盾的尖锐。因为这首诗既描写了郭纶在西夏战争中的战功："郭纶本蕃种，骑斗雄西戎"，"长遇西鄙乱，走马救边烽"，"昔在定川寨，贼来如群蜂"，"挥兵取其元，模糊血腥红"；又描写了他在平定岭南侬智高之乱中的战功："忽闻南蛮叛，羽檄行匆匆。将兵赴危难，瘴雾不辞冲。行经贺州城，寂寞无人踪。攀堞莽不见，入据为筑墉。一时贼兵下，百计烧且攻。三月不能陷，救至遂得通。"同西夏的定川寨之战，同侬智高的贺州城（今广西贺州）之战，我们都是从苏辙诗中才知道这些具体情况的。

在宋代，戎州（治今四川宜宾）一带还是汉民族同少数民族杂居之地，各民族间时常发生冲突，而战争一停，各民族间的贸易也很发达。苏辙《戎州》诗写道：

第三章 "江上同舟诗满箧"

> 汉虏更成市，罗纨靳不还。
> 投毡拣精密，换马瘦孱颜。
> 兀兀头垂髻，团团耳带环。
> 夷声不可会，争利苦间关。

这些少数民族特别喜欢汉人的罗纨，都买走了，并以精密的毛织品来换又瘦又高的马。他们垂着高高的发髻，戴着圆圆的耳环，说着听不懂的该民族语言，历尽艰苦来争利于市。这里不仅表现了"汉虏更成市"的盛况，而且生动描绘了少数民族的习俗，是我们研究北宋川南一带民族问题的形象化的资料。

苏辙南行途中诗还真实地记录了沿途的民间疾苦。他在《夜泊牛口》中说："野老三四家，寒灯照疏柳。见我各无言，倚石但箕踞。水寒双胫长，坏裤不蔽股。日莫（暮）江上归，潜鱼远难捕。稻饭不满盂，饥饿冷彻曙。"所谓"君臣上下有恻怛之心、忠厚之政"的仁宗"治世"（《宋史·仁宗纪》），人民就过着这种衣不蔽体、食不果腹的饥寒交迫的悲惨生活。过重的剥削压迫使得他们精神麻木，默默无语，箕踞而坐，对人冷漠。

这并不是牛口（在四川宜宾附近）一地的情况，而是所到之处普遍如此。苏辙在忠州所作的《竹枝歌》说：

> 可怜楚人足悲诉，岁乐年丰尔何苦！
> 钓鱼长江江水深，耕田种麦畏狼虎。
> 俚人风俗非中原，处子不嫁如等闲。
> 双鬟垂顶发已白，负水采薪长苦艰。
> 上山采薪多荆棘，负水入溪波浪黑。
> 天寒斫木手如龟，水重还家足无力。
> 山深瘴暖霜露干，夜长无衣犹苦寒。
> 平生有似麋与鹿，一旦白发已百年。

"岁乐年丰"都如此悲惨，凶年的境况就可想而知了；"瘴暖""犹苦寒"，严冬何以度日！杜甫《负薪行》说："夔州处女发半华，四十五十无夫家。"从杜甫到苏辙，三百年过去了，这一带的人民特别是妇女的境遇，可说是没有丝毫改善。

苏轼多次说："子由近道"，苏辙也自称"少小本好道，意在三神洲"（《和〈苏〉迟田舍杂诗》）。但这时他毕竟还年轻，又刚刚进士及第，正是踌躇满志的时候。他在《初发嘉州》诗中，一面嘲笑郭璞的"区区辨虫鱼……嗟此空自苦"，表示"谁能居深山，永与禽兽伍？"另一方面他对自己的奔走仕途也有疑虑："余今方南行，朝夕事鸣橹。至楚不复留，上马千里去。……此事谁是非，行行重回顾。"他在《昭君村》中说："去家离俗慕荣华，富贵终身独可嗟。不及故乡江上女，夜从东舍嫁西家。"这虽然是在为王昭君感叹惋惜，但也反映了青年苏辙对荣华富贵的看法。在《浰阳早发》中，他嘲笑世人的忙忙碌碌："空有道路人，扰扰不留车。悲伤彼何懒，叹息此亦愚。"但接着他就把矛头对准自己："今我何为尔，岂亦愚者徒？"因为他自己也在劳苦奔波："行行楚山晓，霜露满陂湖。"他甚至从江上行舟的轻快，暮宿江上的清静中都悟出了隐居之乐："超超江湖上，殊胜地上行。旦游市井喧，暮宿无人声。江上诚足乐，无怪陶朱生。"（《江上早起》）苏辙后来在历尽宦海浮沉之后，隐居颍水之滨，"不复与人相见，终日默坐，如是者几十年"（《宋史·苏辙传》），正是他早年退隐思想的必然结果。

第四章 "素所为文五十篇"
——应制科试

苏辙在江陵拜见了王荆州，还与其子王璋交游，他后来在《送王璋赴真定》中回忆说："昔年旅南服，始识王荆州。威动千里肃，恩宽行客留。从容见少子，风采倾凡俦。温然吐词气，已觉清且修。"他们父子在江陵过了春节后，于嘉祐五年（1060）正月五日继续北上："初来寄荆渚，鱼雁贱宜客。楚人重岁时，爆竹鸣磔磔。新春始涉五，田冻未生麦。相携历唐（今河南唐河）许（今河南许昌），花柳渐芽拆。"（《辛丑除日寄子瞻》）二月十五日，三苏父子到达京师，暂寓西冈。但由于京城桂薪玉食，他们又是全家入京，而且都没有一官半职，因此不久就迁到杞县城南居住。苏辙说："居梁（开封）不耐贫，投杞（杞县）避糠覈。城南庠斋静，终岁守坟籍。酒酸未尝饮，牛美每共炙。"（同上）后来迁居京城宜秋门内的南园，很可能是苏轼出任凤翔签判以后。

苏辙兄弟已于三年前进士及第，他们这次是为调官来京。到京不久，苏轼就被任命为河南福昌县主簿，苏辙被任命为河南渑池县主簿，均未赴任，就被荐举参加制科考试。负责铨调官吏的天章阁待制杨畋主动对苏辙说："闻子求举直言，若必无人，畋愿得备数。"苏辙当然很高兴，马上去杨家谒见杨畋，"一见坐语，如旧相识"（《杨乐道龙图哀辞并叙》）。为了参加制科考试，他呈交了《进论》《进策》各二十五篇，他在《上两制诸公书》中说："今年春，天子将求直言之士，而辙适来调官京师。舍人杨公不知其不肖，取其鄙野之文五十篇而荐之，俾与明诏之末。"他又把其中的十二篇进呈参知政事曾公亮，他在《上曾参政书》中说："辙，西蜀之匹夫，往年偶以进士得一命之爵，今将为吏崤渑之间。闲居无事，闻天子举直言之士，而世之君子以其山林朴野之人，不知朝廷之忌讳，其中无所隐蔽，故以应诏。……素所为文，家贫不能致，有《历代论》十二篇，上自三王而下至于五代，治乱兴衰之际，可以概见于此。"从"素所为文，家贫不能致"语可知，这五十篇文章多是在他离家赴京以前所作，是代表苏辙青年时期的政治思想和散文成就的重要作品。

二十五篇《进策》分为三个部分：第一部分是五篇《君术策》，研究君主如何才能"明于天下之情而后得御天下之术"；第二部分是十篇《臣事策》，研究君主应如何信用文臣武将，充分发挥各级官吏的作用；第三部分是十篇《民政策》，全面研究了宋代的科举、兵制、田制、劳役等各个与民政有关的问题。这二十五篇文章相当深刻地揭露了宋王朝在政治、经济、军事等各个领域的弊端，系统提出了他的革新朝政的主张。苏辙说："圣人之治天下，常使人有孜孜不已之意。下自一介之民，与凡百执事之人，咸愿竭其筋力以自附于上，而上至公卿大夫，虽其甚尊，志得意满，无所求望，而亦莫不劳苦其思虑，日夜求进而不息。"末世之政却不然："至于末世，海内乂安，四方无虞，人生于其间，势皆有荒怠之心，各安其所而不愿有所兴作，故天下渐以衰怠而不振。《诗》曰：'周虽旧邦，其命维新。'夫国之所以至于亡者，惟其旧而无以新之欤！"（《臣事策六》）"旧而无以新"之所以会招致亡国，这就像河流不因势利导而会招致泛滥一样："天下之人常狃其安流无事之不足畏也，而不为去其激；观其激作，相蹙溃乱未发之际，而以为不至于大惧，不能徐泄其怒，是以遂至横流于中原而不可卒治。"他认为当时的形势也是表面平安，实际郁结着怒气："昔者天下既安，其人皆欲安坐而守之，循循以为敦厚，默默以为忠信。忠臣义士之气，愤闷而不得发，豪俊之士不忍其郁郁之心。"在这种情况下，如果不决其壅，主动进行改革，就会天下大乱："天下之势已少激矣，而上之人不从而遂决其壅，臣恐天下之贤人不胜其忿而自决之也。"（《君术策五》）苏辙主张的变革也与苏轼一样，是一种渐进的变革："矫拂天下，大变其俗，而天下不知其为变也。释然而顺，油然而化，无所龃龉，而天下遂至于大成也。"（《民政策三》）

研读苏辙兄弟的《进策》，首先引起我们注意的是两人的主张颇不一致。

第四章 "素所为文五十篇"

蔡絛的《铁围山丛谈》卷二载有这样一则故事："二公将就试，共白厥父明允，虑有一黜落，奈何？明允曰：'我能使汝皆得之，一和题一骂题可也。'由是二人果皆得。"蔡絛是新党蔡京之子，由于政治偏见，他总喜欢把苏辙父子说成不讲原则的纵横家，因此，这则记载未必可靠。但是说两人某些重要观点往往相反却是事实。苏轼认为："当今之患，虽法令有所未安，而天下之所以不大治者，失在于任人而非法制之罪也。"（《策略三》）苏辙却说：

天下之事，任人不若任势，而变吏不如变法。法行而势立，则天下之吏虽其非贤，皆欲勉强以求成功，故天子可以不劳而得忠良之臣。今世之弊，任弊法而用不便之势，劳苦于求贤而不知为法之弊。是以天下幸而得贤，则可以侥幸于治安；不幸而无贤焉，则遂靡靡而无振。（《臣事策七》）

可见在人治和法治的问题上，苏辙是强调法治的，认为只要"法行而势立"，不贤之吏亦可为贤。苏轼认为今世之患，失在于任人而非法制之罪；苏辙却认为今世之弊在于法不好而势不便："当今之势，不变其法无以求成功。"（《臣事策四》）苏辙还认为当时在法治上"有二弊"："有法乱之弊，有法弊之弊。"所谓法乱是指法与法之间相互矛盾，"使人纷纷而无所执"；所谓法弊是指法有弊端，仍得执行而不能充分发挥臣僚的作用，"使人牵制而不自得"。他认为法乱则以立法救之；而法弊则授之以无法，即可以不受弊法之限制。但无法也不是指可以"纵横放恣"，为所欲为，而是说"上之人投弃规矩，而使天下无所执以邀其君"（《臣事策八》）。也就是不让天下之人以法为奸，利用弊法谋利。苏辙这套主张，很可能是王安石后来把他安排在变法机构制置三司条例司的原因，以为他也力主变法；也是苏辙在制置三司条例司却反对王安石新法的原因，因为他们虽然都在讲变法，但所要变者却不同。在苏辙看来，王安石的新法也是弊法，是有弊端的。只要我们进一步研究了苏辙的具体"变法"内容，就可进一步看出，他与王安石只不过是言词相似，而与苏轼的吏治改革主张倒无本质区别。

宋王朝鉴于历史上权臣窃权和晚唐五代藩镇割据的教训，对文臣武将采取了一系列防范措施，使他们很难发挥作用。针对这种状况，苏辙强调要信用大臣。他说，古代君臣之间相信如父子，相爱如兄弟。朝廷之中优游悦怿，欢然相得而无间，知无不言，言无不尽，开心平意，表里洞达。相反，"后世君臣相虞（欺骗），皆有猜防之忧。君不敢以其诚心致诸其臣，而臣亦不敢直己以行事。二者相与龃龉而不相信，上下相顾，鳃鳃然（恐惧貌）而不能以自安，而尚何暇及于天下之利害？故天下之事每每挠败而无所成就，臣窃伤之，而以为其弊在于防禁之太深而督责之太急"（《君术策四》）。很明显，这里所说的"后世"当然是包括了宋王朝的。

为了说明不可猜疑、防范一切大臣，苏辙认为应区别权臣和重臣。权臣的特点是"内悦其君之心，委曲听顺而无所违戾；外窃其生杀予夺之柄，黜陟天下以见己之权"，重臣恰恰相反，"君有所为，不可，则必争；争之不能，而其事有所必不可听，则专行而不顾。待其成败迹著，则上之心将释然而自解"（《臣事策一》）。这种有社稷之虑，敢于逆拂君主之意的重臣，"不可一日而无"，因为君臣之间应该和而不同，可否相济。君主急功近利就应辅之以推恩；君主宽厚，就应辅之以守法。总之，"辅君之善而补其不足，此诚大臣之事"。而当时之弊就在于"君臣之风，上下如一而无以相济。是以天下苦于宽缓怠惰而不能自振"（《君术策三》）。

除信任重臣外，苏辙还针对当时"为将者去其兵权而为兵者使不知将"的现实，强调要信任武将。为此，他提出了要正确汲取"唐季五代之乱"的教训问题。他认为"是时军旅之士各知其将而不识天子之惠"也有两重性。就其"不知天子之惠"而言，造成了"奸臣擅命"，拥兵而不可制；就其"士各知其将"，将亦"同其甘苦"而言，又使得士卒愿为将帅卖命，"所攻而必降，所守而必固，良将劲兵，遍于天下"。但宋王朝只看到了它造成藩镇割据的危害，而未看到它"兵安其将而乐为用"的长处："今世之人遂以其乱为戒，而不收其功。"苏辙认为"天下之事有此利也，则必有此害"，因此，应通过择将来去其害。只要"择将而得将，苟诚知其忠，虽捐天下以与之而无忧，而况数万之兵哉！"（《臣事策四》）

苏辙对宋王朝其他一些防范臣僚的措施也是反对的。宋代实行所谓避嫌

第四章 "素所为文五十篇"

之制，吏生于南必置于北，生于东必置于西，为吏者不得处其乡里，结果弄得吏民"好恶不相通，风俗不相习"。苏辙说："今使天下之吏皆可为奸，则虽非其乡里而亦不可有所优容。苟以为可任，则虽其父母之国，岂必多置节目以防其弊？"他主张"如此之类可一切革去"（《臣事策下四》）。宋代还以文臣权知州事，任期以三十个月为限，不足三年，到时则改爵增禄调官。结果造成各级官吏皆但求无过而不求有功，因循守旧而坐等升官。明哲之君本以法邀天下，现在却是天下之吏以法邀君。苏辙主张应像"唐之盛时"那样，"其所以试天下之士与调天下之选人者，皆无一定之法，而惟有司之为听"。有人说这将使"大吏易以为奸"，苏辙反驳说："人惟不为奸也，而后任以为大吏。苟天下之广，而无一二大臣可信者，则国非其国也。"（《臣事策八》）

在经济上，苏辙认为："天下之多虞，其始自井田之废，田制一败而民事大坏，纷纷而不可止。其始也兼并之民众而贫民失职，贫者无立锥之地，而富者连阡陌，以势相役，收大半之税，耕者穷饿，而不耕者得食。"（《民政策五》）他说，在古代，田亩之利，衣食之用，皆赖于天子，权出于一而利不分于强族；"末世，天子之地转而归于豪民"，"今之农者举非天子之农，而富人之农也"。苏辙认为："当今之势，宜收天下之田而归上，以业无田之农夫。"但这一急进主张在当时是很难行得通的，因此他主张先"收公田而贷民急"。他说，陈蔡荆楚之地，地广人少，土皆公田，而无人耕种。他主张在凶荒饥馑之岁进行移民，把地少人多的吴越巴蜀之民移于此，新徙之民的耕牛屋室，饮食器用不备，可由国家贷款。在"官贷以赒民急"的问题上，苏辙又与王安石的主张很接近。在这以前王安石知鄞县，"贷谷于民，立息以偿"（邵伯温《邵氏闻见录》卷一）。后来王安石在全国推行青苗法即本于此，苏辙也主张"春贷以敛缯帛，夏贷以收秋实"，认为这就可"夺豪民假货之利"。苏辙还比较了收公田和贷民急的长短，他说："收公田者其利远，非可以岁月之间而待其成也。要之数十百年，则天下之农夫可使太半皆天子之农。若夫所谓贷民急者，则可以朝行而夕获其利，此最当今之急务也。"苏辙后来之所以反对王安石的青苗法是因为他所主张的"官贷"是"薄收其息而优之，使之偿之无难；而时免其息之所当入，以收其心，使民得脱于奴隶之中"（《民政策七》），也就是不以取息为目的。而王安石的青苗法，则以"春散秋敛以谋利"(《龙川略志》第三)为目的，年息达百分之四十。

苏辙还分析了同契丹、西夏的关系。当时，契丹、西夏都较强大，宋王朝畏之如虎："天下之人皆以为北方有强悍不屈之匈奴，而又重之以西戎之大国，则中国将不胜其困。"苏辙感慨道："此何其不思之甚也！"在他看来，契丹、西夏一强一弱倒是宋王朝的大患，因为"强者将并弱者之兵，荡然南下而无复反顾之忧"；二者皆强，中国之祸反有所分，因一方专攻中国，则畏另一方乘其后。二邻皆强，正好使其"自相攻击而不能相下，则其势必走于中国，中国因而收之，而其不服者乃可图也"。有人说戎狄不喜自相攻斗，而专喜攻击中国，苏辙认为这是因为吾兵不能苦战而又有金玉锦绣可掠。只要"使吾兵精而食足，据险阻，明烽燧，吏士练习而不敢懈"，则其壮骑无所施，利不在攻中国，他们就会自相攻击。宋王朝对契丹、西夏的贿赂每年以百万计，既加重了人民的负担，又败坏了士气。他说："重赋厚敛以为二边之贿，国辱而民困。盖今世之病，病已极矣。"当时有人"以为二边之赂，决不可去"，去则必至于战；有人主张"宁战而无赂，战不必败，而赂必至于乏困"。苏辙主张先赂而后战，认为"吾民之不战久矣，用不战之民而待必战之敌"，"有所犯天下之至危"。他根据老子"将欲夺之，必固与之"的策略，主张一面礼之当加恭，待之当加厚，无逆其心而阴堕其志，使之深乐于贿赂而意不在我；一面"自治于内，搜士拣马，择其精锐"，经过数年的充分准备，然后与之战，则可一战而胜。他说："方今之事，其势亦有二而已。能奋一朝之劳而尽力以攻之，则其后可以大安，而其始也不免有岁月之勤；能忍一朝之辱而自损以骄之，而其后可以骤胜，而其始也不免有岁月之耻。此二策者皆足以谋人之国，败人之兵而有胜矣，臣窃谓今世之所安者必其予之而骄之者也。"(《民政策九》)在这个问题上，苏辙与父兄的主张都不完全相同。苏洵在《六国论》中借古讽今，说"六国破灭，非兵不利，战不善，弊在赂秦"。在《审敌》中，则直接主张停止贿赂："为天下之计，不如勿赂。勿赂则变急而祸小；赂之，则变迟而祸大。"苏轼的《策断上》批判了"勿为祸始"的"庸人之论"，主张"先发而后罢"，"示之以不惮，形之以好战"。苏辙也主张

第四章 "素所为文五十篇"

"与之战",但在策略上他强调"忍一朝之耻而全百世之利",表现出他"谨重"的性格。

二十五篇《进论》也由三部分组成,一是"上自三王而下至五代"的历代论十二篇,多借古喻今之作,具有强烈的现实针对性;二是论周公、五经和老聃的文章共八篇,是对影响中国文化最深的儒道两家的研究;三是五篇论蜀、北狄、西戎、西南夷、燕、赵的文章,是研究民风和民族问题的。一、三两部分虽角度不同,但观点同《进策》基本上是一致的,兹不赘述。这里着重研究一下苏辙对儒道两家的看法。

苏辙兄弟对儒家经典的解释,都是沿着苏洵《六经论》的路子,以人情说解释六经。苏轼的《中庸论》说:"圣人之道,自本而观之,则皆出于人情。"苏辙也说:"六经之道,惟其近于人情,是以久传而不废";"圣人之为经……未尝不近于人情";"《诗》者,天下之人,匹夫匹妇,羁臣贱隶,悲忧愉佚之所为作也"(《诗论》)。"若夫《春秋》,二百四十年之间,天下之是非,杂然而触乎其心,见恶而怒,见善而喜,则夫是非之际,则又可以求诸其言之喜怒之间也。"(《春秋论》)他指责世之儒者不从人之常情去解释儒家经典,而是"责其义之太深,而求其法之太切","世之迂学乃皆曲为之说,虽其义之不至如此者,必强牵合以为如此,故其论委曲而莫道",结果"自仲尼之亡,六经之道遂散而不可解"(《诗论》)。他还说:"圣人之为天下,不务逆人之心。人心之所向,因而顺之;人心之所去,因而废之。故天下乐从其所为。……后世有小丈夫不达其意之本末,而以为礼义之教,皆圣人之所作为,以制天下之非僻。徒见天下邪放之民皆不便于礼义之法,乃欲务矫天下之情,置其所好而施其所恶。"(《臣事策九》)可见在这个问题上,他们兄弟是没有分歧的。

但在对佛道的态度问题上,两兄弟在青年时代的看法却不完全一致。苏轼偏重于从政治上反对佛道,他的《子思论》《荀卿论》《韩非论》《韩愈论》都对所谓异端思想持批判态度。他说:"圣人之所为恶乎异端,尽力而排之者,非异端之能乱天下,而天下之乱所由出也。"他认为正是老庄的"轻天下万物之术",造成了法家的"敢于残忍而无疑",结果"秦以不祀,而天下被其毒"（《韩非论》）。这都是从异端可导致亡国的角度讲的。苏辙在儒释道问题上大胆提出了很多重要观点：第一，认为儒释道可以合一。老庄反对各"是其所是而非其所非"，主张"无所是非"的观点符合孔子的"无可无不可"（《论语·微子》）的主张；老子既讲"常欲无，以观其妙"，又讲"常欲有，以观其徼"；既讲"无之以为用"，又讲"有之以为利"；佛家既讲断灭，又讲"无断无灭"。他认为这些主张"亦近于中庸"。苏辙晚年作《老子解》，主张儒释道合一，实际上在他青年时代所作的《老聃论》中已经提出来了。第二，公开反对以周孔之言定佛老之非。他说："昔者天下之士，其论老聃、庄周与夫佛之道者皆未尝得其要也。"因为他们都以周孔之言去驳佛老之言，而佛老之徒根本就不相信周孔之言，因此，他认为"老聃、庄周之言不可以周孔辩"。这就像与邻里辩论，"而曰吾父以为不然"，谁会以你父亲的话为是非标准？那么要怎样才算"得其要"呢？苏辙认为只能"平心而观焉，而不牵乎仲尼、老聃之名，而后可与语此"。只能就观点本身的"是非利害"进行辩论，只有那些"辩之而无穷，攻之而无间"的观点才是"天下之道"。早在宋代苏辙就这样明确地反对以周孔之言为是非标准，是大胆的、深刻的。第三，经过苏辙的"平心而观"，他认为老庄学说比杨朱、墨翟之言深刻得多，全面得多。杨朱主张为我，墨翟主张兼爱，"天下之事，安可以一说治也？彼二子者欲一之以兼爱，断之以为我，故其说有时焉而遂穷"。老庄就不是这样："今夫老庄无所是非，而其终归于无有，此其思之亦曰详矣"；"老聃、庄周，其思之不可谓不深矣"；"其论纵横坚固而不可破也"（均见《老聃论》）。这简直是公开为老庄思想唱赞歌。第四，即使儒与道相较，他认为亦各有得失："老子之所以为得者，清净寡欲；而其失也弃仁义，绝礼乐。儒之得也，尊君抑臣；而其失也，崇虚文而无实用。……汉文取老子之所长而行之，是以行之而天下丰；汉武取儒者之所失而用之，是以用之而天下弊。此儒、老得失之辨也。"（《御试制科策》）苏轼多批评佛老对治国的危害，苏辙则认为即使在治国上，儒、道两家亦各有所失，各有所得。由此可见，在对佛道的态度上，苏轼兄弟的看法并不完全一致。苏辙不仅政治观点比苏轼尖锐激烈，而且他的学术思想也比苏轼更加复杂和大胆。

第五章 "妄语自知当见弃"

——留京侍父

嘉祐六年（1061）正月，苏辙兄弟因举制策，移居怀远驿。当时参加制科考试的人很多，宰相韩琦一天对人说："二苏在此，而试人亦敢与较试，何也？"此话传出，十之八九的应试者都不试而去（李廌《师友谈记》）。

七月，诏起居舍人、同知谏院司马光、同知谏院杨畋、知制诰沈遘为秘阁考官。秘阁考试过去都在八月，苏辙恰于此时生病，自料赶不上考试。宰相韩琦闻知苏辙生病，就上奏仁宗说："今岁召制科之试，唯苏轼、苏辙最有声望，今闻苏辙偶病未可试，如此兄弟有一人不得就试，甚非众望。欲展限以俟。"仁宗照准。在苏辙生病时，韩琦多次派人了解病情，直至苏辙痊愈，才进行秘阁考试（同上）。秘阁共试六论：《王者不治夷狄论》《刘恺丁鸿孰贤论》《礼义信足以成德论》《形势不如德论》《礼以养人为本论》《既醉备五福论》。这些应试文章，今存《栾城应诏集》卷一一中。

秘阁考试后又进行御试，仁宗亲至崇政殿策试所举贤良方正、直言极谏之士，苏辙兄弟各有《御试制科策》一篇。苏辙后来在《追记侍迩英讲四绝》诗中回忆说："早岁西厢跪直言，起迎天步晚临轩。"并自注道："辙昔举制策，坐于崇政殿西廊，盖迩英之比也。是日晚，仁皇自延和步入崇政，过所试幄前。瞻望天表，最为亲近。"这是苏辙第一次也是唯一一次见到仁宗皇帝，因为其后不到两年，仁宗就去世了。

苏轼自称他的《御试制科策》是"直言当世之故，无所委曲"，但苏辙的《御试制科策》比苏轼更加激烈、尖锐，矛头直接对准年老的仁宗。

苏辙针对策问所谓"志勤道远"之语指责仁宗急于政事，有"忧惧之言"，"未有忧惧之诚"。他说仁宗在宝元、庆历之间，由于西夏元昊称帝，确实曾昼不安坐、夜不安席，但是自同西夏议和二十年以来，仁宗却弃置忧惧之心，不复思虑。他说："古之圣人无事则深忧，有事则不惧。夫无事而深忧者，所以为有事之不惧也。"仁宗所为却与"圣人"相反："陛下无事则不忧，有事则大惧。臣以为陛下失所忧矣。"

苏辙又指责仁宗沉溺声色之乐，他一连列举历史上六个致乱之君以为戒，并说："此六帝王者，皆以天下治安，朝夕不戒，沉湎于酒，荒耽于色，晚朝早罢，早寝晏起，大臣不得尽言，小臣不得极谏。左右前后惟妇人是侍，法度正直之言不留于心，而惟妇言是听。"他认为，仁宗所为与这些致乱之君相似："陛下自近岁以来，宫中贵姬至以千数，歌舞饮酒，欢乐失节，坐朝不闻咨谟，便殿无所顾问。"他还告诫仁宗不要以为"好色于内而不害外事"，认为好色过度，内将伤和伐性，外将败政害事。他要求仁宗"上思宗庙社稷之可忧，内思疾疢病恙之可恶，下思庶人百姓之可畏，则夫嫔御满前，适足以为陛下忧，而未足以为陛下乐也"。

苏辙还指责仁宗朝赋敛繁重，滥用民财。他说，圣人之治必深结民心，"陛下之所以深结于民者，何也？民之所好者也生，所惜者财也。陛下择吏不精，百姓受害于下，无所告诉，则是陛下未得以生结民也；陛下赋敛繁重，百姓日以贫困，衣不盖体，是陛下未得以财结民也。吏之不仁，尚可以为吏之过；赋敛之不仁谁当任其咎？"言外之意，也就是仁宗"当任其咎"。苏辙指出，"官吏之俸""士卒之廪""夷狄之赂"及"宫中赐予玩好无极之费"都要由百姓承担，因此"凡今百姓为一物已（以）上莫不有税，茶盐酒铁，关市之征，古之所无者莫不并行，疲民咨嗟，不安其生。而宫中无益之用不为限极，所欲则给，不问无有。司会（主管财政之官）不敢争，大臣不敢谏，执契持敕，迅若兵火。陛下外有北狄、西戎岁邀金缯，而又内自为一阱，以耗其所遗余。臣恐陛下以此获谤而民心之不归也"。他要求仁宗要"痛为节俭，以宽百姓"。

苏辙还指责仁宗"惑于虚名而未知为政之纲"。他说，仁宗在庆历新政时，劝农桑，兴学校，天下以为三代之风可以渐复，结果并无实效。现在又分遣使者巡行天下，或以宽恤，或以省减，或以均税，天下又以为仁宗欲速于为治。苏辙认为这一切都不足以致治，因为各地所设官吏本来就是办这些事的，何劳再分遣使者巡行天下？苏辙一针见血地指出："臣观陛下之意，不过欲使史官书之，以邀美名于后世耳，故臣以为此陛下惑于虚名也。"治国当择吏，皇帝当择宰相，宰相当择职司，"今乃不择贤否而任之，至于有事则更命使者，故臣以为陛下未知为政之纲也"。

像这样指斥仁宗，真可谓深入骨髓。策入，"（苏）辙自谓必见黜"（《颍滨遗老传》上）。结果不出他所料，他的《御试制科策》在朝廷引起轩然大波，进行了一场激烈的争论。苏轼"入三等"，宋王朝的制科考试，一二等都是虚设，从没有人入一二等。三等实为一等，在此以前只有吴育一人入三等。司马光参与崇政典复试，认为苏辙指正朝廷得失，无所顾忌，在应试者中最为切直，也第以三等。司马光与范镇商议，范镇不赞成，于是改为四等。详议官已定，从复考。但初考官胡宿认为苏辙之策，答非所问，且以致乱之君况盛世，力请黜之。朝廷又差官重定，从初考，以苏辙不入等。司马光上奏说：

臣窃以为国家置此六科，本欲得才识高远之士，固不以文辞华靡，记诵杂博为贤。毡（苏辙试卷密封号）所试文词，臣不敢言。但见其指正朝廷得失，无所顾虑，于四人之中最为切直。今若以此不蒙甄收，则臣恐天下之人皆以为朝廷虚设直言极谏之科。而毡以直言被黜，从此四方以言为讳，其于圣主宽明之德亏损不细。

司马光的奏章既上，其他大臣就把苏辙的《御试制科策》进呈仁宗，欲黜之。苏辙对仁宗的指责虽然那样严厉，但仁宗仍不愧为仁厚之君，他说："其言直切，不可弃也。"（孙汝听《颍滨年表》）又说："吾以直言求士，士以直言告我，今而黜之，天下其谓我何！"（苏辙《遗老斋记》）仁宗同时还读到苏轼的《制科策》，高兴地说："朕今日为子孙得两宰相矣。"（《宋史·苏轼传》）于是以苏轼入第三等，王介为第四等，苏辙入第四等。

但纷争还没有结束。苏辙既入等，于是以他为试秘书省校书郎，充商州

（今陕西商县）军事推官。知制诰王安石认为苏辙袒护宰相，专攻人主，不肯撰词。宰相韩琦觉得好笑，他说，苏辙以宰相不足用，欲得娄师德、郝处俊而用之，怎么能说是袒护宰相呢？于是改命知制诰沈遘起草制词，制词说：

> 朕奉先圣之绪，以临天下，虽夙寐晨兴，不敢康宁，而常惧躬有所阙，羞于前烈。日御便殿，以延二三大夫，垂听而问。而辙也指陈其微，甚直不阿。虽文彩未极，条贯未究，亦可谓知爱君矣。朕亲览见，独嘉焉。

这是一篇十分巧妙的制词，针对苏辙对仁宗的批评，为仁宗开脱其责；又以仁宗"独嘉"苏辙"指陈其微"，歌颂仁宗宽宏大度；批评苏辙的制科策"文彩未极，条贯未究"，安抚了反对苏辙入等失败的胡宿等人；针对王安石"右宰相，专攻人主"之语，称赞苏辙"知爱君"。而"爱君"二字确实抓住了苏辙《御试制科策》的本质，正因为爱君深才责难于君。推荐苏辙的杨畋对仁宗说："苏辙，臣所荐也。陛下赦其狂直而收之，盛德之事也，乞宣付史馆。"仁宗很高兴，从其请。

  对于仁宗的宽宏，苏辙一生都是十分感激的，他后来曾多次谈及这点："昔仁宗亲策直言之士，臣以不识忌讳，得罪于有司。仁宗哀其狂愚，力排群议，使臣得不遂弃于世。臣之感激，思有以报，为日久矣。"（《上神宗皇帝书》）苏辙十九岁进士及第，二十三岁制科入等，可谓少年得志。但臣僚如此不能容人直言，不仅在是否入等的问题上争论不休，而且在是否命官的问题上也争论很久，直至嘉祐七年（1062）秋才以苏辙为商州军事推官。这使苏辙深感失望，因此，除命虽下，他却以父亲在京修礼书，兄长出仕凤翔，旁无侍子为由，奏乞留京养亲，辞不赴任。留京养亲，当然只是表面理由，这只要读一读苏轼的《病中闻子由得告不赴商州三首》以及苏辙的次韵诗，就不难看出其中奥妙了。苏轼诗第一首感叹苏辙因不赴商州，他们兄弟无由见面，抒发自己的思归之情，称美苏辙隐居京城著书为"良计"。第二首写苏辙被命做商州军事推官的原因："答策不堪宜落此。"最后一首写"上书求免"的原因，虽诗一开头就否认"辞官"与"怨位卑"有联系（"辞官不出意谁

第五章 "妄语自知当见弃"

知,敢向清时怨位卑"),但此地无银却有银,苏辙的"辞官"显然与"怨位卑"即处理不公有关。

苏辙次韵诗第一首云:"怪我辞官免入商,才疏深畏忝周行。……闭门已学龟头缩,避谤仍兼雉尾藏。"可见留京侍父只是借口,"避谤"才是他"学龟头缩"、"兼雉尾藏",深畏有辱于仕宦行列(周行)的真实原因。第二首写道:

> 南商西洛曾虚署,长吏居民怪不来。
> 妄语自知当见弃,远人未信本非才。
> 厌从贫李嘲东阁,懒学谀张缓两腮。
> 知有四翁遗迹在,山中岂信少人哉!

苏辙初至京,曾授河南渑池县主簿。因在洛水之西,故称西洛。现在又被任命为商州军推官,商州在渭水之南,故称南商,而两地均未到任,故说"虚署"。颔联的"自知"二字是说他早就料到朝廷容不得直言,而对句是针对苏轼所说的"商人望汝来",自作谦辞,实际上也是借"远人"之口表明,他的"见弃"并不是因为"非才",而是因为"妄语"。最值得注意的是颈联所用的两个典故。"贫李"指唐代诗人李商隐,他早年任令狐楚的从事,深受礼遇。楚殁,其子令狐绹为相,因党争关系而不满李商隐,有意疏远他。重阳日,李商隐谒令狐绹,不得见,题《九日》诗于壁,末二句说:"郎君官贵施行马,东阁无因再得窥。"谀张指唐相张说,缓两腮即缓颊,指不再抨击时政。张说早年直言敢谏,被唐玄宗誉为"言则不谀,自得谋猷之体"。但后因"承平岁久,志在粉饰盛时","首建封禅之议"(《旧唐书》卷九七《张说传》)。苏辙用这两个典故,表示自己虽"见弃",但决不会像李商隐那样自嘲"东阁无因再得窥",也不会像张说那样阿谀奉承皇帝。

《御试制科策》对苏辙一生的影响是深远的,不仅迫使他当时辞官,而且使得这位少年得志之士多年一直仕途蹭蹬。他晚年深有感慨地说:"予采道路之言,论宫掖之秘,自谓必以此获罪,而有司果以为不逊。……自是流落凡二十余年。"(《遗老斋记》)

第六章 "岐梁偶有往还诗"
——《岐梁唱和诗集》

苏轼制科试入三等后，于嘉祐六年（1061）十一月赴凤翔签判任，苏辙留京侍父，在三年多的时间里，一在凤翔，一在开封，诗赋往还，唱和甚多。在治平元年（1065）正月苏轼罢凤翔任还京后，兄弟二人曾把这些诗编成《岐梁唱和诗集》。苏辙在《次韵姚孝孙判官见还〈岐梁唱和诗集〉》中写道：

> 伯氏文章岂敢知，岐梁偶有往还诗。
> 自怜兄力能兼弟，谁肯埙终不听箎。
> 西虢春游池百顷，南溪秋入竹千枝。
> 恨君曾是关中吏，属和追陪失此时。

埙，土制乐器；箎，竹制乐器。《诗经·小雅·何人斯》有"伯氏吹埙，仲氏吹箎"之语，后人常用埙箎喻兄弟和睦。诗的前四句即写他们兄弟的岐梁唱和，赞美苏轼的诗文才力非自己所能比。五、六句写苏轼在凤翔的游踪，末两句感慨姚孝孙当时也在关中做吏，可惜未能与之同游唱和。如果说《南行集》是三苏父子亲自编纂的唯一一部诗文合集，那么《岐梁唱和诗集》就是苏辙兄弟亲自编辑的唯一一部唱和诗集。这部诗集可能刊行过，《东坡外集》序所载苏轼二十余种集子里有《坡梁酬唱集》，或许就是《岐梁酬唱集》之误。现在连《坡梁酬唱集》也失传了，但这些诗仍分别保存在《栾城集》卷一、卷二和《苏轼诗集》卷三至卷五中，它对研究和比较苏辙兄弟的思想和诗风很有价值。

《宋史·苏辙传》说他们兄弟"患难之中，友爱弥笃"，《岐梁唱和诗集》

第六章 "岐梁偶有往还诗"

就是他们兄弟"友爱弥笃"的集中表现。在这以前，兄弟两人一直生活在一起，他们在驿车隆隆的怀远驿准备制科考试时，在一个"秋雨梧桐叶落时"的夜晚，对床夜雨，想到出仕未免远别，曾相约早退，苏轼赴凤翔任是他们兄弟第一次远别，依依不舍之情特深。苏辙送苏轼赴任，送了一程又一程，一直送到离京城一百四十里的郑州西门外，苏轼《辛丑十一月九日既与子由别于郑州西门之外，马上赋诗一篇寄之》充分抒发了他们兄弟的离别之苦：

不饮胡为醉兀兀，此心已逐归鞍发。
归人犹自念庭帏，今我何以慰寂寞？

苏辙回京读到苏轼的来诗，揣测他已经到达渑池，而渑池是他们六年前入京应试同经之地，故写了《怀渑池寄子瞻兄》：

相携话别郑原上，共道长途怕雪泥。
归骑还寻大梁陌，行人已渡古崤西。
曾为县吏民知否，旧宿僧房壁共题。
遥想独游佳味少，无言骓马但鸣嘶。

前四句是答苏轼《郑州马上别子由》的，五、六句是由近及远的回忆。苏辙诗的最后两句是设想苏轼独游乏味，以但闻骓马嘶鸣反衬苏轼无人与语。写苏轼的孤独也就包括了自己的孤独，而且比直抒自己的孤独更亲切感人。苏轼在《次韵子由渑池怀旧》中告知苏辙说：

人生到处何所似？应似飞鸿踏雪泥。
泥上偶然留指爪，鸿飞那复计东西。
老僧已死成新塔，坏壁无由见旧题。
往日崎岖还记否？路长人困蹇驴嘶。

时间虽才隔六年，渑池僧舍已面目全非，老僧奉闲已死，壁上题诗也荡然无存，并由此发出了深沉的感慨：人生太渺小了，有如"飞鸿踏雪泥"，只能偶然留下一些爪痕而已；人生太短促了，转瞬之间，人也死了，壁上的题诗也"无由见"了。这是苏轼二十七岁时的作品。"往日崎岖还记否？路长人困蹇驴嘶"，与其说是总结他往日生活道路的"崎岖"，还不如说是预示了未来生活道路的坎坷。他一生中经常发出类似的感慨，从中也可看出封建社会不得志的知识分子的精神苦闷和对现实的不满。

逢年过节，他们兄弟间的思念之情尤深。苏辙在《辛丑除日寄子瞻》中描写自己在京城过节和对兄长的思念说："庖人馈鸡兔，家味宛如昔。有怀岐山下，辗转不能释。……偶成一朝荣，遂使千里隔，何年相会欢，逢节勿轻掷。""一朝荣"付出了"千里隔"的代价，太伤感了。苏轼安慰弟弟说："诗成十日到，谁谓千里隔？一月寄一篇，忧愁何足掷！"（《次韵子由除日见寄》）

苏轼在凤翔期间经常出游，所游之地有的就是他们父子三人当年共同赴京所经之地，如太白山下的崇寿院。苏辙推测苏轼现在旧地重游一定会想到当年的联骑同游："据鞍应梦我，联骑昔尝曾。"（《次韵子瞻太白山下早行题崇寿院》）有的地方与当年他们同游之地类似，苏轼来到冬温夏凉的仙游潭，觉得很像三峡的虾蟆培，所惜者是子由不能相伴而游："忽忆虾蟆培，方冬脱鹿裘。山川良甚似，水石亦堪俦。惟有泉傍饮，无人自献酬。"（苏轼《奉诏减决囚禁，记所经历寄子由》）这次又轮到苏辙安慰哥哥了："今游虽不与，后会岂无由？昼出同穿履，宵眠共覆裘。弟兄真欲尔，朋好定谁俦？"（《次韵子瞻减降诸县囚徒，事毕登览》）有时碰上下雪，他们就联想到三峡为风雪所阻和郑州雪中相别，而现在却无人共同赏雪："江上同舟诗满箧，郑西分马涕垂膺。……官舍度秋惊岁晚，寺楼见雪共谁登？"（苏轼《九月二十日微雪怀子由弟》）"尔来隔秦魏，渴望等饥饿。徒然遇佳寺，有酒谁与贺？"（苏辙《次韵子瞻病中大雪》）苏辙非常希望能与兄同游："秦川雪尽南山出，思共肩舆看麦田"（《寒食前一日寄子瞻》），"兄从南山来，梦我南山下。……相与千里隔，安得千里马？"（《和子瞻记梦》）"安得西飞鸿，送弟以与兄"（《和子瞻读道藏》）。可惜既无千里马，也无西飞鸿，他就只好以和诗代陪游了："平时

第六章 "岐梁偶有往还诗"

出处常联袂，文翰叨陪旧服膺。……离思隔年诗不尽，秦梁虽远速须麈（酬答）"（《次韵子瞻秋雪见寄》）；"定邀道士弹鸣鹿，谁与溪堂共酒杯？应有新诗还寄我，与君和取当游陪"（《闻子瞻重游南山》）；"尚何忆我为？欲与我同游。我虽不能往，寄诗以解愁"（《闻子瞻将入太平官溪堂读书》）——"和取当游陪"，"寄诗以解愁"，这就是苏轼任凤翔签判期间，他们兄弟唱和诗尤多的重要原因。

为了寄托兄弟间的思念之情，他们还不时互寄礼物。苏辙《子瞻寄示岐阳十五碑》说："堂上岐阳碑，吾兄所与我"；《画文殊普贤》说："吾兄子瞻苦好异，败缯破纸收明鲜。自从西行止得此，试与记录代一观。"可见苏轼曾寄字、画与苏辙。《子瞻见许寄骊山澄泥砚》说："长安新砚石同坚，不待书来遂许颁。……早与封题寄书案，报君湘竹笔身斑。"说明苏轼还曾以澄泥砚寄苏辙，苏辙则以湘竹笔回赠。

"忆弟泪如云不散，望乡心与雁南飞。"（苏轼《壬寅重九……有怀子由》）对故乡的怀念是岐梁唱和诗的又一内容。苏轼"官于岐下，岁暮思归而不可得"，使他写下了《记岁暮乡俗三首寄子由》，感慨"官居故人少，里巷佳节过，亦欲举乡风，独唱无人和"。苏辙在次韵诗中也盛赞故乡风俗之淳朴："周公制乡礼，无有相通佐。……乡人慕古俗，酬酢等四坐。东邻遗西舍，迭出如蚁磨。宁我不饮食，无尔相咎过。相从庆新春，颜色买愉和。"（《次韵子瞻记岁暮乡俗三首》）"宁我不饮食"，也要馈送东邻西舍，共同欢庆新春的到来，这样的民风乡俗确实令人向往。

苏轼的《记岁暮乡俗三首寄子由》又引出了苏辙的《记岁首乡俗寄子瞻二首》。蜀中习俗，正月初八都要到郊外游览，叫做踏青。苏辙描写故乡踏青的热闹场面说：

江上冰消岸草青，三三五五踏青行。
浮桥没水不胜重，野店压糟无复清。
松下寒花初破萼，谷中幽鸟渐嘤鸣。
洞门泉脉龙眼动，观里丹池鸭舌（草名）生。

山下瓶罂沾稚孺，峰头鼓乐聚簪缨。
缟裙红袂临江影，青盖骅骝踏石声。
晓去争先心荡漾，暮归夸后醉纵横。
最怜人散西轩静，暧暧斜阳著树明。

江上冰消，岸边草绿，寒花破萼，幽鸟和鸣，洞门泉涌，丹池草生。正是在这生意盎然的初春，城中居民三五成群郊游踏青。浮桥不堪重负，野店挤满游客。山下举杯相庆，山上鼓乐齐鸣。少女临江，骅骝争道。拂晓争先出城，心情激动，黄昏流连忘返，醉客纵横。这首《踏青》诗真是一幅形象生动的风俗写生画。

每年二月十五日为蚕市，出卖蚕器和农具："不唯箱筐供妇女，亦有锄镈资男耕。"蚕市期间也很热闹，人们竞着新衣，争邀亲朋，一面饮酒，一面赏乐："空巷无人斗容冶，六亲相见争相迎。酒肴劝属坊市满，鼓笛繁乱倡优狞。"蜀中蚕市据说自蚕丛以来就相沿成俗，苏辙感叹现在身处异乡，再也欣赏不到这种"古风俗"，抒发了强烈的思乡之情："蚕丛在时已如此，古人虽没谁敢更？异方不见古风俗，但向陌上闻吹笙。"（《蚕市》）

岐梁唱和诗是苏辙兄弟生活的真实记录，苏辙在《东坡先生墓志铭》中说："先君晚岁读《易》，作《易传》未完。"苏轼《病中闻子由得告不赴商州》诗有"《易》可忘忧家有师"之语；《九月二十日微雪寄子由弟》又说："遥知读《易》东窗下，车马敲门定不譍（应答）。"可见苏辙留京期间主要在跟随苏洵研读《周易》。

"近成《新论》无人语"（《次韵子瞻闻不赴商幕》），除研读《周易》和不断与苏轼唱和外，苏辙还把他在《进策》中的观点进一步概括、提炼，写成《新论》三篇。苏辙首先提出分析形势的原则："不诬治以为乱，不援乱以为治。"即不要丑化现实，也不要美化现实。根据这一原则，他分析了"当今之势"："当今天下之事，治而不至于安，乱而不至于危，纪纲初立而不举，无急变而有缓病。……今世之弊，患在欲治天下而不立为治之地。"——"立为治之地"是全文的核心。他所说的"为治之地"就是治国的根本："有意于治

第六章 "岐梁偶有往还诗"

而无其地,譬犹欲耕而无其田,欲贾而无其财。"具体来说就是法度,如伏羲、神农、黄帝时的"建其父子,立其君臣,正其夫妇"等等,夏、商、周三代的"治其井田沟洫步亩之法,比闾族党州乡之制"等等。他说:"周之衰也其诗曰:'虽无老成人,尚有典刑。'由此言之,幽(王)厉(王)之际,天下乱矣,而文(王)武(王)之法犹在也。……及其甚也,法度大坏,欲为治者,无容足之地。"从这些具体论述来看,他所谓的"为治之地"就是要有完善的法制。"子产用之于郑,大夫种用之于越,商鞅用之于秦,诸葛孔明用之于蜀,王猛用之于苻坚,而其国皆以富强。此数人者虽其所施之不同,而其所以为地者一也。"他所举的这些人都以加强法制著称,进一步体现了"为治之地"的真实含义。他说,当今之世"徘徊彷徨于治乱之间而不能自立,虽授之以贤才,无所为用;不幸而加之以不肖,天下遂败而不可治。故曰莫若先立其地,其地立而天下定矣"。这正是他在《臣事策六》中的"变更不如变法",无善法,"天下幸而得贤,则可以侥幸为治;不幸而无贤焉,则遂靡靡而无振"的观点。苏辙的《新论》作于嘉祐七年,嘉祐八年苏轼也写了《思治论》,概括和发展了自己在《进策》中的革新主张。

除《新论》外,苏辙应苏轼之约还写有《登真兴寺楼赋》和《上清辞》。真兴寺楼在凤翔城中,高十余丈,宋初节度使王彦超所建。嘉祐七年(1063)六月,苏轼游真兴寺,晚登此阁,南望终南山,见白鹭成群翱翔,美丽如画;东南望诸葛亮北伐屯兵的五丈原,只见白云覆罩,于是写信要苏辙作此赋。赋分别描写了苏轼提供的素材,最后感慨道:"嗟一日之所见兮,盖千变以异状。忽已去而莫执兮,偶一世之所向。非有意于求慕兮,徒今世之追想。虽孔明其何益于五丈兮,使无原其忘亮。览川原而思古兮,恍亡弓之遗帐。"大意是说,在真兴寺阁上,一天之内所见之景千变万化,转瞬之间眼前景色就消逝无遗,只是留下一些追想而已。自己在千里之外记苏轼登临所见,也只能使异日见此赋而重增感慨。即使当年诸葛亮屯兵于五丈原亦无益于此,只能使后世登临追赏,无法忘怀罢了。见古迹而不见古人,恍如见弓和弓袋而不见执弓人一样,确实是江山依旧昔人非,全赋充满了物是人非之感。

苏辙在读书写作之余,种菜植树,经营园中花木,闹中求静,过着"惟有王城最堪隐，万人如海一身藏"的市隐生活："东舍久居如旧舍，春蔬新种似吾乡。"（《次韵子瞻闻不赴商州》）他还专门写有一首《种菜》诗，感慨久旱不生：

> 久种春蔬旱不生，园中汲水乱瓶罂。
> 菘葵经火未出土，僮仆何朝饱菜羹？
> 强有人功趋令节，怅无甘雨因耘耕。
> 家居闲暇厌长日，欲看年华上菜茎。

这首诗显然不只是在咏种菜，也是在感叹自己的不幸境遇。特别是第三联，明明是说自己虽然很努力，却没有"甘雨"滋润自己。苏轼的《次韵子由种菜久旱不生》就点明了这一主题："园无雨润何须叹，身与时违合退耕。欲看年华自有处，鬓间秋色两三茎。"所谓"身与时违合退耕"就是"答策不堪宜落此"；何须通过菜茎的生长来看年华易逝，鬓间的二三白发已预示着年华易逝，功业难成。

苏辙《赋园中所有十首》是他闲居京师期间的刻意之作，最足以代表他那淡而有味的诗风。或以"美女生山谷，不解歌与舞"的萱草和"婵娟冰雪姿，散乱风日影。繁华见孤淡，一个敌千顷"的孤竹，抒发自甘孤淡、冰清玉洁、不慕歌舞繁华之情；或以溪生繁茂、园生局促的芦草，喻不可强违物性（"强移性不遂"）；或以"芳心竟未已，新萼缀枯槎"的病石榴，喻不甘枯萎的顽强生命力；或以"南园地性恶，双柏不得长"与"蓬麻春始生，今已满一丈"做对比，暗寓与"新松恨不高千尺""恶木剪还多"（杜甫）相类似的感慨；而"柏生嗟几年，失意自凄怆。有子压枝低，已老非少壮"数语，又对因"地性恶"而仍很低矮，不能直遂生长的双柏寄予深切同情。这些诗当然不只是咏物，而是在借物以抒慨。苏轼在《和子由记园中草木》诗中说：

> 煌煌帝王都，赫赫走群彦。
> 嗟汝独何为，闭门观物变。

第六章 "岐梁偶有往还诗"

> 微物岂足观,汝独观不倦。
> 牵牛与葵蓼,采摘入诗卷。
> 吾闻东山傅,置酒携燕婉。
> 富贵未能忘,声色聊自遣。
> 汝今又不然,时节看瓜蔓。
> 怀宝自足珍,蓺兰那计畹。
> 吾归于汝处,慎勿嗟岁晚。

苏轼在这里做了两个对比:煌煌京城,成群的俊才都在忙于奔走仕途,而苏辙却"闭门观物变";当年的谢安(东山傅)以声色自遣,而苏辙却以"看瓜蔓"度日。这种自甘淡泊的精神,正是怀宝自珍的表现。

苏辙父子在眉山老家有木山三峰,并未携带入京,他们在京城所置木山,是南行赴京途中友人送的。苏辙在京还经常引水穿过木山,浇浸菊苗:"引水穿墙接竹梢,谷藏峰底大容瓢。……瓦盆一斛何胜满,溢去犹能浸菊苗";"檐下枯槎拂荻梢,山川迤逦费公瓢。幽泉细细流岩鼻,盆水浟浟涨海潮。但爱坚如湖上石,谁怜收自灶中焦?"(《山木引水二首》)苏辙感慨坚如湖石的木山却是劫后余生的灶中之物,语言很含蓄,容易忽略过去。而苏轼劝慰弟弟的话,才使我们看出了苏辙的隐痛:"才大古来难适用,不须郁郁慕山苗。"左思《咏史》说:"郁郁涧底松,离离山上苗。以彼径寸茎,荫此百尺条。……地势使之然,由来非一朝。"材大难用,自古皆然。涧底的百尺高松,竟被山上低矮的树苗所掩;栋梁之材的大树竟成了"灶中焦",这都是无可奈何的,又何须羡慕因地势有利而高高在上的山苗呢?

从岐梁唱和诗还可看出苏辙兄弟对某些问题的看法并不一致,他们在唱和诗中经常发生争论,而且大半是弟弟反驳哥哥。苏轼的《王维吴道子画》生动概括了王、吴二家绘画的不同艺术风格,对两家都给予了很高的评价。但两相比较,苏轼更推崇王维:"吾观二子皆神俊,又于维也敛衽无间言。"苏辙的和诗针锋相对地反驳说:"壮马脱衔放平陆,步骤风雨百夫靡。美人婉娖守闲独，不出庭户修容止。女能嫣然笑倾国，马能一跋至千里。优柔自好勇自强，各自胜绝无彼此。谁言王摩诘，乃过吴道子？"在苏辙看来，壮马奔驰是"刚杰"之美，美人嫣然一笑是"软美"，对二者不应有所轩轾。其实，苏轼在这里是在比较文人画和画工画的高低，他并不否认美的多样性。他在《孙莘老求墨妙亭诗》中说："杜陵评书贵瘦硬，此语未公吾不凭。短长肥瘦各有态，玉环飞燕谁敢憎？"可见他们兄弟在美的多样性、风格的多样性的问题上，实际是没有分歧的。

苏轼游终南山下的玉女洞，其泉甚甘，带了两瓶回去，以后又派士卒专程去取玉女洞中水。古人能辨别淄渑水味的不同，有如鹤胫长与凫胫短一样清清楚楚。苏轼没有这种本事，又担心士卒以他水冒充，于是与寺僧破竹为契，僧藏其一，己藏其一，作为往来凭信，"戏谓之调水符"。但他觉得即使调水符也未必能防止士卒作假，故在《调水符》中感慨道：

> 欺谩久成俗，关市有契繻。
> 谁知南山下，取水亦置符！
> 古人辨淄渑，皎若鹤与凫。
> 吾今既谢此，但视符有无。
> 常恐汲水人，智出符之余。
> 多防竟无及，弃置为长吁！

苏辙在《和子瞻调水符》中说：

> 多防出多欲，欲少防自简。
> 君看山中人，老死竟谁谩？
> 渴饮吾井水，饥食瓯中饭。
> 何用费卒徒，取水负瓢罐！
> 置符未免欺，反复虑多变。
> 授君无忧符，阶下泉可咽！

第六章 "岐梁偶有往还诗"

苏轼的调水符和苏辙的无忧符，提出了一个非常值得深思的问题。苏轼是一个既能吃苦，又会享受的人，他的调水符就表现了他会享受的一面。"子由幼达"，清心寡欲，故能提出欲望低则忧虑少的主张。"多防出多欲，欲少防自简"，他的"无忧符"，简直可作为人们的座右铭。

他们对"三良"之死的看法也不同，子车氏之三子奄息、仲行、鍼虎为秦之良臣，人称三良。秦穆公死，以三良殉葬，国人哀之，《诗经·秦风·黄鸟》即为哀三良而作。苏轼《秦穆公墓》诗一翻此案，认为三良是自愿殉穆公，而非被迫殉葬："昔公生不诛孟明，岂有死之日而忍用其良？乃知三子殉公意，亦如齐之二子从田横。"孟明是佐助秦穆公建立霸权的百里奚之子，穆公派他将兵伐郑，兵败，群臣欲诛孟明，穆公却归咎于己，复使为政。田横在秦末大乱中，自立为齐王。刘邦称帝，田横与其徒逃居海中，刘邦召之，田横与二客至洛阳，横自杀身死，刘邦仍礼葬田横，拜其二客为都尉。但二客葬毕田横，亦自刎于田横墓旁。苏轼认为从秦穆公的不诛孟明，可断言他不会强迫三良殉葬；三良的殉葬有如田横二客为主殉葬一样，完全是出于自愿，并说："古人感一饭，尚能杀其身。今人不复见此等，乃以所见疑古人。"苏辙的和诗反驳说：《诗经·黄鸟》所载"良临其穴，惴惴其栗"，证明三良之死绝非自愿殉葬："三良百夫特（杰出者），岂为无益死？当年不幸见迫胁，诗人尚记临穴惴。岂如田横海中客，中原皆汉无报所。……三良殉秦穆，要自不得已！"

苏轼在凤翔期间曾到终南山上清太平宫读道教经典《道藏》。他在《读道藏》诗中说："嗟余亦何幸，偶此琳宫居。宫中复何有，戢戢（聚集貌）千函书。……乘闲窃掀搅，涉猎岂暇徐。"苏辙对这种涉猎、泛览的读书法也不以为然，他说："道书世多有，吾读老与庄。老庄已云多，何况其骈傍！所读嗟甚少，所得半已强。"（《和子赡读道藏》）可见苏辙读书主张少而精。总之，苏轼兄弟情谊甚深，但并不是兄唱弟随，而是和而不同，他们对很多问题的看法并不一致。

第七章　"从军在河上"

—— 出任大名府推官

由于苏轼还京任职，苏辙于治平二年（1065）三月出任大名府（治所在今河北大名）推官。大名府是北方的军事重镇，庆历二年（1042）五月建为北京。当时宋王朝正同西夏作战，契丹亦有背盟攻宋之势。有人主张速修京城，宰相吕夷简认为，契丹得渡黄河，即使固守京师，也很难守住，设防应在黄河之北，"宜建都大名，示将亲征以伐其谋"。卒从吕议，"建大名府为北京"（《续资治通鉴》卷四四）。苏辙第一次出仕就到这样一个重要地方，因此他在给韩琦的谢书中说："魏都雄盛，号称河朔之上游；职官卑微，最为府中之末吏。事既甚夥，议皆得参；顾惟浅庸，何以堪此！"（《北京谢韩丞相启》）大名地位重要，离京城开封也不远，而且到任不久，他就从"府中之末吏"推官，被差管勾大名府路安抚总管司机宜文字，俸禄也有所提高。因此，他对韩琦是十分感激的："即来魏府，幸迩家庭。曾未逾时，就改此职。边鄙无事，最为闲官，俸给稍优，尤便私计。……功效未闻，旋移新局。顾恩造之甚厚，思力报以未由。"（同上）

这一带是辽阔的平原："川原不论顷，云梦可胜吞？"自安史之乱以后，这里战乱频仍，不知死了多少人："天宝乱已定，河壖兵更多。故城埋白骨，遗俗喜长戈。卧兽常思肉，奔鲸不受罗。纵横竟安在，谁见冢嵯峨？"但自宋王朝建立以来，特别是自澶渊之盟以来，由于长期没有战争，这里的屯戍十分薄弱："时平余古木，兵散有空屯。"苏辙在任推官和管勾机宜文字期间，经常陪大名知府王觌练兵，并十分关心契丹的动静："河转金堤近，天高魏阙新。千夫奉儒将，百兽伏麒麟。校猎沙场暮，谈兵玉帐春。关南知不远，谁试问番邻。"（《次韵王君贶北都偶成三首》）苏辙和王觌相得甚欢，他后来在

第七章 "从军在河上"

《王君贶宣徽挽词》中回忆说："从军在河上，仗钺喜公来。幕府方闲暇，歌钟得纵陪。"

这里虽然承平百年，但人民生活仍很艰难，水旱频仍，饥民满野，铤而走险者甚多："水旱嗟频蹙，疮痍费抑搔。"（《次韵王临太博马上》）而他所担任的推官就是负责勘问刑狱的，因此他深深感到力不胜任："旱气方退，流民未还，盗贼纵横，犴狱填委。是健吏厉精竭力而不足之日，非庸人偷安自便而能办之时。"（《北京谢韩丞相启》）由于苏辙当时处于幕僚地位，而且在任时间很短，因此，并没有留下什么政绩，只知他和王贶都不随便以刑加人。（见《龙川略志》卷一《慎勿以刑加道人》）

这是苏辙第一次出仕，还不习惯幕府的簿书生活。他深感簿书工作繁重："暮归何暇食，堆案簿书高。"（《次韵王临太博马上》）也觉得这种工作没有什么意义，简直是浪费生命："岁月逼人行老大，江湖发兴感平生"（《登上水阁》）；"归意已随行客去，流年惊见柳条新"。簿书工作使他既不能像京城闲居那样自由读书，更不能像在故乡眉山那样自由自在生活："簿书填委休何日，学问榛芜愧古人。一顷稻田三亩竹，故园何负不收身？"（《送陈安期都官出城马上》）苏辙在大名有一首《次韵沈立少卿白鹿》诗，形象地描绘了白鹿被圈养的痛苦神情："白鹿何年养，惊猜未可驯。轩除非本性，饮食强依人。……独游应已倦，忽见乍凝神。……何缘解羁絷，奔放任天真！"这可说既是苏辙在以己之心度鹿之腹，又是在借鹿寓慨。他也深感"轩除非本性"，希望能"解羁絷""任天真"，摆脱簿书之累，一适"江湖万里心"。

治平三年（1066）四月二十五日苏洵卒于京师。苏辙在大名仅任职一年，就因父亲的去世而离职。欧阳修已为苏洵作了墓志铭，司马光应苏辙兄弟之请，为其母程夫人作了墓志铭，六月九日朝廷特赠苏洵以光禄寺丞，并敕有司备舟载苏洵之丧归蜀。苏轼兄弟护父丧出都，自汴河入淮河，然后沿长江逆流而上，一路风涛甚大，十分难行："忆同溯荆峡，终夜愁石首。余飙入帐幄，跳沫溅窗牖"（《和子瞻涡口遇风》）；"乘船入楚溯巴蜀，溃溅深恶秋水高"（《巫山庙》）。泊舟云安（今重庆云阳）已是治平四年（1067）正月二十日（见苏轼《题云安下岩》）。过丰都可能已在二月，仙都山道士曾以阴长生《金丹决》示苏辙，并为他大讲"调养精气"的养生之道（《龙川略志》卷一《养生丹诀》）。直至四月才到达眉山故居，八月葬苏洵于眉山安镇乡可龙里。

第八章 "虽欲自效，其势无由"
——任职制置三司条例司

熙宁元年（1068）冬，苏辙兄弟服丧期满，陆行北上还京。这次返京与第一次赴京应试所走的路线相同，过成都，经阆中，至凤翔，十二月二十九日他们再过长安，在毋清臣的家宴上共同观赏《醉道士图》（见苏轼《跋醉道士图》），度岁之后又匆匆上路："已游长安城，皆饮毋卿宅。身虽坐上宾，心是道路客。笑言安能久，车马就奔迫。"他们来不及游览终南山、古龙池，也未及访问曾劝苏辙学养生之道的王颐："城南南山近，胜绝闻自昔。徘徊莫能往，指点烦鞭策。道傍古龙池，深透河渭泽。山行吾不能，愧此才咫尺。壮哉谁开凿，千顷如一席。参差山麓近，跳荡波光射。君时在池上，俗事厌纷剧。望门不敢扣，恐笑尘土迹。"（苏辙《京师送王颐殿丞》）熙宁二年（1069）二月回到京城。苏轼差判官告院，苏辙为置三司条例司检详文字。

这时，朝廷政局已经发生了巨大变化，治平四年（1067）英宗病逝，神宗赵顼继位。神宗当时才二十岁，年富力强，颇想有所作为，认为天下之弊事不可不革，理财为当今急务。他的观点与王安石很接近。熙宁元年（1068）以王安石为翰林学士，熙宁二年（1069）以王安石为参知政事，开始变法。王安石首先建立了变法机构"制置三司条例司"（即由皇帝特命设置的制定户部、度支、盐铁三司条例的专门机构），接着相继推行均输、青苗、农田水利、免役、市易、方田均税等新法。苏轼兄弟在仁宗朝虽然主张改革，反对因循守旧，但也不同意王安石的变法理论。现在王安石的变法理论付诸实践了，因此，他们一回朝廷，很快就与王安石处于对立地位。

熙宁二年（1069）二月苏辙回到朝廷，三月他就向神宗上书，批评神宗继位以来所施之政失"先后之次"，提出了自己革新朝政的主张，他说："善为国者必有先后之次。自其所当先者为之，则其后必举；自其所当后者为之，则先后并废。"他认为神宗为国历年而治不加进，天下之弊日益于前，灾变横生，人民流离，就是因为"先后之次有所未得"。那么什么当先，什么当后呢？苏辙认为治财当先，其他都当后。神宗先支持种谔袭取西夏，后又废黜种谔，就是因为治边无数月之粮，关中无终岁之储，无法继其后。苏辙以此为例，说明治财是为国之先务，鞭笞四夷是极治之余功。神宗也说过："今世之患莫急于无财而已。财者为国之命而万事之本，国之所以存亡，事之所以成败，常必由之。"神宗虽对西夏用兵，但他也认为"理财为当今急务"。在这个问题上，苏辙与宋神宗、王安石的看法是基本一致的，这大概就是他们把苏辙安置在变法机构任职的又一重要原因，苏辙《进策》力主变法自然也是原因之一。

但在如何理财的问题上，苏辙同宋神宗、王安石的看法就不一致了。他说："方今之计莫如丰财，然臣之所谓丰财者，非求财而益之也，去事之所以害财者而已矣。""求财而益之"即广开财源，这正是王安石的主要目的；"去事之所以害财者"即节用，这正是反对新法者的共同主张。在苏辙入京前不久，即熙宁元年八月，王安石同司马光曾有一场激烈争论。当时河朔闹旱灾，国用不足，司马光主张救灾节用当自贵近始，要求郊礼勿赐金帛。王安石认为，之所以财用不足，是因为"未得善理财之人"。司马光讥刺道，善理财之人，不过是"头会箕敛（按人头征税，用畚箕装所征之谷物）以尽民财"（《续资治通鉴》卷六六）的人。可见苏辙的主张表面上虽近似宋神宗、王安石，而实际上更接近司马光。这大概就是苏辙一进入制置三司条例司就与王安石发生冲突，不到半年就被迫辞职的主要原因。

从"去事之所以害财者"出发，苏辙首先主张去冗官，要求神宗"下哀痛之书，明告天下以吏多之故，与之更立三法"：一是减少取士人数。他主张"进士之科增年而后举，其额不增"。额不增而年增，取士之数自然减少。宋王朝对那些连科不第之人，往往以同奏名录取。苏辙主张"举多者无推恩"，因为国家设科举，本使有才者得之；才不才皆得，又何必设科举？二是主张减任子自大臣始。熙宁元年九月曾裁减恩泽，对臣僚荫补子弟入官略加限制。

第八章 "虽欲自效,其势无由"

苏辙认为还不彻底,他说:"行是法也,必始于二府(中书省、枢密院)。法行于贱而屈于贵,天下将不服,天下不服而求法之行,不可得也。"三是百司减员,他认为即使是掌管财政的三司之吏,只要善于"执简以御繁"也可减员,更何况他司。苏辙知道"此三法者,皆世之所谓拂世戾俗,召怨而速谤者也",但他认为"为国者循理而不恤怨",因此他要求神宗"亲断而力行之"。其次是去冗兵,他重申了《进策》中提出的益土兵,损禁军的主张,并把道理阐述得更加深透:"今世之强兵莫如沿边之土人,而今世之惰兵莫如内郡之禁旅。其名愈高,其廪愈厚;其廪愈厚,其才愈薄。……土兵一人,其材力足以当禁军三人;禁军一人,其廪给足以赡土兵三人。使禁军万人在边,其用不能当三千人,而常耗三万人之畜。边郡之储比于内郡,其价不啻数倍,以此权之,是土兵可益而禁军可损,虽三尺童子,知其无疑也。"再次是去冗费,他对宗室之费多于百官,漕运之费常倍于古,国有至急而郊祀之赏不废等等,都主张削减。苏辙认为,要去三冗必将"群起而噪之",他要神宗"诚以为可行,必破天下之浮议,使良法不废于中道,如此而后三冗之弊可去也"(《上皇帝书》)。

神宗读了苏辙的上书,十分欣赏,批复中书说:"详观疏意,知辙潜心当世之务,颇得其要。郁郁下僚,使无所伸,诚亦可惜。"(孙汝听《颍滨年表》)并即日召对延和殿。这是苏辙第一次被皇帝召见,他后来在《自齐州回论时事书》中说:"臣自少读书,好言治乱。方陛下求治之初,上书言事。陛下不废狂狷,召对便殿,亲闻德音,九品贱官,自此始得登对。"

王安石对苏轼兄弟的安排是经过一番斟酌的。他因为讨厌苏轼的政治主张历来与己不同,故任以殿中丞、直史馆、判官告院。这是一个闲差,无事可干。苏辙过去主张变法,这次又主张丰财为当今急务,故把他安置在制置三司条例司任检详文字。王安石以参知政事领条例司事,吕惠卿和苏辙都成了他的属官。条例司是实际主持变法的机构,要不断草拟新法,忙得要死。苏轼在《与苏子明书》(本集失载,见《成都西楼帖》)中说:"轼二月中授官告院,颇甚优闲,便于懒拙。却是子由在制置司颇似重难。人主求治至切,患财利之法弊坏,故创此司,诸事措置,虽有王安石、陈升之二公,然检详官不可不协力讲求之,常晨出暮归,颇羡弊局之清简。"

由于苏辙反对"求财而益之",因此,他在条例司同王安石发生了争论。首先在青苗法上出现了分歧。一天,王安石邀苏辙、吕惠卿等到他家赴宴,拿出一卷书说:"此青苗法也,有疑以告,得详议之,无为他人所指也。"苏辙知道这是吕惠卿起草的,抓住其中的主要问题写出意见,示吕惠卿。吕面颈皆赤,回去就做了修改。后来苏辙见王安石,王又征求他的意见。苏辙说:"以钱贷民,使出息二分,本以援救民之困,非为利也。然出纳之际,吏缘为奸,虽重法不可禁;钱入民手,虽良民不免非理之费;及其纳钱,虽富家不免违限。如此,则鞭箠必用,自此恐州县事不胜繁也。"王安石说:"君言有理,当徐议而行之。此后有异论,幸相告,勿相外也。"此后有一个多月王安石没有再提青苗法事。河北转运判官王广廉上言,要求在河北施行青苗法,春散秋敛以牟利,与王安石之意合,结果青苗法就推行开了(《颍滨遗老传》,《龙川略志》卷三)。苏辙在《制置三司条例司论事状》中继续反对青苗法说:"钱布于外,凶荒水旱有不可知,敛之则结怨于民,舍之则官将何赖?此青苗之税,辙所未谕也。"如前所述,苏辙的《进策》曾主张"官贷以赈民之急"。现在却坚决反对青苗法,根本原因就在于反对官府"牟利"。正言若反,他肯定王安石以钱贷民"非为利",仅担心"鞭箠必用""结怨于民",只是为了把话说得委婉一点而已。

王安石变法期间还加强了盐禁,严禁私人煮盐贩盐。王安石也曾同苏辙讨论这个问题。苏辙说:"利之所在,欲绝私贩,恐理难也。"王安石认为私盐未绝是"法不峻"造成的,苏辙认为"今私盐,法至死,非不峻也;而终不可止,将何法以加之?"王安石有办法,他说,一村百家俱贩私盐,败者止一二,故贩不止;"若二十家至三十家败,则不敢贩矣!"苏辙回答道:"如此,诚不贩矣。但恐二三十家坐盐而败,则起为他变矣!"(《龙川略志》卷三)苏辙的担心并非多余,熙宁年间的盐法曾引起老百姓的强烈不满,贩盐者往往杖剑自随,反抗官府的查禁。

在铸钱问题上也同样表明了苏辙、王安石分歧的实质。苏辙说:"钱法本以均通有无而不为利也。旧一日铸八百耳,近岁务多以求利,今一日千三四

第八章 "虽欲自效，其势无由"

百矣。钱日滥恶，故盗铸日多。今但稍复旧，法渐正矣。"王安石却认为："今河东铜器，其价极高。若官勿铸钱而铸器，其利比钱甚厚。"苏辙的着眼点是要防止"钱日滥恶"，反对"务多以求利"；王安石的着眼点是铸钱不如铸器之利，干脆主张"官勿铸钱而铸器"。苏辙深感他们之间已没有共同语言，故"不对而退"。

王安石为了"搜访遗利"，还"奏遣使者八人分行天下"。苏辙早在《御试制科策》中就反对仁宗"分遣使者巡行天下"，现在又要分遣使者，故苏辙单独谒见陈升之说："昔嘉祐末遣使宽恤诸路，事无所措，行者各务生事。既还奏，例多难行，为天下笑，今何以异此！"（《颍滨遗老传》，《龙川略志》卷三）他在《制置三司条例司论事状》中也说："治民之官棋布海内，兴利除害岂待他人？今始有事，辄特遣使。使者一出，人人不安。能者嫌使者之侵其官，不能者畏使者之议其短。……古之贤君，闻选用职司以责成功，未闻遣使以代职司治事者也。"

苏辙这些意见都未被采纳，熙宁二年八月他写了《制置三司条例司论事状》，对新法做了全面批评。除上述各项外，对雇役法和均输法也表示反对。雇役法使民出钱雇役，原不负担差役的人也要出钱助役。苏辙认为，两税已包括了役钱，"今两税如旧，奈何复欲取庸？盖天下郡县，上户常少，中户常多。少者徭役频，多者徭役减，是以中下之户每得休闲。今不问户之高低，例使出钱助役，上户则便，下户实难"。至于均输法，苏辙认为汉代桑弘羊已实行过，弄得"掊克日深，民受其病"。"方今聚敛之臣，才智方略未见有桑羊之比，而朝廷破坏规矩，解纵绳墨，使得驰骋自由，惟利是嗜。以辙观之，其害必有不可胜言者矣。"他认为要行均输法必先设官置吏，簿书禄廪，为费已厚；而在具体推行过程中，非贿不行，用忠厚之人则拘滞不通，用巧智之士则出入难考。"议者不知虑此，至欲捐数百万缗以为均输之法，但恐此钱一出，不可复还！"

苏辙在上状批评新法的同时也就要求外任，免去他在条例司检详文字的职务。他说："陛下创置此局，将以讲求财利，循致太平，宜得同心协力之人以备官属。而臣独以愚鄙，固执偏见，虽欲自效，其势无由。……伏乞除臣一合入差遣,使得展力州郡。"(《条例司乞外任奏状》)前面已经说过,为人"谨重"的苏辙,在政治上常常比苏轼还激烈。这又是一个典型例子,他上书反对新法比苏轼早四个月,而要求离京外任比苏轼将近早两年。

王安石览状大怒,欲加以罪,为陈升之所阻。神宗览状,问王安石道:"辙与轼何如?观其学问颇相似。"王安石回答说:"轼兄弟大抵以飞箝捭阖为事。"飞箝捭阖乃纵横辩说之术,神宗不以为然,故说:"如此,则宜合时事,何以反为异论?"(《续资治通鉴》卷六七)是的,纵横家都是一些朝秦暮楚、毫无原则的人,他们专以迎合人主之意作为谋取高官厚禄的手段。而苏辙兄弟力主"君臣之间和而不同",历仕数朝皆多"异论",怎么能说他们"以飞箝捭阖为事"呢?神宗虽不同意王安石对苏辙兄弟的评价,但他当时正热心支持王安石变法,苏辙既多"异论",于是"诏依所乞,除河南府推官"。

从以上可看出,苏辙在京期间,心情是很不愉快的。他在《京师送王颐殿丞》诗中说,他"自从旅京城,所向愈无适"。他对王颐离京赴建州钱监十分羡慕:"君来曾未几,已复向南国。扁舟出淮汴,唯见江海碧。野人处城市,长愿有羽翮。脱身相从游,未果聊自责。"在《送柳子玉》诗中,他深感老朋友因不满新法纷纷离朝,那些趋炎附势、毫无定见的新辈又难与为伍:"旧游日零落,新辈谁与伍?人情逐时好,变化无定主。"以王安石为首的变法派都以孔、孟、舜、禹自居,自以为绝对正确,听不得不同意见:"试看近时人,相教蹈规矩。行身剧孔孟,称道皆舜禹。但求免讥评,岂顾愁肺腑?坐令不羁士,举足遭网罟!"柳子玉曾与庆历年间敢于议论时政的著名诗人苏子美交游,苏辙感慨地说,此人今天若在世,恐怕也将成囚虏:"京师逢柳侯,往事能历数。叹息子美贤,相与实旧故。至今存篇章,醉墨龙蛇舞。斯人今苟在,亦恐终囚虏。惜哉时论隘,安置失处所!"由于"时论隘",不容异议,他是决心离京了:"我亦相从逝,疏狂且自全!"(《送苏公佐修撰知梓州》)

苏辙上了辞呈之后,还在京城住了四个多月。《南窗》一诗生动反映了他这段时间的生活:

第八章 "虽欲自效,其势无由"

> 京师三日雪,雪尽泥方深。
> 闭门谢往还,不闻车马音。
> 西斋书帙乱,南窗初日升。
> 展转守床榻,欲起复不能。
> 开户失琼玉,满阶松竹阴。
> 客从远方来,疑我何苦心。
> 疏拙自当尔,有酒聊共斟。

闭门谢客,读书自娱,辗转反侧,夜不能寐,晨不能起,这就是他当时的情况。苏轼非常喜欢这首诗,多次书写,"以为人间当有数百本,盖闲淡简远,得味外之味"(洪迈《容斋随笔》卷一五)。以淡远之笔,抒愁苦之情,怨而不怒,哀而不伤,颇能代表苏辙诗的特殊风格。

从熙宁三年春苏辙次韵杨褒、柳子玉的诗还可看出,反王安石变法的失败,使得苏辙已筋疲力尽、心灰意冷:

> 鬓发年来日向衰,相宽不用强裁诗。
> 壮心付与东流水,霜蟹何妨左手持。
> 花发黄鹂巧言语,池开杨柳斗腰肢。
> 劝君行乐还听否,即是南风苦热时。
>
> (《次韵杨褒直讲揽镜》)
>
> 壮心衰尽愧当年,刻意为文日几千。
> 老去读书聊度岁,春来多睡苦便毡。
> 梦归似燕长飞去,才短如蚕只自缠。
> 唯有闻诗尚思和,可能时寄最高篇?
>
> (《次韵柳子玉见赠》)

在苏辙看来,百花争发、黄鹂婉转、杨柳婀娜的初春,真像"人情逐时好,变化无定主"的官场。在这万物争春的时候,年仅三十二岁的苏辙已感到鬓发日衰了。在不到一年以前，苏辙上书陈述治国大计，还雄心勃勃，现在却"壮心付与东流水"，他只好读书以度岁，多睡以消时，持蟹饮酒以浇愁了。除了"闻诗尚思和"，其他似乎都无所谓了。

第九章　"宛丘学舍小如舟"
——陈州州学教授

苏辙除河南府推官，但并未赴任，直至熙宁三年（1070）春，张方平知陈州，辟他为州学教授，他才离京去陈。

陈州是春秋时陈国所在地。北周时设陈州，治所在穆陵（今河南项城东北）。隋朝移治宛丘（今河南淮阳），不久改为淮阳郡。唐代复设陈州，直至宋代。苏辙兄弟诗文中把陈州时而叫做宛丘（见苏轼《戏子由》），时而叫做淮阳（《送顿起及第还蔡州》："我去淮阳今不久"），原因就在于此。

熙宁三年（1070）春，苏辙在《初到陈州》诗中写道：：

> 谋拙身无向，归田久未成。
> 来陈为懒计，传道愧虚名。
> 俎豆终难合，诗书强欲明。
> 斯文吾已矣，深恐误诸生。

这是一首充满牢骚的诗。他来陈州任州学教授完全是不得已，因为自己的政治主张太不合时宜，在朝廷已无法容身。他本想辞官归田，但又生活无着。他在熙宁四年（1071）八月张方平改任南都留台的闲职时，就深有感慨地说："恨无二顷田，伴公老蓬荜。"在苏辙看来，"循时非所安，归去亦何失！"自己既不愿与时俯仰，那么归田不但没有什么损失，而且还可不做违心之事："道存尚可卷，功成古难必。"（《送张公安道南都留台》）他当然希望建功立业之后再身退，但能否存道虽可由自己决定，能否建功立业却不完全决定于自己，自古以来盼望建功立业的人未必都能如愿以偿。正是基于这样的认识，所以他在陈州期间时时流露出归隐之情："稻田一顷良自给，仕宦不返知谁扳。久安禄廪农事废，强弓一弛无由弯。行逢佳处辄叹息，想见茅屋藏榛菅。我知此地便堪隐，稻苗筛筛鱼斑斑。"（《和子瞻焦山》）"嗟我本渔钓，江湖心所安。方为笼中闭，仰羡天际抟。何时扁舟去，不俟长官弹。"（《次韵子瞻游甘露寺》）但是为了"俸禄借升斗"，他仍只好坐看"农事废""茅屋藏榛菅"，安于"笼中闭"，徒慕飞鸟"天际抟"。

苏辙的《初到陈州》诗，牢骚最甚的还是"传道愧虚名"以下五句。陈州教授当然要以传道、授业、解惑为务。但是，他从自身的经验知道，在王安石"新学"时兴的今天，他的"旧学"根本无用："声病消磨只古文，诸儒经术斗纷纭。不知旧学都无用，犹把新书强欲分。"（《和顿主簿起见赠》）"旧学"不但无用，而且"人生识字忧患始"，现在却要以之授人，故"深恐误诸生"。苏门四学士之一的张耒，就是苏辙在陈州所"误"的诸生之一。《宋史·张耒传》说："张耒，字文潜，楚州淮阴人。……游学于陈，学官苏辙爱之。因得从轼游，轼亦深知之，称其文汪洋冲澹，有一唱三叹之声。"在苏辙兄弟的培养下，张耒进士及第，官至起居舍人。当"二苏及黄庭坚、晁补之辈相继殁，耒独存，士人就学者众"。但他一生的遭遇也与苏辙兄弟差不多。苏辙兄弟贬官岭南，张耒谪监黄州酒税。徽宗立，曾暂被起用。苏轼死，张耒为他举哀行服，又被贬为房州别驾，黄州安置。五年以后得自便，居陈州。由于长期投闲，家甚贫，又不愿受人资助，死于贫困中。苏辙在陈州学官期间的主要业绩，就是培养了这样一位"有雄才，笔力甚健，于骚词尤长"的悲剧性人物。

苏辙既不愿"循时"，又无法"归田"，因此只好暂时满足于悠闲而又清贫的陈州学官生活。他在《初到陈州》之二中问道："久爱闲居乐，兹行恐遂不？"回答是肯定的："上官容碌碌，饮食更悠悠。枕畔书成癖，湖边柳散愁。"或倚枕看书，或沿湖散步，官居有如"闲居"。陈州城西有一柳湖，是苏辙经常游览的地方，他在《次韵孙户曹朴》中写道："疏慵非敢独违时，野性颠狂不受羁。犹有曲湖容笑傲，谁言与物苦参差。水干生草曾非恶，鹤舞因风忽自怡。最爱柳阴迟日暖，幅巾轻履肯相随。"他并非有意违时，与物多

第九章 "宛丘学舍小如舟"

忤，而是生性疏悚、癫狂，不愿受羁绊，而陈州正好有柳湖容其笑傲，供他游赏。柳湖虽然已无水，但堤边柳树成荫，景色宜人，游客甚多："平湖水尽起黄埃，惟有长堤万万栽。病鹤摧颓沙上舞，游人寂寞岸边回。"他也常常追随游人，乐而忘返。特别是在熙宁四年（1071）的秋冬，雨雪甚多，累年无水的柳湖忽然水深数尺，多年不开的山茶花，第二年春却开了千余朵，这就更增加了他的游兴，可以泛舟赏花了。

在陈州有一位归老于家的官吏李简夫，他少而好学，详于吏道，所作诗旷然闲放，脱略绳墨，有物我相忘之意。陈州与洛阳一样，人们喜欢种花赏花。每年春夏之交，游人不断，李简夫"携壶命侣，无一日不在其间"。苏辙"间而往从之"（《李简夫少卿诗集引》），成了李家的座上客，时常在一起饮酒唱酬。他在《次韵李简夫因病不出》中，描述李的闲居生活以及他们间的交往说："十五年来一味闲，近来推病更安眠。鹤形自瘦非关老，僧定端居不计年。坐上要须长满客，杖头何用出携钱。未嫌语笑防清静，闲暇陪公几杖前。"可惜这样一位活神仙，苏辙到陈州仅一年多就仙逝了："归隐淮阳市，遨游十六年。养生能淡泊，爱客故留连。倾盖知心晚，论诗卧病前。葆光（李有葆光亭）尘满榻，无复听谈禅！"（《李简夫挽词》）

苏辙在陈州的生活也是很清苦的，他在二十余年沉沦下僚期间，一直债台高筑，直至元祐还朝，特别是官居副相以后，经济才宽裕起来。苏轼在赴杭州通判任途中，曾去陈州看望苏辙。他后来以夸张的语气描写宛丘学舍的简陋说："宛丘先生长如丘，宛丘学舍小如舟。常时低头诵经史，忽然欠伸屋打头。斜风吹帷雨注面，先生不愧傍人羞。"苏辙个子高而学舍偏矮，又破又滥，不避风雨，但他并不因此而少降其志："任从饱死笑方朔，肯为雨立效秦优？眼前勃蹊何足道，处置六凿须天游。读书万卷不读律，致君尧舜终无术。劝农冠盖闹如云，送老齑盐甘似蜜。门前万事不挂眼，头虽长低气不屈。"方朔指东方朔，汉武帝的侍从，以滑稽著称。一次他对那些低矮的伶人说，武帝因你们低矮无用，欲尽杀之。武帝过，侏儒皆号泣顿首求勿杀。武帝知道是东方朔作怪，召问他为何恐吓侏儒。朔回答说：侏儒三尺余，臣九尺余，而俸禄一样，"侏儒饱欲死，臣朔饥欲死"。秦优，秦国的矮伶人优旃。一天下雨，秦始皇举行宴会，高大的卫士淋于雨中，优旃对他们很同情，故意大声对卫士说："汝虽长，幸雨立；我虽矮，幸休居。"始皇听了就让卫士轮番休息。苏轼用这两个典故，大意是说，苏辙不怕那些饱欲死的侏儒讥笑自己的贫穷，即使"斜风吹帷雨注面"，他也不会像秦国的卫士那样向优旃求助。《庄子·外物篇》有"心有天游，室无空虚，则妇姑勃蹊；心无天游，则六凿相攘"语。勃蹊，即争斗；六凿，指喜怒哀乐爱恶六情。意思是说苏辙对眼前屋室低小，子女吵闹，根本不当回事，因为他能游心天外，不为喜怒哀乐所困。变法派崇法治，苏辙却"诵经史"而不读律书，没有"致君尧舜"之术，故被闲置。劝农使者冠盖如云，竞相奔驱，而苏辙却根本不放在眼里。"朝齑（腌菜）暮盐"，自甘淡泊，头虽长低而志气不为之稍屈。苏轼这篇以讽作颂的诗，生动刻画了苏辙在陈州的思想和生活。

苏辙年少多病，夏天脾不胜食，秋天肺不胜寒。治肺则病脾，治脾则病肺，以至于参加制科考试，韩琦因其病而为之延期。平时虽不离药，但总不能愈。苏辙在陈州期间，向道士学服气法，坚持一年，两种病都好了。苏辙还通过读书研究养生之术。葛洪《抱朴子》言，服气与草木之药都不能使人长生，因为草木埋之则腐，煮之则烂，烧之则焦，不能自生，何能生人？葛洪认为要长生须服金丹，但苏辙认为金丹不易得，于是服茯苓。古人认为松脂入地即为茯苓。而松树是"寒暑不能移，岁月不能败"的，因此想通过服食茯苓来固形养气，延年益寿。为此他还专门写了一篇《服茯苓赋》。这篇赋在当时流传甚广，苏辙后来出使契丹，契丹臣僚对他说："闻常服茯苓，欲乞其方。"（《北使还论北边事札子》）可见这篇赋当时已传到契丹。

苏辙在陈州时，虽然深感"世事非所忧，多忧亦谁省"（《次韵子瞻颍州留别》），但他仍无法忘怀世事，在《陈州代张安道论时事书》中，他把神宗即位之初所行之政同后来的变法做对比，对新法继续进行激烈的抨击。他说，神宗初即位，安葬英宗，力主薄葬，诏勿扰民；帝女出嫁，行舅姑之礼，不得以出身帝王家而废人伦长幼之序；勉励州郡，先农桑之政；诏百官轮番奏事，论时政得失以广言路，议徭役以宽民力。当时"纷纭之议，不至于朝廷；谤讟之声，不闻于闾里"。但后来却"求治太切，用意过当，奸臣缘隙得进"，

第九章 "宛丘学舍小如舟"

出现了"欺民、犯兵、侮邻国"等后悔无及的事。苏辙说:"犯兵侮邻(指对西夏用兵),变速而祸小;至于欺民(指青苗、助役、保甲等新法),则变迟而祸大。变速而祸小者,瓦解之忧也;变迟而祸大者,土崩之患也。今瓦解之忧,陛下既知悔矣;而土崩之患,陛下未以为意,此臣之所以寒心也。"什么叫土崩之忧?他说,新法之害,"言事者论其不可,非一人也;百姓毁坏肢体,熏灼耳目,嫁母分居,贱卖田宅以自托免,非一家也","加之以水旱,继之以饥馑,积憾之民奋为群盗,侵淫蔓延,灭而复起,英雄乘间而作,振臂一呼而千人之众可得而聚也。如此而(陈)胜(吴)广之形成,此所谓土崩之势也"。可见苏辙对新法的批评是从宋王朝的长治久安出发的。

苏轼自熙宁二年十二月以来,连续上书神宗反对新法。王安石之党皆不悦,先是命苏轼摄开封府推官,想困之以多事;接着又诬奏苏轼在扶父丧返蜀时贩运私盐,穷治无所得。苏轼未以一言自辩,只是要求离朝外任。熙宁四年(1071)四月以苏轼为杭州通判。苏辙离京后的一年多,苏轼非常想念弟弟,经常到离别苏辙的地方遥望陈州:"闭户时寻梦,无人可说愁。还来送别处,双泪寄南州。"(《次韵子由初到陈州》)熙宁四年(1071)七月苏轼离京,赴杭州任,就先到陈州看望苏辙,在陈州逗留七十余日。他们同游柳湖,共叹湖水干涸、山茶无花。湖旁有一土丘,俗谓之铁墓。湖旁还有一寺,叫做厄台,传说是孔子厄于陈蔡所居之地。陈州还有太昊祠,传说是古帝太昊的坟墓。苏轼后来回忆他们同游陈州名胜说:"太昊祠东铁墓西,一樽曾与子同携。回瞻郡阁遥飞槛,北望樯竿半隐堤。"

九月,苏轼兄弟又同至颍州,拜谒已经以太子少师致仕的欧阳修。苏轼兄弟陪欧阳修在颍州西湖宴饮,苏轼描写年已六十五岁的欧阳修道:"谓公方壮须似雪,谓公已老光浮颊。揭来湖上饮美酒,醉后剧谈犹激烈。"欧阳修虽然银须似雪,但仍神采奕奕,谈锋激烈。苏轼在酒席宴上"插花起舞为公寿";而"公言百岁如风狂"(《陪欧阳公燕西湖》),对长寿也颇有信心。苏辙《陪欧阳少师永叔燕颍州西湖》也说:"酒行乐作游人多,争观窃语谁能呵。"但万万没有料到,这就是他们最后一次欢聚,第二年八月欧阳修就去世了。苏辙在《祭欧阳少师文》中回忆最后这次欢会,说他简直没有料到这就是最后一面："辙官在陈，于颍则邻。拜公门下，笑言欢欣。杯酒相属，图史纷纭。辩论不衰，志气益振。有如斯人，而止斯耶？书来告衰，情怀酸辛。报不及至，凶讣遽臻！"熙宁六年（1073）苏辙在《重到汝阴（即颍州）寄子瞻》中也曾忆及他们兄弟同谒欧阳修的情况："忆赴钱塘九月秋，同来颍尾一扁舟。退居尚有三师在，好事须为十日留。倾泻向人怀抱尽，忠诚为国始终忧。"可惜现在旧地重游，再也见不到开诚相见，始终忧国的欧阳修了："重来东阁皆尘土，泪滴春风自不收。"苏轼在《祭欧阳文忠公文》中说："昔其未用也，天下以为病；而其既用也，则又以为迟；及其释位而去也，莫不冀其复用；至其请老而归也，莫不惆怅失望，而犹庶几于万一者，幸公之未衰；孰谓公无复有意于斯世也，奄一去而莫予遗！"对欧阳修之死，苏轼是"上以为天下恸"："今公之没也，赤子无所仰庇，朝廷无所稽疑"；"下以哭其私"："昔我先君怀宝遁世，非公则莫能致；而不肖无状，因缘出入，受教于门下者，十有六年于兹。"确实是这样，没有欧阳修的奖誉推荐，苏轼父子以及王安石、曾巩等人的文才就不会那样快地被文坛认可。苏辙在《欧阳少师挽词》中也说："念昔先君子，尝蒙国士知。旧恩终未服，感叹不胜悲。"苏轼在《钱塘勤上人诗集叙》中说："太子少师欧阳公好士，为天下第一。士有一言中于道，不远千里而求之，甚于士之求公。以故，尽致天下豪俊。"但是，"士之负公者，亦时有"，而欧阳修并没有因此而放松奖拔后进。当他退隐于颍州，苏轼去看他，他"犹论士之贤者，唯恐其不闻于世也"。欧阳修"不喜佛老"，但"佛者惠勤从公游三十年，公常称之为聪明才智有学问者，尤长于诗"。苏轼赴杭州通判任，欧阳修就要他去访惠勤。苏轼到官三日，就访惠勤于孤山。当欧阳修病逝后，苏轼因公务在身，不能赴丧，曾与惠勤共哭于惠勤僧舍。

经过两个多月的欢聚，苏辙兄弟不得不相别于颍州。苏轼在《颍州初别子由》诗中写道："征帆挂西风，别泪滴清颍。留连知无益，惜此须臾景。我生三度别，此别尤酸冷。"所谓"三度别"是指嘉祐六年，苏轼赴凤翔，一别于郑州；治平二年苏辙赴大名，再别于京师；熙宁三年苏辙赴陈州，三别于京师。之所以"此别尤酸冷"，是因为这时两兄弟在政治上都很不得意，均被

第九章 "宛丘学舍小如舟"

排挤出朝,而且相距更远。苏轼觉得人们的感情真是不可理解,"近别不改容,远别涕沾胸";而近别远别都是别:"咫尺不相见,实与千里同。"这次离别本是预料中事,但仍不能排除烦恼:"始我来宛丘,牵衣舞儿童。便知有此恨,留我过秋风。秋风亦已过,别恨终无穷!"而这种无穷别恨,正说明了他们兄弟情谊之深:"人生无远别,谁知恩爱重!"苏辙也以不能与兄同行为恨:"泛舟清淮上,荡潏洗心胸。所遇日转胜,恨我不得同。"(《次韵子瞻颍州留别》)苏轼后来在杭州游山玩水,苏辙也每以不得相陪为憾:"二年游宦多劳苦,何日相从得细论?"(《次韵子瞻雨中督役》)"我兄东南游,我亦梦中去。……何年弃微官,携手众山路。"(《次韵子瞻再游径山》)

苏辙兄弟的陈、杭唱和诗的数量并不亚于岐梁唱和诗。这些诗除了抒发弟兄思念之情外,也表现了他们对新法的不满。在苏轼赴杭以前,苏辙写有一首《柳湖感物》,通过柳松对比,对变法派人物进行尖锐的讽刺。在苏辙的笔下,柳树根底甚浅而枝叶徒茂:"柳湖万柳作云屯,种时乱插不须根。根如卧蛇身合抱,仰视不见蜩蝉喧";柳花的穷高极远更像那些趋炎附势之徒:"开花三月乱飞雪,过墙渡水无复还。穷高极远风力尽。弃坠泥土颜色昏";柳花坠入水中化为浮萍也不改其随波逐流的本性:"偶然直坠湖水中,化为浮萍轻且繁。随波上下去无定,物性不改天使然。"与"南山老松长百尺,根入石底蛟龙蟠"相比,柳的物性更加可憎。苏轼的次韵诗说:"子今憔悴众所弃,驱马独出无往还。惟有柳湖万株柳,清阴与子共朝昏。胡为讥评不少借,生意凌挫难为繁。柳虽无言不解愠,世俗乍见应怃然。"柳既不解愠而关世俗何事?世俗为之怃然,正说明这里对柳的"讥评"正是对世俗的"讥评"。苏轼接着说,世人是只知爱柳而不会爱松的,因为柳树"四时盛衰各有态",而"南山孤松积雪底,抱冻不死谁复贤!"(《次韵子由柳湖感物》)

苏辙的《次韵子瞻见寄》是答苏轼《戏子由》的。诗的开头感叹自己归乡不得,矫时无力:"我将西归老故丘,长江欲济无行舟。宦游已如马受轭,衰病拟学龟缩头。三年学舍百不与,糜费廪粟常惭羞。矫时自信力不足,从政敢谓学已优?"接着他讥刺新法说:"自从四方多法律,深山更深逃无术。"苏轼原唱感叹"平生所惭今不耻,坐对疲民更鞭箠"。苏辙认为"烦刑弊法非公耻"，并称美苏轼能忧世而不歌功颂德："贾生作傅无封事，屈平忧世多《离骚》。"

苏辙的《和子瞻监试举人》讽刺王安石对科举考试制度的改革，讥其以《字说》中的观点强解经书，并作为考试标准："缘饰小学家，睥睨（傲视）前王作。声形一分解，道义因附托。……纵横施口鼻，烂漫涂丹垩。强辩忽横流，漂荡安敢泊？"现在却要按这种观点取士，从者既得高爵，疑者也只好跟着瞎说："新科劝多士，从者尽高爵。徘徊始未信，衔诱终难却。"苏辙作为州学教授羞于按这种观点解经，他虽不敢针锋相对地反驳，但至少不肯轻信。"忆昔法初传，欲讲面先怍……敢言折锋芒，但自保城郭。"而有司却派他去考试洛阳举人，他见士子"新语竞投削"，不禁感慨道："谁能力春耕，忍饥待秋获！"竞奔"巧射"之士太多，能忍饥力耕，以待秋收的人是太少了。

苏辙在《制置三司条例司论事状》中就主张要"因民之佚而用国之富以兴水利"，反对"因民之劳而用国之贫以兴水利"。他的《和子瞻开汤村运盐河雨中督役》就为讥刺变法派不顾民劳、不顾影响农业生产而妄开运盐河而作。诗的开头感慨甚深："兴事常苦易，成事常苦难。不督雨中役，安知民力殚！"接着他就指斥变法派好大喜功，连以治水闻名于世的西门豹，他们都不放在眼里，更不顾人民的呻吟："年来上功勋，智者争雕攒。山河不自保，疏凿非一端。讥诃西门豹，仁智未得完。方以勇自许，未恤众口叹。……谁谓邑中黔（黔首，老百姓），鞭箠亦不宽。"他对民间疾苦寄予了深切同情，他说天旱已使得民不聊生："东邻十日营一炊，西邻谁使救汝饥？"盐法严酷更令人惨不忍闻："海边唯有盐不旱，卖盐连坐收婴儿。"（《次韵子瞻吴中田妇叹》）

陈、杭唱和诗两相比较，苏辙的讥时之作多因苏轼原唱而发，远没有苏轼多，这既与苏辙的性格有关，更与他们当时的不同职务有关。苏轼作为杭州通判，经常巡视所属各县，对新法执行过程中的弊端多有切身体会。苏辙是学官，关在"小如舟"的"宛丘学舍"中，社会接触面窄得多。

陈、杭唱和诗还有相当一部分是次韵苏轼的江浙山水记游诗。这些诗也

第九章 "宛丘学舍小如舟"

如岐梁唱和诗一样，苏辙并未亲到其地，只能就苏轼原唱发挥想象而生议论。如《次韵子瞻游径山》，首写"去年渡江爱吴山，忽忘蜀道轻秦川"，也就是说吴山比秦蜀山川更美，而一到杭州，又觉得西湖山水最美："钱塘后到山最胜，下枕湖水相萦旋。坐疑吴会无复有，扁舟屡出凌涛渊"，今游径山，才知山外有山，还有更加美丽的地方："今秋复入径山寺，势压重岭皆摧颠。连峰沓嶂不知数，重重相抱如青莲。散为云雾翳星斗，聚作潭井相蜿蜒。"这是否就到顶了呢？不见得："或言此处犹未好，海上人少无烦煎。天台雁荡景深秀，水惊石瘦尤清便。"最后苏辙总括说："青山独往无不可，论说好丑徒纷然。终当直去无远近，藤鞋竹杖聊穷年。"可惜苏辙不能"直去"，只能"论说好丑"。但全诗仍写得来曲折多姿，并不觉得他在空发议论。

熙宁五年（1072）八月，他被命到洛阳妙觉寺考试举人。考试结束，他游览了著名的嵩山，然后经许昌回陈州。前后作诗二十六首，这是苏辙继《南行集》诗之后又一组比较集中的记游诗。这些诗为我们摄下了各地的小影，如《洛阳试院楼上新晴》：

　　缥缈危谯面面山，朝来云作雨潺潺。
　　忽然风卷归何处，百里阴晴反掌间。

这是登洛阳妙觉寺楼所见的眼前景色，但"阴晴反掌间"，又何止是对天气变化的描写呢？又如：

　　虚室无寻丈，青山有百层。
　　回峰看不足，危石恐将崩。

这首《将出洛城过广爱寺》诗，也给人以如临其境之感。《轘辕道》云：

　　青山欲上疑无路，涧道相萦九十盘。
　　东望嵩高分草木，回瞻原隰涌波澜。

前两句写辕辕道的险要，后两句写辕辕是"嵩高"和"原隰"的分界处，一面是高耸入云的嵩山，一面是茫茫无际的平原。其他如《捣衣石》"玉女云为衣，飘摇不须捣。……清泉供浣濯，素月铺缯缟"；《醒心泉》"举瓢石窦响，入口烦疴痊"；《峰顶寺》"却视向所经，眇如在深井"等等，均很善于把握各地特征，语言也清新淡雅而富有韵味，比起次韵苏轼的诗，写景要真切得多。

第十章 "齐俗强梁懒不容"
——齐州掌书记

熙宁六年（1073）四月，文彦博以守司徒兼侍中、河东节度使判河阳（今河南孟州），苏辙有《贺河阳文侍中启》，赞美文彦博"力辞枢务，得请名邦"。文彦博得《启》，即辟苏辙为河阳学官。苏辙在《谢文公启》中说："辙迂疏已甚，废弃为宜。偶来宛丘，遂复三岁。留连寸禄，久已愧于古人；顾视当途，义无求于今日。……尺书自达，方怀冒进之忧；奏牍上闻，遽辱见收之请。"从"义无求于今日"语可知，他是下决心不与变法派合作的。

但苏辙并未到河阳学官任，即被任命为齐州（今山东济南）掌书记。他在齐州期间，与前后几位地方长官都相处得很好。一是李师中，字诚之，楚丘（今山东曹县东）人。李师中也是反对王安石的，早在庆历末，即苏洵作《辨奸论》前十五六年，他就曾说："今鄞县王安石者，眼多白，甚似王敦，他日乱天下必斯人也。"（《宋史·李师中传》）熙宁六年九月，他由登州改知齐州，爱其山川泉石之胜，常与苏辙等僚吏宴于齐州西湖。苏辙在《和李诚之待制燕别西湖》中写道："东来亦何待，夫子此分符。谈笑万事毕，樽罍众客俱。高情生远岫，清兴发平湖。坐使羁游士，能忘岁月徂（消逝）。"苏辙还多次同李师中讨论刑罚问题，对当时一些弊法深表不满。李师中说："吾侪异日在朝，当革此弊。"苏辙还主张对民间的一般案件，有人告发，可理；"其发无端，自非叛逆，不问可也"。李师中也很赞成苏辙的观点，认为"此长者之论"（《龙川略志》卷四）。李师中在齐州不到半年，就于熙宁七年（1074）二月移知河间（今属河北）。河间地近契丹，自澶渊之盟以来，宋王朝同契丹关系较好，而李师中又很喜欢齐州的山泉，表示"北方幸安，余将复老于此"。故苏辙在《和李诚之待制燕别西湖》诗中说："庙幄新谋帅，河间最近胡。安边本余事，清赏信良图。应念兹园好，流泉海内无。"

继李师中来守齐州的是李肃之。李肃之，字复古，其先赵郡人，后徙濮阳（今山东鄄城北），宰相李迪之侄。在平定岭南侬智高之乱中颇有功，徙湖北转运使，又讨平辰阳彭仕羲之叛，以过左迁知齐州（《宋史·李肃之传》），苏辙有《代李谏议谢免罪表》。在历城县东五里有孔子弟子闵子骞的坟墓，有坟无庙。李肃之守齐州期间修建了闵子祠。"记庙终惭无好句，酹坟犹喜有前篇。"（《次韵徐正权谢示〈闵子庙记〉及惠纸》）"前篇"指徐正权所作《祭闵子文》，"记庙"即苏辙的《齐州闵子祠堂记》，在这篇《记》中，苏辙就孔子及其弟子仕而闵子独不仕的问题，阐述了他的看法。他说，孔子在礼乐崩弛、天下大坏的周末出仕，有如"适东海者"，"其舟如蔽天之山，其帆如浮空之云，然后履风涛而不偾（倒仆），触蛟蜃而不慑"。孔子弟子的出仕有如江河之舟，"亦随其力之所及而已矣"。闵子骞的不仕，是因为"愿为夫子而未能，下顾诸子而以为不足为也，是以止而有待"。也就是说：能挽狂澜于既倒，则无论什么样的浊世皆可出仕；没有这样的本领，则好像闵子那样独善其身，"止而有待"。李肃之在齐州还曾应历城令施辩之请，以废河败堰所弃石铁建泺源石桥，并"日至于湖上，视其工之良窳（良，优等。窳，粗劣），与其役之劳佚，而劝相（助）之。知历城施君实具其材，兵马都监张君用晦实董其事"。苏辙由此感慨道："桥之役虽小也，然异时郡县之役，其利与民共者，其费得量取于民，法令宽简，故其功易成。今法严于恤民，一切仰给于官，官不能尽办，郡县欲有所建，其功比旧实难。非李公之老于为政，与二君之敏干临事，桥将不就。"

说来也巧，苏辙任齐州掌书记期间，前后几任知州皆姓李。熙宁九年（1076）二月，李肃之因病自请去职，李常继任。李常，字公择，南康建昌（今江西南城）人。初与王安石相友善，熙宁初王安石亦以李常为三司条例司检详官。但李常却反对王安石的新法，他说："条例司始建，已致中外之议。至于均输、青苗，敛散取息，傅会经义，人且大骇，何异王莽猥析《周官》片言，以流毒天下！"（《宋史·李常传》）结果也被逐出朝廷，通判滑州，改知鄂州、湖州，这时由湖州改知齐州。苏辙兄弟与李常的友谊甚深，熙宁五

第十章 "齐俗强梁懒不容"

年（1072），在李常知鄂州时，曾应其请，分别赋黄鹤楼诗寄李（见《苏轼诗集》卷八、《栾城集》卷四）。熙宁八年李知湖州时，他们皆有和李公择"来"字韵诗（见《苏轼诗集》卷一三、《栾城集》卷六）。李常在赴齐州任途中，作《赴历下道中杂咏十二首》，苏辙亦尽和其诗（见卷六）。其中有"此生与物妄相仇，欲往长嫌苦见留"（《桃园阻浅，将易小舟，一夜水大至，复乘便风，顷刻百里》）之语，抒发了他们共同的仕途蹭蹬之情。重阳节李常设宴邀请苏辙，苏辙因病未能赴宴："他年逢九日，杯酒逐英豪。渐老经秋病，独醒何处高？床头添药裹，坐上减牛毛。寂寞知谁问，类公置浊醪。"（《次韵李公择九日见约，以疾不赴》）这首诗同样反映了他们之间的深情厚谊。可惜李常到任不满一年，苏辙就于十月任满去职了："我行今不久，公到时方昨。"（《喜雪呈李公择》）

如果说苏辙在陈州学官任上的特点是闲，那么在齐州掌书记任上的特点则是忙。这与职务有关，学官是闲职，不管地方政务；掌书记虽是"幕职官"，但"掌裨赞郡政，总理诸案文移，斟酌可否，以白于其长而罢行之"（《宋史·职官七》）。也就是说，掌书记虽非"郡政"的决策者，但却要参与"郡政"的各项活动。苏辙在齐州很忙也与"齐俗"有关："陈风清净真眠足，齐俗强梁懒不容。久尔安闲长自怪，此行磨折信天工。"（《自陈适齐戏题》）苏辙在《寄孙朴》诗中也把陈州的"清净""安闲"同齐州所受"磨折"做了对比："忆昔补官太皞墟，泮宫（西汉诸侯所建太学，此指宛丘学舍）萧条人事疏。日高鼾睡声嘘嘘，往还废绝门无车。……官居一去真蘧庐（旅舍），东来失计悔厥初。夜闻桴鼓惊阊阓，事如牛毛费耘锄。"苏辙初到齐州，又遇上旱灾。齐人饥寒交迫，铤而走险者很多，使他忧心忡忡："我生本西南，为学慕齐鲁。从事东诸侯，结绶济南府。谁言到官舍，旱令裂后土。饥馑费困仓，剽夺惊桴鼓。缅焉礼义邦，忧作流亡聚。"（《送排保甲陈佑甫》）

由于公务繁忙，苏辙很少出游，连离齐州很近的东岳泰山也在一年之后才得登览："羡君官局最优游，笑我区区学问囚。今日登临成独往，终年勤苦粗相酬"（《次韵韩宗弼太祝送游太山》）；"自我来济南，经年未尝出。不知西城外，有路通石壁"（《初入太山》）。在这次泰山之游中，作《游太山四首》。

他在《初入南山》中，把南山之游同当年北出褒斜做了对比，抒发了思乡之情："初行涧谷浅，渐远峰峦积。翠屏互舒卷，耕耨随欹侧。……久游自多念，忽悟向所历。嘉陵万壑底，栈道百回屈。崖巇递峥嵘，征夫时出没。行李虽云艰，幽邃亦已剧。坐缘升斗米，被此尘土厄。何年道褒斜，长啸理轻策？"《四禅寺》诗首写山路狭窄，峰峦起伏："山蹊容车箱，深入遂有得。古寺依岩根，连峰转相揖。"次写古寺荒凉："樵苏草木尽，佛事亦萧瑟。居僧麋鹿人，对客但羞涩。双碑立风雨，八分（汉字书体之一）存法则。"四禅寺又是唐代高僧义靖（一作"义净"）译经的地方，他前往西域，遍游三十余国，历时二十五年，得梵本四百部。回国后又亲自进行翻译，死后就葬在这里："云昔义靖师，万里穷西域。华严贝多纸，归来手亲译。蜕骨俨未移，至今存石室。"《岳下》诗生动描写了宋人朝拜泰山的盛况："车徒八方至，尘坌百里内。牛马汗淋漓，绮纨声綷縩（衣服相擦声）。喧阗六师合，汹涌众流汇。……龙鸾画车服，贝玉饰冠佩。骅骝蹴腾骞，幡斾飞晻暧。"这些善男信女争相把自己最心爱的东西施舍于佛寺："无复问谁何，但自舍耽爱。……腥膻及鱼鳖，琐细或蒲菜。游堕愧无赀，技巧穷殊态。纵观愕未已，精意殚一酹。"苏辙只在"岳下"逗留了三日，他为未能登山顶深感惋惜："天门四十里，预恐双足废。三宿遂徘徊，归来欲谁怼（怨）。前年道辒辕，直上高岭背。……岁时未云久，筋骸老难再。"苏轼也说："恨君未上东封顶，夜看金轮出九幽。"（《和子由四首·韩太祝送游太山》）

齐州以湖山流泉之胜著称于世，苏辙的《和孔教授武仲济南四韵》《西湖二咏》《答文与可以六言诗相示，因道济南事十首》，比较集中地描述了齐州湖山流泉之美。齐州有西湖，沿湖建有很多亭台楼榭，如《环波亭》：

南山迤逦入南塘，北渚岧峣枕北墙。
过尽绿荷桥断处，忽逢朱槛水中央。
凫鹥聚散湖光净，鱼鳖浮沉瓦影凉。
清境不知三伏热，病身唯要一藤床。

第十章 "齐俗强梁懒不容"

又如《北渚亭》:"云放连山瞻岳麓,雪消平野看春耕";《鹊山亭》:"筑台临水巧安排,万象轩昂发瘗埋。南岭崩腾来不尽,北山断续意尤佳。"这也同样写出了齐州山环水抱的特征,充分抒发了他对齐州的热爱。西湖的物产也很丰富,鱼又大又多:"藕梢菱蔓不容网,箔作长围徒手得。逡巡小舟十斛重,踊跃长鱼一夫力。柳条穿颊洗黄金,鲙缕堆盘雪花积。"(《观捕鱼》)这里遍生芡草,芡草是多年生的水生植物,果子密生锐刺,种子叫芡实,又叫鸡头。苏辙在《食鸡头》中写道:"芡叶初生绉如縠,南风吹开轮脱毂。紫苞青刺攒猬毛,水面放花波底熟。森然赤手初莫近,谁料明珠藏满腹。……游尘土未应嫌,此物秋来日常食。"苏辙其他一些诗也谈到西湖白鱼莲芡之丰:"西湖幽远人事稀,青莲紫芡倾珠玑。白鱼掉尾黄鳖肥,客醉将起命阍扉"(《送韩宗弼》);"野步西湖绿缛,晴登北渚烟绵。蒲莲自可供佛,鱼蟹何尝要钱"(《答文与可》)。

齐州自古有泉城之称("流泉海内无")。苏辙未赴河阳学官任,而来齐州任掌书记,原因之一就是慕其流泉之美。他在《舜泉诗叙》中说:"始余在京师游宦,贫困思归而不能,闻济南多甘泉,流水被道,蒲鱼之利与东南比,东方之人多称之。会其郡从事阙,求而得之。"但他来到齐州,舜泉却因大旱而干涸了:"既至,大旱几岁,赤地千里,渠存而水亡。"熙宁七年(1074)夏,虽雨而泉不作;熙宁八年(1075)夏,大雨,泉始复发,齐民欢跃。苏辙在《舜泉始发》诗中写道:"奕奕清波旧绕城,旱来泉眼亦尘生。连霄暑雨源初接,发地春雷夜有声。复理沟渠通屈曲,重开池沼放澄清。通衢细洒浮埃净,车马归来似晚晴。"除舜泉外,齐州还有很多泉眼:"连山带郭走平川,伏涧潜流发涌泉。汹汹秋声明月夜,蓬蓬晓气欲晴天。谁家鹅鸭横波去,日暮牛羊饮道边。滓秽未能妨洁净,孤亭每到一依然。"伏涧潜流,发为涌泉,沟渠曲折,池沼澄清,波光闪动,鹅鸭横波,牛羊饮道,这就是泉城特有的风光。

苏辙《答文与可》也相当集中地描写了济南风光以及他在济南的生活:"饮酒方桥夜月,钩鱼画舫秋风。冉冉荷香不断,悠悠水面无穷";"雨过山光欲溜,寒来水气如烝。胜处何须吴越,随方亦有游朋";"舜井溢流陌上,历山近在城头。羁旅三年忘去，故园何日归休"；"扬雄执戟虽久，陶令归田未能。眼看云山无奈，神伤簿领相仍"。这些诗清新雅淡，在闲散中略含淡淡的哀愁，颇能代表苏辙特有的诗风。

除记游泰山和齐州的湖山流泉以外，苏辙还有几组次韵诗，也以写景咏物见长。这主要指《和鲜于子骏益昌官舍八咏》《和文与可洋州园亭三十咏》《和李公择赴历下道中杂咏十二首》三组。这些诗，或写景逼真，如《霜筠亭》："林高日气薄，竹色净如水。寂历断人声，时有鸣禽起"；或议论空灵，如《吏隐亭》："隐居亦非难，欲少求易遂。有意未成归，聊就茅檐试"；或发怀古之幽情，如《宿迁项羽庙》："平日军声同破竹，少年心事喜摧锋。锦衣眷恋多乡思，肯顾田家社酒酕？"而这些诗最突出的特点是多弦外之音，言外之意。如《桐轩》先写桐树之轩昂："桐身青琅玕，桐叶蒲葵扇。落落出轩墀，亭亭奉闲燕。"次写桐树之凋零："秋飙一凌乱，淅沥惊葱蒨。朝日失繁阴，青苔覆遗片。"最后以"空使坐中人，慨然嗟物变"作结，而"嗟物变"三字则是全诗的主旨。这种从个别升到一般的写法，使我们感受到的又何止是桐树凋零！如果说《桐轩》是在感叹物变，那么《竹轩》则在歌颂不变："擢干春雨余，挺节秋霜足。不知岁时改，守此娟娟绿。……剪伐非所辞，不受尘土辱。"寥寥数行就写出了竹子岁寒不凋、宁死不辱的气概。其他如《筼筜谷》"谁言使君贫，已用谷量竹。盈谷万万竿，何曾一竿曲"；《菡萏轩》"开花浊水中，抱性一何洁！朱槛月明时，清香为谁发？"都写得来言近旨远，语浅意深。

苏辙兄弟自颍州一别之后，一直无缘会面。苏辙于熙宁六年任齐州掌书记，熙宁七年苏轼就"求为东州守"。苏辙说："子瞻通守余杭，三年不得代，以辙之在济南，求为东州守。既请得高密，五月乃有移知密州之命。"（《超然台赋》序）苏轼在《密州谢表》中说："携孥（妻子儿女的统称）上国，预忧桂玉之不克；请郡东方，实欲昆弟之相近。"前一句是言不由衷的，他之所以不愿"携孥上国"，主要并不是担心京城桂薪玉食，而是怕在朝廷不能容身。后一句是真实的，他"请郡东方"，确实是为了"昆弟之相近"。苏轼实际离开杭州是在九月，他本来准备在赴密途中，绕道齐州与子由相会。他在《与

第十章 "齐俗强梁懒不容"

李公择书》中说:"舍弟在济南,须一往见之,然后赴任。济南路由清河,而冬深即当冻合,须急去乃可行。"但由于途中耽搁,沿途探亲访友,加之清河封冻不可行,遂自海州赴密州,结果未能去齐州,只是把自己的近作通过提刑段绎转寄苏辙。苏辙《次韵子瞻病中赠提刑段绎》说:"京东分东西,中划齐鲁半。兄来本相从,路绝人长叹。前朝使者还,手把新诗玩。怜我久别离,卷帙为舒散。"苏轼到达密州已是年终了。齐、密虽相距不远,但齐州属京东西路,密州属京东东路,加之各自都公务繁忙,直至他们罢任,都未能相会。

苏轼这时的心情非常矛盾。他在《沁园春·赴密州,早行,马上寄子由》中写道:

孤馆灯残,野店鸡号,旅枕梦残。渐月华收练,晨霜耿耿;云山摛(铺张)锦,朝露团团。世路无穷,劳生有限,似此区区长鲜欢。微吟罢,凭征鞍无语,往事千端。　　当时共客长安,似二陆初来俱少年。有笔头千字,胸中万卷,致君尧舜,此事何难!用舍由时,行藏在我,袖手何妨闲处看?身长健,但优游卒岁,且斗樽前。

上阕写他在秋天的早晨离开旅舍,踏上征途的凄凉寂寞、郁郁寡欢的心情。下阕前半段是回忆他和苏辙当年赴京应试,就像晋代的陆机、陆云兄弟一样,才气横溢,雄心勃勃,一定要"致君尧舜"。但后来由于同神宗、王安石在政治上的分歧,只好遵循儒家"用之则行,舍之则藏"的处世哲学,远离京城,优游度日,诗酒自娱。他们兄弟的理想是"致君尧舜",但现实却只能"闲处看","优游卒岁,且斗樽前"。

"奋厉有当世志"的苏轼,当然想回朝廷施展自己的抱负。但看到当时朝廷政争激烈,自己的意见得不到采纳,他又不愿回朝廷。这种矛盾心情,在他那篇著名的《水调歌头·丙辰中秋欢饮达旦,大醉,作此篇,兼怀子由》词中表达得特别清楚:

明月几时有?把酒问青天。不知天上宫阙,今夕是何年?我欲乘风归去,又恐琼楼玉宇,高处不胜寒。起舞弄清影,何似在人间。　　转朱阁,低绮户,照无眠。不应有恨,何事长向别时圆?人有悲欢离合,月有阴晴圆缺,此事古难全。但愿人长久,千里共婵娟!

这首词写于熙宁九年(1076)。这时苏轼因为与王安石政见不合,离开朝廷,离别弟弟,已经整整五年。词的上阕表现了作者的忠君思想,下阕反映了弟兄的离合之情。这首词充满了理想同现实的矛盾。他本想"乘风归去",却宦游在"寂寞山城";本想经常同弟弟"寒灯相对",却长期不得一见。人生不如意的事太多了,苏轼只好无可奈何地自我安慰道:"人有悲欢离合,月有阴晴圆缺,此事古难全。"这首充满哲理、寄慨万端的词,充分反映了作者长期郁结的有志难酬的苦闷。

苏轼在密州,生活虽比在杭州艰苦得多,但他仍生活得愉快。经过一段时间的治理,他开始有精力修整园圃、庭宇,先后在这里修葺和新建了超然台、雩泉、盖公堂等。超然台是原有的,"台高而安,深而明,夏凉而冬温,雨雪之朝,风月之夜,余未尝不在,客未尝不从"(苏轼《超然台记》)。名字是弟弟苏辙新取的,意思是说苏轼之所以能"无所往而不乐",就在于他能"超然"物外,"游于物之外":

山居者知山,林居者知林,耕者知原,渔者知泽,安于其所而已,其乐不相及也,而台则尽之。天下之士,奔走于是非之场,浮沉于荣辱之海,嚣然尽力而忘返,亦莫自知也,而达者哀之。二者非以其超然不累于物故耶?《老子》曰:"虽有荣观,燕处超然。"尝试以超然命之,可乎?

台超然,可尽万物之观;达者超然,可摆脱是非荣辱。苏辙以此为主旨写成了《超然台赋》:"达者观之无不可兮,又何有于忧患?……惟所往而乐易兮,此其所以为超然者耶!"是的,一个人能以"达观""超然"的态度对待外物,就能解除忧患,无往不乐。苏轼的思想一向比较开朗,他确实并没有因政治上的不顺意和生活上的艰难而不乐。他在《超然台记》中说:"余自钱塘,移守胶西,释舟楫之安,而服车马之劳;去雕墙之美,而蔽彩椽之居;背湖山之观,而行桑麻之野。始至之日,岁比不登(连年兼收),盗贼满野,狱讼充斥,而斋厨索然,日食杞菊,人固疑余之不乐也。处之期年,而貌加丰,发之白者日以反黑。余既乐其风俗之淳,而其吏民亦安予之拙也。"

苏轼还在潍水之上新建快哉亭,苏辙在《寄题密州新作快哉亭》诗中写道:"车骑崩腾送客来,奔河断岸首频回。凿成户牖功无已,放出江湖眼一开。景物为公争自致,登临约我共追陪。自矜新作《超然赋》,更拟兰台诵《快哉》!"从这首诗可知,苏轼曾约弟弟共游超然台和快哉亭,但苏辙未能同行。

苏辙在齐州的三年是朝廷政争十分激烈的三年,不仅变法派与反变法派斗争激烈,而且在变法派内部争权夺位之争也愈演愈烈。熙宁七年,高太后直接出面干预政事,她对神宗说:"祖宗法度,不宜轻改,吾闻民间苦青苗、助役,宜罢之。"又说:"王安石诚有才学,然怨之者甚众。欲保全之,不若暂出之于外。"神宗不得已,乃以王安石知江宁府。王安石举韩绛代己而以吕惠卿参知政事。吕惠卿是靠王安石一手提拔起来的,但他为副相后,一面与韩绛争权,一面防止重新起用王安石。韩绛自知不是吕惠卿的对手,暗请神宗复用王安石。熙宁八年二月,王安石复相,十月吕惠卿罢,出知陈州。吕惠卿在陈州攻击王安石"罔上要君",加之王安石之子死,悲痛不堪,再请去位。熙宁九年十月,王安石第二次罢相,从此再未还朝。

熙宁八年六月王安石上《三经新义》,对《诗》《书》《周礼》做出新的训释。神宗对王安石说:"今谈经者人言言殊,何以一道德?卿所撰经义,其以颁行,使学者归一。"遂颁于学官,并加王安石尚书左仆射兼门下侍郎,酬其撰著《三经新义》之功。苏辙作《东方书生行》,对此做了辛辣的讽刺:

> 东方书生多愚鲁,闭门诵书口生土。
> 窗中白首抱遗编,自信此书传父祖。
> 辟雍新说从上公,册除仆射酬元功。
> 太常子弟不知数,日夜吟讽如寒虫。

四方窥觇不能得，一卷百金犹复惜。
康成颖达弃尘灰，老聃瞿昙更出入。
旧书句句传先师，中途欲弃还自疑。
东邻小儿识机会，半年外舍无不知。
乘轻策肥正年少，齿疏唇腐真堪笑。
是非得失付它年，眼前且买先腾踔。

诗的前四句以嘲作颂。表面是嘲笑东方书生"自信"其传自先师、父祖的旧说，实际正是歌颂他们不肯趋时。"辟雍"八句直刺王安石。辟雍即太学，辟雍新说即指颁于学官的《三经新义》。康成指郑康成，名玄，北海高密（今属山东）人，东汉著名经学家，遍注群经，集汉代经学之大成。颖达指孔颖达，字冲远，冀州衡水（今属河北）人，唐代经学家，奉唐太宗之命主编《五经正义》，唐代科举取士即以此书为准。老聃即老子，道家创始人。瞿昙指释迦牟尼，他是佛教的创始人。这八句是说王安石抛弃了郑康成、孔颖达对儒家经典的训释，出入佛老，以佛老之说释儒家典籍，强迫太常子弟吟讽，并因此"册除仆射"。"旧书"八句以"东邻小儿"与"东方书生"做对比，对"东方书生"仍以嘲作颂，他们不愿抛弃先师之说；对"东邻小儿"则进行了无情的鞭挞，他们"识机会"，"无不知"，"乘轻策肥"，只顾眼前的飞黄腾达，而不论是非得失，生动描绘了这些锐进之士的丑恶嘴脸。在苏辙的讥时之作中，这可算是最尖锐的一篇。其他如《送李诚之知瀛州》："宁知北边将，还须用耆老"——这无异于说新进之士并不中用。《梁山泊》有"谋夫欲就桑田变"之句，自注说："时议者将干此泊以种菽麦。"这里的"谋夫""议者"是指谁呢？据司马光《涑水记闻》载，有人向王安石献策说，如果把梁山泊的水放干，可得良田万余顷。"介甫顿首沉思曰：'然安得处所贮许水乎？'（刘）贡父抗声曰：'此甚不难。'介甫欣然以为有策，遽问之。贡父曰：'别穿一梁山泊，则足以贮此水矣。'介甫大笑，遂止。"可见苏辙所说的"谋夫""议者"即指王安石等人。

第十一章 "同泛清河古汴"
——送苏轼知徐州

　　熙宁九年（1076）十月王安石罢相时，苏辙正好罢齐州任，回京等候改官。他见神宗罢王安石之相而不废王安石之政，于是写了《自齐州回论时事书》。他说，自他离京以来，"于今七年，而天下之治安，终未可见"；"自顷岁以来，每有更张，民率不服，盖青苗行而农无余财，保甲行而农无余力，免役行而公私并困，市易行而商贾皆病"；现在"易置辅相，中外踊跃，思睹宽政；而历日弥月，寂寞无闻"。为什么"既知其不可用而去之，又循其旧术而不改"？他认为并不是神宗没有看到旧术之害："水旱连年，死者将半，遗民饥困，盗贼满野，疆场未宁，军旅在外，府库空竭，边馈寡少，事之可忧者何可胜数，术之不效断可见矣。"而是神宗吝于改过："陛下迟迟而不决，意者已为之而已废之，恐天下有以窥其深浅耶？"他引《论语·子张》"君子之过，如日月之蚀焉。过也，人皆见之；更也，人皆仰之"语，劝告神宗要"去恶如弃尘垢，迁善如救饥渴"。他主张"青苗之既散者要之以三岁而不收息，保甲之既团者存其旧籍而不任事，复差役以罢免役之条，通商贾以废市易之令"。他向神宗保证说，按他的办法"行之期年而观之，苟民不安居，水旱复作，盗贼复起，财用复竭，诚有一事以忧陛下，臣请伏岡上之诛，以谢左右"。神宗是主张变法的，当然不可能采纳苏辙的上述主张。也幸好神宗未采纳苏辙的主张，他的主张，在元祐年间曾实行八年，而不是"期年"，但并未带来天下太平。理想和现实总是矛盾的，理想是难于实现的。美妙的理想产生于丑恶的现实，而这种理想一旦付诸实践，其所产生的现实也同样丑恶。思想家们都约许说，他们的主张可包治百病。但历史反复证明，这些主张一旦付诸实施，仍然百病丛生。

与此同时，苏辙还写了篇《画一状》，逐条反驳了坚持青苗、免役、保甲、市易等法的理由。苏辙反对新法的大量文章，以这篇讲得最具体最系统。例如保甲法，"议者又谓三代之盛，兵出于农，故团结伍保以寓军令，朝廷喜其近古，亦谓可行"。苏辙从五个方面反驳了这一观点。第一，"三代之民受田于官……故出身为兵而无怨，今民买田以耕而后得食……责其为兵，其势不可得。"第二，"自唐以来民以租庸调与官而免于为兵，今租庸调变而为两税，则两税之中，兵费具矣。"也就是说，推行保甲法是要民既交两税又要为兵。第三，"民之纳免役钱也，以为终身不复为役矣。"结果还要捕盗、催税、巡防，"一人而三役具焉，民将何以堪之？"第四，保甲轮番训练，"不过旬日，坐作进退未能知也，代者既至，相率而返，劳弊何益？"第五，保甲法造成"壮丁既出，老弱守舍，盗贼乘间如入无人之境"，"至使盗贼纵横，官吏蒙责，啸聚群党，攻剽州县，未必不由此也"。"古之循吏使民卖剑买牛，今也使之弃农具而置兵器。小民无知，缘以为恶。""其为患难，不可胜言者矣。"第一条是讲古今情况不同，不得援三代兵出于农以为据。第二、三条讲保甲法加重了人民负担，使民既交兵费，又服兵役；既交免役钱，又服劳役。第四、五条讲保甲法非徒无益，而且有害。苏辙对青苗、免役、市易等法的反驳也与此类似，都较以前论述得更加具体、系统、充分。

苏辙在京城会见了很多老友。蒋夔是苏辙兄弟的老友之一。熙宁九年十月苏辙一回到京城，蒋夔即于寒夜冒雪见访。苏辙有《次韵蒋夔寒夜见过》诗，称"识君太学嗟岁久，至今客舍犹泥蟠。正如憔悴入笼鹤，坐观摧落凌风翰"。不久，蒋夔被命做代州教授，苏辙《送蒋夔赴代州教授》诗，有"忆游太学十年初"语，说明他们的相识当在治平年间。又有"青衫共笑方执板，白发相看各满梳"语，结合前诗所说的"泥蟠""憔悴""摧落"，可知蒋夔也是一位不得志的人物。

苏辙父子兄弟均与净因院大觉琏师和臻长老有旧。苏辙这次回到京城，就去访问了臻长老："十方老僧十年旧，燕坐绳床看奔走。远游新自济南来，满身自觉多尘垢。"臻长老劝他在僧舍沐浴，他沐浴后顿感"明窗困卧百缘绝，此身莹净初（本）何有？清泉自清身自洁，尘垢无生亦无灭"。接着，臻

第十一章 "同泛清河古汴"

长老又于"南山采菌""西园拮菜"款待他。虽然"老僧相对无言说",但他已经悟出了"与君饱食更何求"的道理(《赠净因臻长老》)。

王巩(字定国)也是苏辙兄弟挚友,他是名相王旦之孙,王素之子。早在嘉祐初王素守成都时,苏轼就曾投书于他,提出治蜀方略,以后苏、王两家时有往来。这次苏辙回京,王巩多次宴请他:"樽酒怜君偏爱客,诗篇寄我谬知音。"(《次韵王巩廷评招饮》)王巩建清虚堂,前有山石,后有竹林,中置图史,苏辙为作《王氏清虚堂记》。他认为王巩清虚堂之所以清虚,既不在于入其堂"如入于山林高僧逸人之居,而忘其京都尘土之乡",也不在于王巩生于世族而酷好翰墨,而在于王氏"年日益壮,学日益笃,经涉世故,出入祸患,顾畴昔之好,知其未离乎累也,乃始发其箱箧,出其玩好,投以与人而不惜,将旷焉黜去外累而独求诸内,意其真清虚者在焉"。苏辙所追求的清虚是不为物累,"超达远鹜,体乎至道"。

孙洙(巨源)也与苏辙兄弟相厚善,苏轼判杭时有《广陵会三同舍》诗,苏辙曾次韵,孙洙即三同舍之一。这时孙洙亦在京,同饮于王巩西堂:"南国高人真巨源,华堂邂逅接清樽。十年一见都如梦,莫怪终宵语笑喧。"

范镇与苏辙兄弟是同乡也是世交。范镇,字景仁,华阳(今四川双流)人。仁宗时知谏院,以直言敢谏闻。后为翰林学士,因与王安石政见不合,遂致仕。苏轼称其"虽退而名益重",范镇却说:"使天下受其害而吾享其名,吾何心哉!"(《宋史·范镇传》)可见他仍以未能阻止王安石变法为恨。苏辙这次回京,就住在范家的东斋:"羁游亦何乐,幸此贤主人。东斋暖且深,高眠不知晨。……赖我古君子,高谈吐阳春。方当庇华屋,岂忧无束薪。"(《雪中呈范景仁侍郎》)这年的春节,苏辙就在范家度过的:"数举除夜酒,稍消少年豪。"(《次韵景仁丙辰除夜》)苏辙还同范镇一起访问友人,范镇宴客,苏辙亦做陪:"疏狂先醉倒,应许恃乡情。"(《次韵景仁饮宋温之南轩》)范镇之学"本六经,口不道佛、老、申、韩之学","我丈心中冰玉洁,世上浮云尽灰灭。终年行道自不知,笑指空门名异说";苏辙则主张儒释道合一:"儒林谈道亦云旧,远自太史牛马走。区区分别意何为,扰扰只添心上垢。道大如天不可测,异出同归各穿窦。"(《次前韵答景仁》)他们合而不同,观点的差异并不妨碍他们的深厚情谊。

熙宁九年十二月，苏轼改知河中府（今山西永济西），离密赴任。熙宁十年（1077）正月初，苏轼过济南，苏辙派三子苏迟、苏适、苏远来迎。苏轼后来回忆说："忆过济南春未动，三子出迎残雪里。我时移守古河东，酒肉淋漓浑舍喜。"（《将至筠，先寄迟、适、远三犹子》）二月，苏轼道出澶濮间，苏辙自京师来迎。苏辙在《逍遥堂会宿》诗叙中说："子瞻通守馀杭，移守胶西，不见者七年。熙宁十年二月始复会于澶濮之间。"他们相约赴河中，于是同至京师。但刚到陈桥驿，苏轼被命改知徐州，不得入国门，只好也暂时寓居郊外范镇东园。苏轼深有感慨地写道："冗士无处着，寄身范公园。"（《送鲁元翰少卿知卫州》）苏辙也说："我兄东来自东武，走马出见黄河滨。及门却遣不得入，回顾欲去行无人。东园桃李正欲发，开门借与停车轮。"在这以前，苏辙已游过范镇东园，这是一个金碧辉煌、林木丰盛、远离闹市（"徐行一日至"）的园林："邻家并侯伯，朱门掩芳菲。畦花被锦绣，庭桧森旌旗。华堂绚金碧，叠观凝烟霏。仿佛象宫禁，萧条远喧卑。"三月范镇游嵩洛，苏轼有诗相送。苏轼《送范景仁游嵩洛》说："杖屦携儿去，园亭借客看。""客"即指苏轼兄弟。苏辙次韵诗说："洛浦花初满，嵩高雪尚寒。得意忘春晚，逢人语夜阑。""春晚"二字表明时已三月。苏辙兄弟在范镇东园期间，初识鲁元翰，过从甚密。苏辙《鲁元翰挽词》有"十年初见范公园"之句，自注说："寓居范景仁东园，元翰时来相过，予始识之。"苏轼《送鲁元翰少卿知卫州》说："髯卿独何者，一月三到门。我不往拜之，髯来意弥频。"

苏辙是为改官到京的，初改官著作佐郎，有《谢改著佐郎启》："迁拙之人，废弃已久。偶岁成之及格，蒙叙法之推恩。"接着被张方平辟为南京（今河南商丘西）签书判官，这是张方平第二次辟他为幕僚："矧留都之清静，眷幕府之优闲。再辱辟书，重收孤迹。"（《谢张公安道启》）四月，苏辙送兄赴徐州，过南京，谒张方平于乐全堂。过宿州，苏辙兄弟皆有《次韵宿州教授刘泾见赠》诗。苏辙说："弦歌更就三年学，簿领唯添一味愚。"苏轼说："晚觉文章真小技，早知富贵有危机。"前者感叹仕途失意，后者感慨仕途险恶。四月二十五日他们到达徐州。

第十一章 "同泛清河古汴"

徐州是座历史名城，地处南北之要冲，历来为兵家必争之地，出了不少著名人物。徐州有汉高帝庙，庙中有刘邦试剑石，石高三尺六寸，中裂如破竹。未裂者仅寸许。苏辙兄弟入庙观石，辙作《彭城汉祖庙试剑石铭》，赞颂刘邦"提剑一呼，豪杰奔走，厥初自试，山石为剖。夜断长蛇，旦泣神母。指麾东西，秦项授首"。

这一带又是北魏太武帝拓跋焘征战之地。拓跋焘，小字佛狸，他聪明大度，清俭朴素，食无二味，衣无兼彩，知人善任，赏罚严明，作战临敌，身先士卒。他在位期间灭北燕，伐北凉，降鄯善，通西域。苏辙在《魏佛狸歌》中歌颂其战功说："魏佛狸，饮泗水。黄金甲身铁马箠，睥睨山川俯画地。画作西方佛名字，卷舒三军如指使。"王士禛是不太推崇苏辙诗的，但认为此篇"亦是高作"。

苏辙兄弟曾同游石经院，苏轼有《留题石经院三首》，苏辙有和诗（失载，见《东坡题跋·记子由诗》）。和诗一般比原作难，苏轼却盛赞"子由诗过吾远甚"。就总体而言，轼诗显然优于辙诗；但就这三首唱和诗而言，苏轼说他"过吾远甚"却未必是客气话。轼诗第一首写访石经院："葱蒨门前路，行穿翠密中。却来堂上看，岩谷意无穷。"二、三首分别咏院中之桧和井："夭矫庭中桧，枯枝鹊踏消。瘦皮缠鹤骨，高顶转龙腰"；"窈窕山头井，潜通伏涧清。欲知深几许，听放辘轳声"。这些诗以用语精确胜，它以鹤骨状桧皮，以龙腰状桧枝干，以辘轳声的长短测井之深浅，都很确切。苏辙和诗却以体气高妙、神韵空灵胜："岩峣山上寺，近在古城中，苦恨河流近，长教眼力穷"；"盘曲山前路，流年向此消。兴亡须一吊，范叟卧山腰"；"孤绝南山寺，僧居无限清。不知引道处，空听暮钟声"。苏轼诗由山下写到山上，是去程。苏辙诗由山上写到山下，是回程。首写山上寺，登高望远；次就"盘曲山前路"，抒发古今兴亡之感；末写山南寺的清幽而以暮钟映衬。苏辙诗在状景写物上远没有苏轼具体、形象，但却能给人以更多的回味余地。

苏辙兄弟还多次泛舟汴水、泗水和百步洪。百步洪在徐州城东二里，水中多乱石，激涛汹涌："中洲过尽石纵横，南去清波头尽白。岸边怪石如牛马，衔尾舳舻谁敢下？"（《陪子瞻游百步洪》）他们还曾夜泛汴泗，饮酒钓鱼：

"愿言弃城市，长竿夜独渔"；"放舟城西南，却向东南泊。朝来雨新霁，白水浸城脚"。这些诗写景很形象："河身萦匹素，洪口转千车"；"不知白浪翻，但怪青山走"；"舟行野凫乱，网尽修鳞跃"；情感也很浓郁，充分抒发了泛舟的舒畅心情："江湖性终在，平地难久居。渌水雨新涨，扁舟意自如"；"游人不甚喜，水族知当乐。……人生适意少，一醉皆应诺"（《同子瞻泛汴泗得鱼酒二咏》《明日复赋》）。

苏辙在徐州，除陶情于徐州的山水名胜外，也为会聚大量友朋而深感高兴："东游本无事，爱此山河古。周旋樽俎欢，邂逅英豪聚。"这些"英豪"既有世交、旧友，也有新朋。世交有颜复（长道），早在庆历六年（1046）苏洵游京师时，就与其父凫绎先生颜太初（醇之）有交往，苏洵曾以凫绎先生之文十余篇给年仅十二岁的苏轼看，并说："（凫绎先生之诗文）皆有为而作，精悍确苦，言必中当世之过。"（苏轼《凫绎先生诗集叙》）苏辙兄弟来徐州，颜复亦在此，常同游。苏轼说："彭城官舍冷如水，谁从我游颜氏子。我衰且病君亦穷，衰穷相守正其理。"（《送颜复兼寄王巩》）苏辙说："箪瓢未改安贫性，凫绎犹传直道余。不见失官愁戚戚，但闻高卧起徐徐。"可见颜复也很不得志，正失官居此，而失官的原因很可能就是具有其父"言必中当世之过"的"直道"。

旧友有李邦直、吴子野等。李邦直，名清臣，时提点京东刑狱，按部来徐，邀苏辙对卧城南亭上："东来无事得遨游，奉使清闲亦自由。拨弃簿书成一饱，留连语笑失千忧。旧书半卷都如梦，清簟横眠似欲秋。闻说归朝今不久，尘埃还有此亭不？"（《李邦直见邀，终日对卧城南亭上二首》）"归朝"指李邦直当时被召为国史编修官，即苏轼《台头寺雨中送李邦直赴史馆》所说："珥笔西归近紫宸，太平典册不缘麟。"苏辙还有《次韵邦直见答》二首、《再次前韵》四首、《李邦直出巡青州……作诗赠别》一首。苏辙在徐州共存诗二十九首，而直接写李邦直的就多达九首，约占三分之一。正如苏轼所说："老弟东来殊寂寞，故人留饮慰寒酸。草荒城角开新径，雨入洪河失旧滩。车马追陪迹未扫，唱酬往复字应漫。"（《次韵答邦直、子由五首》）可惜这样一位相得甚欢的"故人"，却窒于利欲，谋国无公心，一心想取相位，后来也成了

第十一章 "同泛清河古汴"

苏辙兄弟的政敌。在高太后去世、哲宗亲政时,李邦直首倡绍述新政之说,恢复元祐年间已废的新法,贬逐元祐党人,苏辙兄弟亦被远谪岭南。

友情能够有始有终的,倒以方外故人为多。道士吴复古,字子野,潮阳(今属广东)人。苏辙在济南,苏轼在密州时,与他相识。这次南归,吴又来徐州看望苏辙兄弟:"东州相逢真邂逅,南国思归又惊矫。"绍圣年间苏辙兄弟贬官岭南,他成了给他们通风报信、传递消息的人,与李邦直形成了鲜明对比。这些方外之人之所以能始终保持同苏辙兄弟的情谊,原因之一恐怕就在于他们的少思寡欲,无求于世:"食无酒肉腹亦饱,室无妻妾身亦好。世间深重未肯回,达士清虚辄先了。"(《赠吴子野道人》)

新朋有陈师仲、张天骥等。苏辙兄弟在徐州时,陈师仲兄弟多次来访。苏辙赴南京任后,陈又以所为文为赠(《答徐州陈师仲书》)。张天骥是一位退隐的官吏,苏辙兄弟曾多次访问他:"南山暮将归,下访张夫子。黍稷满秋风,蓬麻翳邻里。君年三十八,三十有归意。躬耕奉慈亲,未觉锄耰鄙。读书北窗竹,酿酒南园水。松菊半成荫,日有幽居喜。"(《过张天骥山人郊居》)

苏辙于四月二十五日送苏轼到达徐州,因不愿与兄离别,赴南京签判任的行期一延再延:"简书尚见宽,行日为公(苏轼)却。"(《明日复赋》)但他不可能长期留在徐州,离别之苦越来越笼罩心头:"贱士迫程期,迁延防谴怒。秋风日已至,轻舸行当具。阴森古城曲,苍莽交流处。悬知别日念,将行重回顾。非缘一寸禄,应作三年住。"(《雨中同颜复长官送梁焘学士舟行归汶上》)

七月,他们兄弟会宿于徐州逍遥堂,听着堂外的萧萧暮雨声,回想着他们当年"安知风雨夜,复此对床眠"的预约,现在正是对床夜雨,但又即将分别,苏辙写下了著名的《逍遥堂会宿二首》:

> 逍遥堂后千寻木,长送中宵风雨声。
> 误喜对床寻旧约,不知漂泊在彭城。
>
> 秋来东阁凉如水,客去山公醉似泥。
> 困卧北窗呼不起,风吹松竹雨凄凄。

第一首是触景伤情，写逍遥堂的萧萧风雨引起他对"旧约"的追感。全诗妙就妙在最后两句，特别是"误喜""不知"四字。"喜"而有"误"说明是空欢喜，等待他们的仍是离别。"不知"二字用得更好，它既是对"误喜"的说明，因误喜而暂忘漂泊；更是对"误喜"的自我嘲弄，暂时漂泊彭城，有何可喜呢？第二首是想象自己（客）去后苏辙的孤独。山公指晋人山简，他镇襄阳日，惟酒是耽，这里借指苏辙。诗中所说的秋凉如水，滥醉似泥，困卧不起，风雨凄凄，都给人造成一种清冷凄凉、孤独寂寞的气氛，比第一首具有更浓郁的感伤色彩。苏轼所谓"读之殆不可为怀"即指此。苏轼认为，"子由自少旷达，天资近道，又得至人养生长年之诀"，应该想得开一些，他安慰弟弟说："今者宦游相别之日浅，而异时退休相从之日长。"这一理想又落空了，他们不是"宦游相别之日浅"，而是"长"，长到苏轼去世；也不是"退休相从之日长"，而是"浅"，浅到苏轼一退休即去世，再无"相从"之日。但这是后话，苏轼当时用这样的话来"既以自解，且以慰子由"，和其诗道：

　　别期渐近不堪闻，风雨萧萧已断魂。
　　犹胜相逢不相识，形容变尽语音存。

后两句用了一个典故，据《后汉书·党锢传》载，夏馥在党锢之祸中，为逃避追捕，剪发变形，隐匿姓名，为冶炼之家做佣人。其弟夏静遇之不识，闻其声乃知是兄。苏轼以此安慰弟弟说，他们虽然相聚之日少，相别之日多，但比起夏馥兄弟来，不是略胜一筹吗？这种比喻本身也就够凄怆了。

　　几年来，他们兄弟第一次一起过中秋节，同赏月华，苏轼在《阳关曲·中秋词》中写道：

　　暮云收尽溢清寒，银汉无声转玉盘。
　　此生此夜不长好，明月明年何处看？

　　在封建专制社会里，个人是很难掌握自己的命运的。苏轼不仅对"异时

第十一章 "同泛清河古汴"

退休相从"不可能有把握,甚至对"明月明年何处看"也很难有把握。他们兄弟泛舟清河古汴,苏辙还写了一首《水调歌头》:

离别一何久,七度过中秋。去年东武今夕,明月不胜愁。岂意彭城山下,同泛清河古汴,船上载《凉州》。鼓吹助清赏,鸿雁起汀洲。　坐中客,翠羽被,紫绮裘。素娥无赖西去,曾不为人留。今夜清樽对客,明夜孤帆水驿,依旧照离忧。但恐同王粲,相对永登楼!

据《全宋词》,苏辙存词仅四首。从此词可知,苏辙并非不能作词,只是不喜作词罢了。此词上阕从常年离别写到今朝欢聚。一、二句写兄弟离别之久,从熙宁四年颍州之别至熙宁十年,已经整整七年了。三、四句写苏轼对自己的怀念,点去年中秋苏轼怀子由的《水调歌头》。后五句写今朝"同泛清河古汴"。《凉州》指《凉州词》,乐府《近代曲》名,此代指唱曲的歌妓。他们一面泛舟,一面欣赏歌女唱曲,惊起群群汀州鸿雁,够快乐了。但好景难长,下阕从今朝欢聚,想到明朝离别,发出一片悲凉之音。前三句写"坐中客"的装束,四、五句感叹光阴易逝,盛时难再。接着以"今夜清樽对客"的欢聚之乐,反衬"明夜孤帆远驿"的别离之苦,而展望未来更不堪想象,恐怕只能像王粲那样"相对永登楼"。这个"永"字,语重千斤。苏轼说:"子由相从百余日,过中秋而去,作此曲以别……其语过悲。"(《水调歌头·安石在东海》)"悲"而且"过"就在于下阕,特别是结尾数句,太伤感了。苏轼在《中秋月寄子由》中回忆当时情景说:"歌君别时曲,满座为凄咽!"莫说那时的当事者,就是今天的读者读到它,也有催人泪下之感。苏轼觉得弟弟太伤感了,在和词中安慰弟弟道:"一旦功成名遂,准拟东还海上,扶病入西州。"并想象弟兄双双相亲相爱同返故里的情景说:"故乡归去千里,佳处辄迟留。我醉歌时君和,醉倒须君扶我,惟酒可忘忧。"苏轼这一功成名遂之后弟兄同归故里的愿望,一生从未实现过;后来实现的是兄弟二人"扶病"去雷州、儋州贬所。

苏辙将离徐州这样伤感,固然基于他们兄弟情深,但也与感伤时局有关,这特别表现在《初发彭城有感寄子瞻》一诗中："秋晴卷流潦，古汴日向干。扁舟久不解，畏此行路难。此行亦不远，世故方如山。我持一寸刃，巉绝何由刊！"这里的"行路难"，显然指时局多艰，"世故方如山"一句就是明证。而他又无力改变这种局面，"一寸刃"怎能刊削"巉绝"之山！接着他回忆起他们兄弟少年时代的壮志："誓将贫贱身，一悟世俗昏。"而王安石变法以来这十年，他们兄弟却无法一展抱负：

> 岂意十年内，日夜增涛澜。
> 生民竟憔悴，游宦岂复安？
> 水深火亦热，人知蹈忧患。
> 甄丰且自叛，刘歆苟盘桓。
> 而况我与兄，饱食顾依然！
> 上愿天地仁，止此祸乱源。
> 岁月一徂逝，尚能返丘园。

甄丰，西汉末年人，汉平帝初年以定策功拜少傅，王莽称帝，拜更始将军、广新公。"自叛"即指其叛汉附莽。刘歆亦西汉末年人，与其父刘向都是著名经学家，少与王莽善。哀帝初即位，王莽荐其有材行，不断升官，王莽篡汉自立，以刘歆为国师。后因参与谋杀王莽，事败自杀。"盘桓"指刘歆依违于汉王室和王莽新政权之间。苏辙在这里以甄丰、刘歆比喻那些追随变法派的大臣，指责他们弄得生民憔悴，使人民处于水深火热的忧患之中，他们兄弟也不能安于仕宦，盼望归隐丘园。苏辙对变法派的指责未必公正，但与《自齐州回论时事书》一样，其忧国忧民之心是真挚的，哀叹理想同现实矛盾是感人的。"一悟世俗昏"的理想，换得的是"世俗"更昏；自叛的自叛，依违的依违；"止此祸乱源"换得的是"水深火亦热"，甚至连"返丘园"的愿望也未能实现。

第十二章 "南都从事老更贫"
——南京签书判官

苏辙于熙宁十年八月十六日离开徐州后,苏轼作《初别子由》寄苏辙。他称赞苏辙天资清和、沉默寡言的性格使自己坦率的性格也为之收敛:"我少知子由,天资和而清。好学老益坚,表里渐融明。岂独为吾弟,要是贤友生。不见六七年,微言谁与赓?常恐坦率性,放纵不自程(限)。会合亦何事,无言对空枰。使人之意消,不善无由萌。"鉴于政治斗争的激烈,他劝告苏辙不要卷入是非之争:"南都信繁会,人事水火争。念当闭阁坐,颓然寄聋盲。"苏辙在《次韵子瞻见寄》诗中以河渭之浊与江汉之清为比喻,说自己根本比不上苏轼:"衮衮河渭浊,皎皎江汉清。源流既自异,美恶终未明。嗟我顽钝质,乃与公并生。出处每自托,讴吟辄尝赓。譬如病足马,共此千里程。胜负坐已决,岂等终一秤?"接着他回忆了苏轼少时的直率、为宦的声名以及现时的暗默:"忆公少年时,濯濯吐新萌。坚姿映松柏,直节凌榛荆。……区区两郡守,藉藉四海声。年来效暗默,世事慵讥评。"苏轼之所以"年来效暗默",是因为当时有人把他在杭、密任上讥刺新政的诗篇密报朝廷,朝廷虽未过问,但他也不得不有所收敛。

苏辙刚刚离开徐州,徐州就遇上特大洪水,黄河泛滥。这年七月十七日黄河在澶州曹村埽决口,淹了四十五县,坏田三十万顷。八月二十一日,洪水到徐州城下。苏辙说:"我昔去彭城,明日洪流至。不见五斗泥,但见二竿水"(《和子瞻自徐州移湖》);"尔来钜野溢,流潦压城垒。池塘漫不知,亭榭日倾弛。官吏困堤障,麻鞋污泥滓"(《寄孔武仲》);"钜野一汗漫,河齐相腾蹙。流沙翳桑土,蛟鼍处人屋。农亩分沉埋,城门遭板筑"(《寄济南李公择》);"黄河东注竭昆仑,钜野横流入州县。民事萧条委浊流,扁舟出入随奔电"(《送转运判官李恕还朝》)。从苏辙这些诗可看出灾情的严重：黄河横溢，冲压城垒，城门紧闭，亭榭倾斜，池塘淹没，农田翳蔽，到处是一派荒凉萧条景象。

苏辙在《黄楼赋》叙中说，水未至，苏轼就做好了防洪准备；水大至时，他积极组织徐州百姓防洪，"与城存亡"；水既去，他又组织徐州百姓增筑城墙，以防洪水再来。为纪念徐州防洪胜利，苏轼在徐州东门建黄楼："河吞巨野入长淮，城没黄流只三版。明年筑城城似山，伐木为堤堤更坚。黄楼未成水已退，空有遗迹令人看。"(《中秋见月寄子瞻》)元丰元年（1078）重阳节，苏轼在黄楼大宴宾客，有三十多位名士参与盛会："千金筑黄楼，落成费百金。谁言使君侈，聊慰楚人心。"(《和子瞻自徐移湖》)很多人是专程前往祝贺的。苏辙自然也在应邀之列，但因公务繁忙，未能成行。他在《送王巩之徐州》中说："黄楼适已就，白酒行亦熟。……恨我闭笼樊，无由托君毂。"聊可为慰的是苏辙虽未亲临盛会，却写下了著名的《黄楼赋》。苏轼本来想作《黄楼记》，得到这篇赋后亦为之搁笔（苏轼《书子由苏楼赋后》)，并亲自书写，刻之于石。苏辙之文，东坡之书，堪称二绝。据徐度《却扫编》载，崇宁年间禁毁苏文，徐州太守不愿毁此刻石，只是把它投于城壕中。宣和末年禁令稍弛，权贵之家以蓄东坡手迹为荣，售价昂贵。当时的徐州守苗仲先取出刻石，日夜摩印，得数千本。然后借口"苏氏之学，法禁尚在"，毁掉石刻。人闻石毁，墨本之价激增，苗仲先因此大发横财。这既反映了北宋末年一些官吏之贪婪，也反映了人们对苏氏文墨的热爱。

元丰二年（1079）二月，苏轼罢徐州任，改知湖州。他在赴湖州任以前，先到南都商丘看望苏辙。苏辙感慨现在的商丘再不是古代的商丘了，城郭荒芜，文化衰落，无法使苏轼尽兴："梁园久芜没，何以奉君游？故城已耕稼，台观皆荒丘。池塘尘漠漠，雁鹜空迟留。俗衰宾客尽，不见枚与邹。轻舟舍我南，吴越多清流。"(《和子瞻自徐移湖将过宋都，途中见寄二首》)苏轼在南都住了半个月离去，他沿途看到吴越山水的佳丽，深以子由簿书繁冗，不能同行为恨："回首濉阳（即商丘）幕，簿书高没人。何时桐柏水（即淮水），一洗庾公尘。此去渐佳境，独游长惨神。待君诗百篇，来写浙西春。"(《过淮三首赠景山兼怀子由》)

第十二章 "南都从事老更贫"

苏辙是应张方平之邀担任南京签书判官的，但这时张方平因年老体衰，政见又不合，已准备告老。苏辙到任不久，朝廷举行南郊大典，祀天地于圜丘，诏张方平入京陪祀。但他却叫苏辙为他起草表文，要求免于陪祀："臣适丁病废之日，惧成跛倚之尤。……偷惰之诛，逃避无所。"（《代南京张公安道免陪祀表》）接着张方平就乞致仕，苏辙为他三草表文。第一表主要是从自己已过致仕年龄说的："七十致仕，国有旧章，再三上闻，情非虚饰。……敢缘礼律之旧，力丐筋骸之余。"第二表说，过去虽有已过致仕之龄而被留用者，"然皆庙堂注意之臣，疆场折冲之任，邦家倚以为重，神人赖以为安"，没有像他这样"退处闲官，坐糜厚禄"的人，这实际上反映出他对朝廷重用变法派而闲置元老重臣的不满。第三表主要是从全名节说的："事君之礼，少壮不敢不勉；行己之义，老病不可不归。壮而不勉则失忠，老而不归则忘耻。……宠臣以尊名，不若使臣得全廉耻之为贵；厚臣以重禄，不若使臣得守份限之为安。"由于张方平"力陈危恳，尚冀必从"，朝廷遂命他以东太一宫使归第："今年见公商丘侧，奉祠太一真仙宫。"（《宣徽使张安道生日》）并于元丰二年（1079）七月以太子少保致仕。苏辙在《张公生日》中写道："少年谈王霸，英气干斗牛。中年事轩冕，徇世仍多忧。晚岁探至道，眷眷怀林丘。今年乞身归，始与夙昔酬。……嗟我本俗士，从公十年游。谬闻出世语，俯作笼中囚。俯仰迫忧患，欲去安自由？"这首诗简括了张方平一生事迹，并为自己不能"出世"深致慨叹。

张方平以东太一宫使归第后，龚鼎臣继任南京留守。龚鼎臣，字辅之，郓之须城（今山东东平须城镇）人。他也是一位老臣，在仁宗、英宗朝以敢谏称。神宗继位后，王安石侍讲，欲赐坐，鼎臣言不可，安石不悦，鼎臣于是求补外，直至这次留守南都才获神宗接见（事见《宋史·龚鼎臣传》）。苏辙《代龚谏议谢知青州帅表》说："自违去中朝，流落外补，首尾经八年之久，左右无一人之容。自分衰朽之余，无复甄升之望。顷缘乏使，再守别京。获睹日月之光，亲闻金石之训。"但龚鼎臣在南京不到一年又被命知青州（今山东益都）："自违天阙，曾未期年，亟升侍从之荣，仍分旌旄之寄。"青州离其家不远，故苏辙《送龚鼎臣谏议移守青州二首》有"过家定有金钱费，千里争看衣锦身"之语。龚鼎臣在南都曾举行巨大的阅兵式,苏辙写其盛况说:"承平郡国减兵屯,唯有留都一万人。……旌旗不动风将转,部曲无声马亦驯。"(《观大阅》)

龚鼎臣去后任南京留守的是陈汝羲。从苏辙《代陈汝羲学士南京谢表》可知他也是一位老臣:"臣早蒙器使,屡试烦难。任重多忧,积衰成病。乞身闲冷,但求安养于余生;绝意功名,不复干求于当世。岂谓圣恩未弃,见收桑榆。"

苏辙在南都期间除同张方平之子张恕及往返于京城和南都之间的王巩唱和甚多外,值得一提的还有他的两位儿女亲家。一是文同(1018—1079),字与可,梓州永泰(今四川盐亭)人,宋代著名画家。苏洵曾向他索画,有《与可许惠舒景,以诗督之》诗,苏辙作《墨竹赋》,相当深刻地总结了文同画竹的经验。他引文同的话说,其竹之所以画得好就在于他"朝与竹乎为游,暮与竹乎为朋,饮食乎竹间,偃息乎竹阴,观竹之变多矣"。文同之子文务光是苏辙的长女婿,苏辙有《次韵文务光秀才游南湖》诗。元丰元年十月文同由判登闻鼓院被命知湖州,苏辙《送文与可知湖州》说:"旧闻吴兴胜,试问天公取。家贫橐装尽,岁暮轻帆举。"文同于元丰元年"岁末"赴任,元丰二年正月二十一病卒于陈州。苏辙在《祭文与可学士文》中说:"与君结交,自我先人。旧好不忘,继以新婚。……君牧吴兴,我官南京。从君季子,长女实行。君次于陈,往见姑嫜。使者未返,而君沦亡。"二是王廷老。苏辙在通判杭州时已认识王廷老,二人志同道合,都主张宽政。苏辙这时才认识王廷老,时王罪废居南都:"事之难知,君以罪废。还家宋都,辙适在是。薄书之间,往走君庐。忘其固穷,笑歌欢呼。夜饮不归,月堕城隅。间屏仆夫,与我深言:'今昔之故,君何不闻?'指后将然,已而信然。见远识微,我不如君。"这样一位有头脑的人物,当然难免罪废。苏辙的《次韵王巩同饮王廷老度支家戏咏》写其畅饮狂言说:"白鱼紫蟹早霜前,有酒何须问圣贤。上客远来工缓颊,双鬟为出小垂肩。新传大曲皆精绝,忽发狂言亦可怜。"元祐初,苏辙从贬所还朝,他们也结成了儿女亲家:"我迁于南,一往六年。归来执手,白发侵颠。遂以息女,许君长子。朋友惟旧,亲戚惟始。"

第十二章 "南都从事老更贫"

苏辙在南都签判任上的心情是很不痛快的,这首先是由于政见不同,他在仕途上一直失意,荆棘丛生。自从出仕以来,他所学的治国安民之术完全用不上:"自从厌蓬荜,误逐功名诱。初心一飘荡,旧学皆榛莠。失足难遽回,抚卷长自诟。"(《张恕寺丞益斋》)苏轼在徐州以双刀赠苏辙,这引起苏辙的无限感慨:"引之置膝上,懔然愁肺肝。"他说他本想用双刀一清时局,但又没有这样的力量:"我衰气力微,览镜毛发斑。誓将斩鲸鲵,静此沧海澜。又欲戮犀兕,永息行路难。有志竟不从,抚刀但长叹。"用它来"锄田""刈蓬蒿",又感到对不住宝刀:"惭君赠我意,时取一磨看。"(《子瞻惠双刀》)这首诗充分抒发了他壮志不酬的苦闷。这也难怪,从他进士及第算起,二十年过去了,从第一次出仕大名府推官算起,也整整十二年了,而他仍然一直担任烦琐而又枯燥的幕僚工作:"官如鸡肋浪奔驰,政似牛马常黾勉"(《送转运判官李公恕还朝》);"老夫强颜依府县,堆案文书本非愿"(《次韵秦观秀才携李公择书相访》);"幕府粗官苦烦促,晚衙薄领当及期"(《同李倅钧访赵嗣恭》);"简书见迫身今老,樽酒闻呼首一昂"(《次韵王巩自咏》);"薄领何时毕,尘埃空自怜"(《自拓城还府马上》);"溪山去眼尘生面,薄领埋头汗匝肤"(《宋城宰韩秉文惠日铸茶》)。从这些诗不难看出他对幕府簿书生活的厌倦。

第二,由于位卑俸薄,子女又多(三子六女),他的生活一直很困难。苏轼《初别子由》说:"森然有六女,包裹布与荆。……明日无晨炊,倒床作雷鸣。"苏辙也哀叹道:"南都从事老更贫,羞见青天月照人"(《中秋见月寄子瞻》);"归来笑杀幕府客,闭门看书滴滴穷"(《送将官欧育之徐州》);"从事年来鬓似蓬,破车倦仆众人中。作诗仅比穷张籍,得马还从老晋公"(《谢张安道惠马》)。张籍,字文昌,唐代诗人,曾任水部员外郎、国子司业等职,世称张水部或张司业。他家境贫困,有眼疾,又曾任太常寺太祝,故孟郊称他"穷瞎张水部"。老晋公,指裴度(765—839),字中立,河东闻喜(今属山西)人,位至宰相,封晋国公。张籍《蒙裴相公赐马》诗有"乍离华厩移蹄涩,初到贫家举眼惊"语。苏辙在这里以老晋公喻张方平,以穷张籍自喻,也在感叹自己的贫困。苏辙说他是因为家穷才出来做官,没料到做官十多年仍如此贫穷："我生本羁孤，无食强为吏。褰裳避泥涂，十载守憔悴"（《送交代刘莘老》）；"我家初无负郭田，茅庐半破蜀江边。生计长随五斗米，飘摇不定风中烟。茹蔬饭糗不愿余，茫茫海内无安居"（《次韵张耒见寄》）。他有时穷得回宴友朋都需要经过特别筹措："莫道贫家少还往，自须先办买花钱。"（《次韵王巩同宴王廷老度支家戏咏》）王巩是他的密友，他甚至穷得以王巩的酒宴来为王巩饯行："送君不办沽斗酒，拨醅浮蚁知君有。问君取酒持劝君，未知客主定何人"（《饮饯王巩》）；"可怜杜老（甫）贫无衣，杖藜晓入青泥湿。诸家宴客频恼人，往往闭门不得入。我今贫与此老同，交游冷落谁相容？……送君仍令君置酒，如此贫交世安有？"（《送王巩兼简都尉王诜》）

第三，仕途愈来愈险恶也是苏辙在南都心情特别不愉快的重要原因。在王安石罢相后，他曾幻想时局会有所变化。但神宗继续推行新法，使他大失所望："世事不堪开眼看，劳生渐恐转头空"（《张安道生日二首》）；"纷纭政令曾何补？要取终年风雨时"（《春日耕者》）；"钱荒粟帛贱如土，榷峻茶盐不成市。诗书乡校变古法，节行故人安近利？"（《送鲜于子骏还朝兼简范景仁》）在王安石罢相后还出现一个新情况，即新党逐渐把变法派和反变法派的正常政争变成了迫害和打击异己的无原则斗争。山雨欲来风满楼，苏辙已经闻到了乌台诗案的血雨腥风。他在《寄范丈景仁》诗中写道："人生聚散未可料，世路险恶终劳神。交游畏避恐坐累，言词欲吐聊复吞。安得如公百无忌，百间广厦安贫身？"为什么人与人间会畏避交游，欲言又忍，这不正说明政治空气已很不正常吗？《次韵刘泾见寄》也说："我生禀赋本微薄，氤氲方寸不自藏。譬如兰根在黄土，春风驱迫生繁香。口占手写岂得已，此亦未免物所将。方将寂寞自收敛，不受世俗尺斗量。既知仍作未能止，纷纭竟亦类彼庄。"庄子竭力倡导无言，自己却著书十万言。苏辙经常劝苏轼以言为诫，而自己仍"口占手写不自藏"。他现在又告诫自己要"收敛"，以防别人深文周纳（"世俗尺斗量"）。这类话在这以前的诗篇中是很少见的，而在南都却有不少，经常发出"世路多颠蹶"（《次韵秦观见寄》）、"世味不堪尝"（《送赵屼秘书还钱塘》）的慨叹。这正预示了乌台诗案即将到来。

第十三章 "得罪南来正坐言"
——乌台诗案坐贬

苏轼在《湖州谢表》中说："（神宗）知其愚不适时，难以追陪新近；察其老不生事，或能牧养小民。""新进""生事"等语刺痛了那些"新近勇锐之士"，他们抓住这两句话和他那些讥刺新政的诗篇，欲置苏轼于死地。神宗本不愿追究，但由于御史台的连章弹劾，他只好于元丰二年（1079）七月下令拘捕苏轼入京审问。这就是历史上有名的乌台（御史台）诗案。

苏轼在湖州被捕时，亲戚故人皆惊散，只有苏辙的女婿王子立与其弟王子敏未离开。王氏兄弟不怕连累，亲送苏轼出郊，然后又把苏轼的家属送到南都苏辙处。如前所述，苏辙在南都的生活已很艰难，现在又要照顾苏轼全家老小，经济之拮据不难想象。苏轼《狱中寄子由》"百年未满先偿债，十口无归更累人"即指此。苏辙却毫无怨言，一面照顾好嫂嫂和侄子，一面上书神宗，愿以自己的官职为兄赎罪。苏辙《为兄轼下狱上书》一开头就以呼天抢地的语气写道："困急而呼天，疾痛而呼父母者，人之至情也。臣虽草芥之微而有危迫之恳，惟天地父母哀而怜之！"苏辙既动之以手足之情："臣早失怙恃，惟兄轼一人相须为命。今者窃闻其得罪，逮捕赴狱，举家惊号，忧在不测。……不胜手足之情，故为冒死一言。"又明之以罪有可恕："轼居官在家无大过恶，惟是赋性愚直，好谈古今得失"；"通判杭州及知密州日，每遇物托兴，作为歌诗，语或轻发"；但"向者曾经臣寮缴进，陛下置而不问，轼感荷恩贷，不敢复有所为"。最后又以古喻今，望神宗效汉文帝，"免（轼）下狱死"："昔汉淳于公得罪，其女子缇萦请没为官婢以赎其父，汉文因之遂罢肉刑。今臣蝼蚁之诚虽万万不及缇萦，而陛下聪明仁圣过于汉文远甚。臣欲纳在身官以赎兄轼。"这样一篇哀婉动人的上书，朝廷竟置之不理。

苏辙的《登南城有感示文务光、王遹（子敏）秀才》，显然是"有感"于苏轼被捕而作："幽忧随秋入，秋去忧未已。南城试登望，百草枯且死。落叶投入怀，惊鸿四面起。"苏轼是七月二十八日被捕的，故云"幽忧随秋入"；十二月二十九日才获释，故云"秋去忧未已"。百草凋零、落叶满怀、惊鸿四起的一派荒凉秋景正烘托出他的"幽忧"之情。接着他又写道："所思不可见，欲往将安至？斯人定谁识，顾有二三子。清风皎冰玉，沧浪自湔洗。"这里"所思"的"斯人"正是苏轼，他冰清玉洁，很少有人了解他。这与《为兄轼下狱上书》所说的"轼居家在官无大过恶"的观点是一致的，他相信苏轼是无罪的。而皎若冰玉的苏轼却受到这样不公正的待遇，竟锒铛入狱："网罗一张设，投足遂无寄。"《次韵子瞻系御史狱，赋狱中榆槐竹柏》也是一组为苏轼鸣不平的诗篇，其中咏榆写道：

> 秋风一何厉，吹尽山中绿。
> 可怜凌云条，化为樵夫束。
> 凛然造物意，岂复私一木？
> 置身有得地，不问直与曲。
> 青松未必贵，枯榆还自足。
> 纷纷落叶下，萧条愧华屋。

在凌厉的秋风中，万物凋零，所谓贵和贱、荣和辱，完全是"地势使之然"（左思《咏史》），是"不问直与曲"的。官场是这样的不公平，何不回归故乡？他在咏竹时说：

> 故园今何有，犹有百竿竹。
> 春雷起新萌，不放牛羊触。
> 虽无朱栏拥，不见红尘辱。
> 清风时一过，交戛响鸣玉。
> 渊明避纷乱，归嗅东篱菊。

第十三章 "得罪南来正坐言"

> 嗟我独何为,弃此北窗绿。

处贱不辱这一充满哲理的结论,就是他从乌台诗案中得出的痛苦教训。其他如"丈夫贵自遂,老大饶惊悸"(《次韵答陈之方秘丞》);"飞霙迫残腊,愁思度今年";"霜雪何与我,忧思自伤神。忠信亦何罪,才名空误身"(《残腊五首》)等等,都是为苏轼入狱而发。

经过朝廷内外大臣的营救,苏轼于年终出狱,被贬为黄州团练副使,本州安置。苏轼赴贬所,经过陈州,苏辙于元丰三年(1080)正月十一日自南都来看望苏轼。苏轼写道:"夫子自逐客,尚能哀楚囚。奔驰二百里,径来宽我忧。相逢知有得,道眼清不流。"(《子由自南都来陈,三日而别》)所谓"夫子自逐客",是指苏辙亦坐贬监筠州(今江西高安)盐酒税。子由幼达,从任陈州学官起又开始学道,研究道家养生之术,因此处境虽艰难,但仍"面色殊清润,目光炯然"(苏轼《与王安国书》)。正月十四日,苏辙兄弟在陈州洒泪而别:"惊尘急雪满貂裘,泪洒东风别宛丘。"(苏轼《今年正月十四日与子由别于陈州,五月子由复至齐安,以诗迎之》)

接着苏辙也离开南都赴贬所,与已经致仕的张方平道别。张方平凄然不乐,手写一绝送苏辙:

> 可怜萍梗飘浮客,自叹瓠瓜老病身。
> 从此空斋挂尘榻,不知重扫待何人?

首句言苏辙被贬,又将远行;次句言自己有如"系而不食"的瓠瓜(见《论语·阳货》),老而无用;最后两句用陈蕃的典故,《后汉书·徐穉传》载,徐穉,字孺子,豫章南昌人。家贫,常自耕织,非其力不食。公府屡辟,不起。"时陈蕃为太守……在郡不接宾客,惟穉来特设一榻,去则县之。"这里以徐穉喻苏辙,以陈蕃自喻,言苏辙一去,他只好尘榻高挂,不知何时才能再遇到苏辙这样的高洁之士了。据苏轼《题张安道诗后》说,张方平一生从未向人流泪,而在与苏辙相别,手写此诗时,竟老泪纵横。

"南迁私自喜，看尽江南山。"（《过九华山》）苏辙在这次南迁途中写下了大量的山水纪行诗。嘉祐四年的江行唱和诗今存三十首，熙宁五年的嵩洛纪行诗才二十余首，熙宁七年游泰山诗仅四首，加上描写济南山湖流泉的诗也不过二十来首，而这次南迁途中诗多达五十余首，大大超过了前三次。这些诗写景如画，寓意深微，怀古伤今，充满身世之感。在苏辙的山水纪行诗中是写得最好的一部分。

南迁途中诗相当形象地描写了各地山川的特色，抒发了对祖国山河的热爱。《放闸二首》写运河闭闸开闸的不同说："开闭偶然异，喧豗（轰响声）自不胜。"闭闸前水平如镜："渊渟初镜净""画舫连樯住，清流汛闸平""闸空非有碍，水静为谁兴"。一开闸则"势转忽云崩。脱隘尚容与，投深益沸腾。玉山忽破碎，阵马急侵凌"；"忽看银汉落，仍听夏雷惊。……留滞初一快，奔驶忽如倾"。这里写出了开闸过程，刚开的一瞬间，水流还迟回不前（容与）；接着投向深处，则有如银河落地，玉山破碎，汹涌沸腾，声如雷霆轰鸣，速如阵马奔驰，简直把开闸时的情景写活了。

《游金山》既写出了扬州远望金山之小"扬州望金山，隐隐大如幞（头巾）"，又写出了来到金山所见之高"揭来长江上，孤高二千丈"；既写出了金山所见近景"清风敛霁雾，晓日耀金碧"，又写出了登高所见远景"东南隐隐见，遥与此山匹"，并发出"平生足游衍（游乐），壮观此云极"的由衷赞美。

被苏辙称为"江南第一州""是处可忘忧"的金陵（今江苏南京）更给了他无限的乐趣："白鹭洲前水，奔腾乱马牛。亭高疑欲动，船去似无忧。汹涌山方坏，澄清练不收"（《白鹭亭》）；"山多来有绪，江远静无声。……风光同楚蜀，聊此慰平生"（《览辉亭》）；"江水信浩渺，连山巧蔽云……灭没樯竿度，飘摇鹭羽迟"（《见江亭》）；"青峰回抱石头（城）小，白练前横大江碧。石梯南下俯城闉，松径东盘转山谷"（《游钟山》）。这些诗写出了金陵山峦起伏、江流浩渺、江上樯竿明没、空中白鹭翱翔的特点。

池州（今安徽贵池），也在长江边上，依山傍水，城中流水纵横，微波荡漾，"绕郭青峰睥睨屯，入城流水縠纹翻"；"松绕城头风瑟缩，江浮山外气阴森"（《池州萧丞相楼二首》）。特别值得一提的是九华山（今安徽青阳县西南四十里），李白以其九峰如花，故名九华。但苏辙却以为这九峰如九位仙子："忽惊九华峰，高拱在我前。萧然九仙人，缥缈凌云烟。碧霞为裳衣，首冠青琅玕。挥手谢世人，可望不可攀。"苏辙是赴贬所，行动不自由，好多地方他想游而不能畅游："我行有程度（程限），欲去空自惜。"（《游金山》）过九华山也是如此："我行竟草草，安能拍其肩？"他渴望"何年脱罪罟，出处良自便。芒鞋挂藤杖，逢山即盘桓"。

苏辙赴贬所，舟入鄱阳湖，本当南行。但他还需送嫂侄去黄州，因此，他把自己的家眷安置在九江（"妻孥寄九江"），继续沿长江西上。他在黄州同苏轼一起游了武昌（今湖北鄂城）西山，他说："千里到齐安（即黄州），三夜语不足，劝我勿重陈，起游西山麓。西山隔江水，轻舟乱鸳鸯。连峰多回溪，盛夏富草木。杖策看万松，流汗升九曲。苍茫大江涌，浩荡众山蹙。"（《黄州陪子瞻游武昌西山》）黄州没有什么名山，但长江南岸的武昌诸山，景色佳丽，风雨云月，阴晴朝暮，千姿万态。加之山中有几位好客喜游之人，因此苏轼经常拄着拐杖，载着酒食，乘舟往游。其中有位王齐万，原为蜀人，寓居武昌刘郎洑。苏轼游武昌诸山，有时为风涛所阻，不能返回黄州，王齐万就杀鸡作食相待，一住就是几天。他在《与子由游寒溪西山》诗中说：

我今漂泊等鸿雁，江南江北无常栖。
幅巾不拟过城市，欲踏径路开新蹊。

西山上原有一废亭，遗址甚窄，其旁有古木数十株，又高又大。苏轼来到这里往往终日流连忘返。一天，雷雨大作，倒了一株古木，亭址得以扩大，苏轼就在这里建了九曲亭。半山腰的九曲亭，可以看到浩浩荡荡、日夜奔流的长江。之所以叫九曲亭，据苏辙后来在《武昌九曲亭记》中说，是因为登西山，行于松柏之间，一路有如羊肠九曲。行至此，有一小块平地，游者必定在此小憩："倚怪石，荫茂木，俯视大江，仰瞻陵阜，旁瞩溪谷，风云变化，林麓向背，皆效于左右。""亭成，而西山之胜始具，子瞻于是最乐。"九百多年来，九曲亭屡废屡建，至今这里仍有九曲亭，并书有苏辙的《武昌九曲亭记》。

苏辙在黄州逗留了十天，又匆匆返回九江："身浮一叶返溢城，凌犯风涛日夜行。把酒独斟从睡重，还家渐近觉身轻。"（《自黄州还江州》）十天前因忙于送苏轼家眷去黄州，未来得及游览九江和庐山的名胜，这次重返九江才得观览。庐山多瀑布："山上流泉自作溪，行逢石缺泻虹霓。定知云外波澜阔，飞到峰前本末齐。入海明河惊照耀，倚天长剑失提携。"（《开先瀑布》）庐山瀑布有如虹霓垂地，有如云外波澜飞到峰前，有如银河入海，有如长剑倚天，这种联珠叠璧式的比喻在苏轼诗中屡见不鲜，而在苏辙诗中却是少见的。

苏辙南迁所经之地有很多名胜古迹，苏辙也有不少怀古之作。如扬州所作的《九曲池》：

> 嵇老清弹怨《广陵》，隋家《水调》继哀音。
> 可怜《九曲》遗声尽，惟有一池春水深。
> 凤阙萧条荒草外，龙舟想像绿杨阴。
> 都人似有兴亡恨，每到残春一度寻。

嵇老，指嵇康（224—263），字叔夜，谯郡铚（今安徽宿县西南）人，三国时魏国文学家。因不满司马氏控制政权，被司马昭所杀。他善鼓琴，以弹《广陵散》闻名。嵇康临刑时，索琴而弹，并感慨道："《广陵散》于今绝矣！"（《晋书·嵇康传》）《水调歌》传说是隋炀帝开汴河时所作。炀帝开通济渠，自长安至江都（扬州），广建离宫，遍种杨柳，乘龙舟幸江都，穷奢极欲。苏辙说，当年的凤阙已萧条冷落，龙舟仅存于想象之中，暗含过度役民，必致亡国的感慨。

如果说《九曲池》旨意深微，含蓄不露，那么苏辙在黄州所作的《赤壁怀古》则分明是在借古讽今：

> 新破荆州得水军，鼓行夏口气如云。

第十三章 "得罪南来正坐言"

千艘已共长江险,百胜安知赤壁焚!
觜距方强要一斗,君臣已定势三分。
古来伐国须观衅,意突成功所未闻。

前面已经说过,苏辙对熙宁初年宋神宗、王安石用兵西夏是不赞成的,认为"鞭笞四夷,臣服异类,是极治之余功而太平之粉饰"。当时的宋王朝根本谈不上"极治""太平",更不宜轻率用兵。神宗对西夏用兵时,以为"万举而有万全之功"。结果事与愿违,只好"废黜谋臣而讲和好"(《上皇帝书》)。联系苏辙对用兵西夏的看法,诗中所谓"觜距方强要一斗""百胜安知赤壁焚""古来伐国须观衅,意突城功所未闻"等语,显然不止在怀古,也是在讥今。

苏辙南迁途中诗难免有迁谪意,这是同他以前的山水纪行诗颇不相同的地方。如《次韵王适细鱼》说,细鱼嬉游于水中,其乐不亚于吞舟大鱼。它虽然小如毛发,但不仅须鬣分明,而且"还知避船柂"。言外之意显然是细鱼尚知避祸,而自己却不能避网罟。

《高邮送秦观三首》,一面感谢秦观"送我扁舟六十里,不嫌罪垢污交朋";一面感叹说"高安此去风涛恶,犹有庐山得纵游。便欲携君解船去,念君无罪去何求!"既表现了同秦观的依依不舍之情,又表现出迁客的特殊心理,不愿连累"交朋"。

在《游钟山》诗中,他看到"老僧一生泉上住,十年扫尽人间迹"。鉴于自己"失身处世足怨尤,愧尔山僧少忧责",发出了"丈夫济时诚妄语,白首居山本良策"的感慨。

他舟次磁湖,离黄州仅六十里,却因风浪太大而被阻两日,人生不如意的事太多了:"黄州不到六十里,白浪俄生百万重。自笑一生浑类似,可怜万事不由侬。"(《舟次磁湖》)在返回江州,赴筠州途中,又于南康为风所阻。这类事经历太多,他也就无所谓了:"我生足忧患,十载不安处。南北已兼忘,迟速何须数!"(《南康阻风游东寺》)

黄州有一张憨子，佯狂垢污，无论冬夏都穿一布褐，三十年不换，却无垢秽之气。常独行市中，也不知他夜住何处。往来之人想见这一异人，他多不见。苏轼使人召之，他欣然而来。但却不说话，也不坐，只是把客舍仔细打量了一番，默默而去。苏轼反复"追蹑其意，盖未得也"（苏轼《张先生并叙》）。苏辙在《次韵子瞻张憨子》中却谈了他之所得：

> 得罪南来正坐言，道人开口意深全。
> 天游本自有真乐，羿彀谁知定不贤！
> 篝火暾暾初吐日，飞流衮衮旋成川。
> 此心此去如灰冷，更肯逢人问复然？

自己的得罪正是由于多言，道人的闭口正是善于全生保性、道法高深的表现。一切听任自然（天游）才是真正的快乐，后羿教人射，必以规矩，违背天游之乐，肯定不好。世间万物变化太大，篝火夜明转瞬已成初日暾暾，涓涓飞流突然变成滚滚大川，昨日坐上客，今朝阶下囚。"此心此去如灰冷"，何必再多加推究呢？

苏辙这类心灰意冷、寄慨万端的诗句在南迁途中很多，如"西归犹未有菟裘，拟就南迁买一丘。……从此莫言身外事，功名毕竟不如休"（《舟次磁湖》）；"人生定何为，食足真已矣。愆尤未见雪，世俗多相鄙。买田信良计，蔬食期没齿"（《将还江州》）等等，都反映出封建社会中仕途失意、前途暗淡的有志之士的精神苦闷。

第十四章 "微官终日守糟缸"
——监筠州盐酒税

筠州（今江西高安）是一座依山傍水的山城。蜀水（又名锦江，苏辙诗文中叫筠水）横贯州境，"城上青鬟四山合，门前白练长江泻"（《次韵子瞻中秋对月一篇》）；"江上孤城面面山，居人也自不曾闲"；"楼上青山绕四垂，画桥百步引朱扉。落成当与公同上，一看长江白练微"（《再和十首》）；"云气山川满，江流日夜深"（《秋雨》）。从苏辙这些诗句不难看出筠州四山环抱、一江横贯的特点。这里的气候比较暖和，秋天仍岩花盛开，蜂蝶飞舞："涧草岩花日日开，江南秋尽似春回。旋开还落无人顾，唯有山蜂暖尚来。"（《再和十首》）即使是冬天，仍草木葱绿，冰雪甚少："江南殊气候，冬雨作春寒。冰雪期方远，蕉绨意始阑。未妨溪草绿，先恐岭梅残。"（《寒雨》）这里离中原较远，又是一个比较偏僻的山城，民风也较淳朴，所谓"吏民朴陋，野不达礼"；"高安在南，分自豫章（豫章：郡名，辖境相当于今之江西）。重山复江，鱼鸟之乡。俗野不文，吏亦怠荒。礼失不知，习为旧常"（《筠州圣祖殿记》）。

元丰三年（1080）六月，苏辙一到筠州，就碰上筠水泛滥成灾，州府府门被冲坏。他在《次韵王适大水》中说："高安昔到岁方闰，大水初去城如墟。危谯随地瓦破裂，长桥断缆船逃逋。漂浮隙穴乱群蚁，奔走沙砾摧嘉蔬。田间破散兵火后，饮食弊陋鱼虾余。投荒岂复有便地，遇灾只复伤羸躯。"谯楼坠，船缆断，城市如墟，里闾破敝，农田淹没，只有以鱼虾为食，灾情十分严重。

由于盐酒税的官舍濒临大江，被大水冲坏，不能居住，苏辙只好借部使者府暂居。直至十二月，他才开始修复监盐酒税的官舍，支其欹斜，补其圮缺。然后又在听事堂之东建一轩，种了两棵杉树，栽了上百株竹子，作为宴客、休息之所。但是，监盐酒税是非常烦琐忙碌的职务，过去一般是三吏共事，而他初到筠州时，其他二吏皆罢去，委事于他一人，这就更加繁忙。因此，东轩虽然建好了，他却根本没有时间在此休息。他在《东轩记》中写道：

昼则坐市区，鬻盐沽酒税豚鱼，与市人争寻尺以自效。暮归，筋力疲废，辄昏然就睡，不知夜之既旦。旦则复出营职，终不能安于所谓东轩者。每旦莫出入其旁，顾之未尝不哑然自笑也。

寥寥数笔，苏辙就把自己酒务繁忙，郁郁寡欢的神情刻画得淋漓尽致。"与市人争寻尺以自效"，表达了他被迫要将功赎"罪"的痛苦心情；"哑然自笑"四字，更是传神之笔，生动表现了他那无可奈何、自我解嘲的神情。

苏辙在筠州有很多言及酒务繁忙的诗，都牢骚满腹，感慨甚深。如《雨中宿酒务》：

微官终日守糟缸，风雨凄凉夜渡江。
早岁谬知儒术贵，安眠近喜壮心降。
夜深唧唧醅鸣瓮，睡起萧萧叶打窗。
阮籍作官都为酒，不须分别恨南邦。

早年误以为读书如何如何，结果落得如此下场，整天累得筋疲力尽，倒头便睡，再也没有什么雄心壮志了。阮籍（210—263），字嗣宗，陈留尉氏（今属河南）人，三国时魏国文学家。他因不满当局，遂借酣饮避祸。"籍闻步兵厨营人善酿，有贮酒三百斛，乃求为步兵校尉。"（《晋书·阮籍传》）所谓"阮籍作官都为酒"即指此。诗的最后两句是苏辙的自我安慰之词，阮籍为酒而求做步兵校尉，自己现在白天黑夜都守着糟缸，有什么不好呢？还何必区分南北，为贬官南国而生怨恨呢？正言若反，"不须分别恨南邦"，恰恰说明他正为此而充满牢骚。

第十四章 "微官终日守糟缸"

《饮酒过量肺疾复作》也是一篇抒慨之作。他少有肺疾,又不善饮酒,现在却天天与酒打交道:"朝蒙麴尘居,夜傍糟床卧。鼻香黍麦熟,眼乱瓶罂过。囊中衣已空,口角涎虚堕。啜尝未云足,盗嚼恐深坐。"在一次宴会上("使君信宽仁,高会慰寒饿"),饮酒过量,结果肺疾复发:"夜归肺增涨,晨起脾失磨。情怀忽牢落,药饵费调和。衰年足奇穷,一醉仍坎坷。清樽自不恶,多病欲奈何!"别人是一醉解百忧,他却是"一醉仍坎坷",命运总是同他作对。

他还感叹酒务繁忙使他无法游山玩水:"我生米盐间,日被尘垢侵。不知山中趣,强作山中吟。"(《次韵王适游真如寺》)元丰七年(1084),苏轼由黄州赴汝州贬所,绕道筠州来看望苏辙,苏辙却没有时间陪他游玩。苏轼在《端午游真如(寺),迟、适、远从,子由在酒局》诗中写道:"宁知是官身,糟曲困蒸煮。独携三子出,古刹访禅祖。"苏辙也遗憾地写道:"瓠瓜一遭系,卖酒长不在。……欲同千里行,奈此一官碍!"(《次韵子瞻行至新奉见寄》)

苏辙在筠州结识了后来成为北宋末年重要文学家的毛滂及其父毛维瞻。毛维瞻出身衢州大族,他乐善好施,在苏辙到筠州以前数月才被起用为筠州知州:"公家昔盛时,阡陌连三衢。仓廪济寒饿,婚嫁营羁孤。千金赴高义,脱手曾须臾。晚为二千石,得不偿所逋。抚掌不复言,但以文字娱。"(《送毛君致仕还乡》)他在筠州为政宽简,深得民心:"政宽境内棠阴合,讼去庭中草色新。……岁终谁为公书考,岂止江西第一人。"(《次韵毛君经旬不用鞭扑》)毛维瞻待苏辙很好,根本没有把他看做"罪人",而是把他当做诗友。或召其夜饮:"不动歌声人已醉,旋闻诗句夜初长"(《过毛国镇夜饮》);或同游北园:"一樽花下夜忘归,灯火寻春畏春晚"(《陪毛君夜游北园》);或同观竞渡:"使君欲听蝦人讴,一夜江波拍岸流。角胜争先非老事,凭栏寓目思悠悠"(《竞渡》);或赠以鲜果,苏辙有《毛君惠温柑,荔枝二绝》。在筠州期间,苏辙同毛维瞻的唱和诗竟多达二十九篇共七十首,苏辙同任何别的地方长官的唱酬从没有这样多。他们经常是晚上有诗作,第二天清晨就互送诗筒:"江国骚人不耐秋,夜吟清句晓相投"(《次韵毛君见赠》);"案牍稀疏意自开,夜阑幽梦晓方回。青苔红叶骚人事,时见诗筒去又来"(《次韵毛君山房即事》)。苏辙偶尔和诗稍晚,毛维瞻就会催促。苏辙有《次韵毛君见督和诗》云:"新诗落纸一城传,顾我疏顽岂足编?他日杜陵诗集里,韦迢略见两三篇。"韦迢为岭南节度行军司马,杜甫流落湖湘期间,他有《潭州留别杜员外院长》《早发湘潭寄杜员外院长》诗,附录在杜甫的集子里。苏辙以杜甫比毛维瞻,以韦迢自喻。但历史的发展却恰恰相反,毛维瞻的诗流传甚少。《宋诗纪事》存其《筠州山房》一首,实为误收(《全宋诗》亦误收),是苏辙《再和毛君山房即事十首》中的第九首;毛的生平梗概及其"新诗落纸一城传"的盛况,我们倒是从苏辙的《栾城集》中得知的。毛维瞻身在官府,志在溪山:"东晋仙人借旧山,定应天意许公闲。郡人欲问使君处,笑指峰峦紫翠间。"(《次韵毛君山房即事》)元丰三年他才自家居出知筠州,元丰五年(1082)他就告老还乡了:"忽闻叩天阍,言旋归故庐。朋友不及谋,亲戚亦惊呼。人生各有意,何暇问俗徒。嗟我好奇节,叹公真丈夫。"(《送毛君致仕还乡》)毛维瞻致仕以后,苏辙同他仍有唱和:"归去携家住白云,云中猿鹤许同群。……却看人世应微笑,未熟黄粱昼梦纷。"(《白云庄偶题》)

毛维瞻知筠州期间,其子毛滂亦侍亲于此,苏辙在《送毛滂斋郎》中说:"先志承颜善养亲,束装骑马试为臣。酒肠天予浑无敌,诗律家传便出人。拥鼻高吟方自得,折腰奔走渐劳神。归来一笑须勤取,花发陈吴二月春。"可见毛滂亦大有父风,既能豪饮,又喜咏诗,这次是初出仕("试为臣"),开始了"折腰奔走"的生活,故苏辙劝他要及早归来。

继毛维瞻知筠州的是贾蕃。与苏辙同毛维瞻的唱和甚多成为鲜明对比,苏辙同贾蕃的唱和极少。《次韵知郡贾蕃大夫思归》说:"江城漂泊最多时,邂逅谁令长者期。得坎浮槎应有命,投林惊鹊且安枝";《病中贾大夫相访,因游中宫僧舍二首》说:"江城寒气入肌肤,得告归来强自扶。五马独能寻杜老(杜甫),一床深愧致文殊(佛教大乘菩萨之一)。体虚正觉身如幻,谈剧能令病自无。"与贾蕃的唱和仅存这两篇三首,但从中仍不难看出,他待苏辙也是很好的,以至于苏辙把他的光临寒舍比做严武访问杜甫草堂。

元丰四年(1081)四月,苏辙曾被差入筠州试院评定考卷,苏辙有《试院唱酬十一首》,其中《戏呈试官》写道:"只隔墙东便是家,悄悄还似在天

第十四章 "微官终日守糟缸"

涯。……剪烛看书良寂寞,披沙见玉忽喧哗。"《放榜后次韵毛守见招》写道:"饱食安眠愧不材,疏帘翠箪幸相陪。……诸人欲见风流伯,不用招呼亦自来。"苏辙权筠州学官当在毛维瞻致仕以前。元丰五年三月苏辙作《上高县学记》,认为古之君子"从容礼乐之间,未尝以力加其民";"至于后世不然,废礼而任法,以鞭朴刀锯力胜其下"。这里显然又是为变法派而发。苏辙说:"上高,筠之小邑,介于山林之间,民不知学而县亦无学以诏民。"他称颂上高县令李怀道始建学宫,"邑人执经而至者数十百人,于是李君之政不苛而民肃,赋役狱讼不委其府"。这一篇记的内容表明,其时苏辙已权筠州学官。毛维瞻致仕后一年多,有人告发苏辙所撰州学策题三道,乖戾经旨。礼部决定候有新官,即罢去苏辙的学官职务。苏辙于是要求本路别差官兼学官,礼部从其请。苏轼有《闻子由为郡僚所捃,恐当去官》诗,即指此事。看来苏辙同贾蕃的关系虽好,但同其他郡僚的关系却不很融洽。

苏辙在筠州写了大量的抒怀诗,元丰四年十一月苏辙之侄安节自蜀入京应试落第后,去黄州看望苏轼。苏辙在《次韵子瞻与安节夜坐三首》中写道:

少年高论苦峥嵘,老学寒蝉不复声。
目断家山空记路,手披禅册渐忘情。
功名久已知前错,婚嫁犹须毕此生。
家世读书难便废,漫留案上铁灯檠。

这首诗总结了他过去的生活,提出了未来的打算,颇能代表苏辙在筠州五年的思想与活动,让我们就以此诗为线索,来看看他在筠州时期的其他诗文吧。

"少年高论苦峥嵘"——这恐怕是苏辙一直沉沦下僚的根本原因。他在《送姜司马》中说:"七岁立谈明主前,江湖晚节弄渔船。斗鸡谁识城东老,丧马方知塞上贤。生计未成《归去》咏,草书时发醉中颠。当年不解看《齐物》,气涌如山谁见怜?"这位姜司马,虽不详其人,但从此诗可知,他也是一位因"少年高论苦峥嵘"而终身不得志的人物。他"七岁立谈明主前",比十九岁进士及第的苏辙,更加少年得志;"晚节"还在担任司马,弄渔舟于江湖之上,比苏辙也更倒霉。据《城东父老传》载,贾昌少年时候以斗鸡取悦于唐玄宗,被玄宗召为鸡坊小儿长。姜司马不懂得以斗鸡取媚于皇上,并因此而长期沉沦下僚。但塞翁失马,焉知非福?由此可知他贤于常人。这种不懂得齐万物,等是非,气涌如山,定要争个你输我赢的人物是没有人喜欢的。苏辙显然从姜司马身上看到了自己的影子,咏姜也是咏自己。

"老学寒蝉不复声"——这是从"得罪南来正坐言"必然得出的结论,也是现实迫使他不得不如此。他在《中秋对月寄子瞻》诗中说:"坐隅鹏鸟不须问,墙外蝮蛇犹足怕。娄公见唾行自干,冯老尚多谁定骂?"鹏鸟乃不祥之鸟,据《史记·贾生列传》载,贾谊因受排挤,出为长沙王太傅,有鹏鸟飞入贾生舍,"止于坐隅"。所引前两句表明,他清醒地认识到贬官筠州未必是此案的最后了结,政敌还会继续迫害他。而罢权筠州学官事,也说明他的担心并非多余。娄公,指娄师德(630—699),字宗仁,唐郑州原武(今河南原阳)人。他器量宽厚,喜怒不形于色,出将入相三十余年。其弟除代州刺史,娄师德说:"宠荣以极,人所嫉也,将何以自免?"其弟回答道:"自今虽有人唾某面,某拭之而已。"娄师德认为这样"适逆其意",主张不要拭,"止使自干耳"。畏祸到这种程度,也够可悲了。冯老,指冯道(882—954),字可道,五代瀛州景城(今河北沧州西北)人,历仕四姓十君,在相位二十余年,亡国丧君,他根本不当回事,自号长乐老。苏辙说他要像娄师德那样避祸,冯道那样毫无原则的人还多得很,未必一定会为人所唾骂。这当然只是苏辙的愤慨话。他虽然深信"安心已近道,闭口岂非贤"(《次韵孔平仲著作见寄》);他虽然真诚地希望能像汉朝南昌尉梅福那样,不再上书言事而去九江学仙:"梅翁汉朝南昌尉,手摩龙鳞言世事。一朝拂衣去不还,身骑白鳞翳红鸾"(《寄梅仙观杨智远道士》),但他实际上又做不到这一点。他所能做到的恰恰相反:"确然金石心,不畏蚊蚋触"(《次韵孔平仲著作见寄》);"高节不知尘土辱,坚姿试待雪霜霈"(《筠州酒务庭中竹杉》)。他真正渴望的仍然是斩猛兽,收长鲸,一清天宇:"紫气飞空不自谋,谁怜黾勉匣中留?西山猛兽横行甚,北海长鲸何日收?"(《次韵吕君丰城宝气亭》)

苏辙在筠州期间结识了新喻县的吴厚,他"志学而工诗",曾冒雨来筠州

第十四章 "微官终日守糟缸"

同苏辙论诗："骚人思苦骨岩岩，百里携诗相就谈。故作微词挑迁客，不嫌春雨湿衣衫。"他隐居不仕，家有山林之乐，苏辙对他十分羡慕："久欲归田计未成，羡君负郭足为生。躬耕不用千钟禄，高卧谁知万里征？"(《次韵吴厚秀才见赠》)苏辙曾去新喻回访过他，有《游吴氏园》诗，平时也有书信往还："久恐交亲还往绝，床头犹喜数行书。"(《次韵吴厚秀才见寄》)他家建有浩然堂，并向苏辙请教何谓浩然。苏辙回答他说：

> 古之君子平居以养其心，足乎内而无待乎外，其中潢漾与天地相终始。止则物莫之测，行则物莫之御。富贵不能淫，贫贱不能忧，行乎夷狄患难而不屈，临乎生死得失而不惧，盖亦未有不浩然者也。(《吴氏浩然堂记》)

这才是苏辙对待祸患的真实态度，就是要"我善养吾浩然之气"，有了这种浩然正气，就能做到"不为易勇，不为险怯"，不为贫贱、患难、生死、得失所动。

清河张梦得贬官黄州，建亭以览江山之胜，苏轼命名为快哉亭。苏辙说，快哉亭之所以为快，既不在于长江、西山之景"得玩于几席之上"，也不在于这里有赤壁之战的流风遗迹"足以称快世俗"，更不在于楚襄王所谓的"快哉此风"之快，而在于张梦得不患得患失，故能无所不快。他在《黄州快哉亭记》中写道：

> 士生于世，使其中不自得，将何往而非病？使其中坦然，不以物伤性，将何适而非快？今张君不以谪为患，窃会计之余功而自放山水之间，此其中宜有以过人者，将蓬户瓮牖无所不快，而况乎濯长江之清流，揖西山之白云，穷耳目之胜以自适也哉！

"不以物伤性""不以谪为患"，这自然是对张梦得的赞美，但也是苏辙的夫子自道。

苏辙在筠州实际上同时存在这两种相互矛盾的思想，既有忧谗畏讥的一面，又有"不屈""不惧"的一面，而后者才是他的思想的本质。因此，即使在筠州他也仍在讥刺变法，除《上高县学记》所指责的"废礼而任法"外，《光州开元寺重修大殿记》所说的"古之循吏因民而施政"，"非其强民也"，"强民"二字显然也是针对变法派说的。特别值得一提的是他在筠州竟写下了《牛尾狸》这样辛辣的讥时之作：

> 首如狸，尾如牛，攀条捷险如猱猴。
> 橘柚为浆栗为馔，筋肉不足惟膏油。
> 深居简出善自谋，寻踪发窟并执囚。
> 蓄租分散身为羞，松薪瓦甑蒸浮浮。
> 压入糟盎肥欲流，熊肪羊酪真比俦。
> 引箸将举讯何由，无功窃食人所仇！

前五句写牛尾狸的外形和它的贪婪盗食；中六句写牛尾狸虽然狡诈，但仍被执、被蒸、被人所食。最后两句点明了全诗主旨，而"深居简出""无功窃食"正是对社会上某些人绝妙绝肖的画像。上举数例均说明，他虽然想"老学寒蝉不复声"，但往往仍如丰城之剑，"紫气飞空不自谋"。

"目断家山空记路"——苏辙因仕途失意，一直思归故乡。现在贬谪筠州期间，思乡之情更加强烈。或因食茅栗而想到"故国霜蓬如碗大"（《次韵王适食茅栗》）；或因筠州气候与故乡近似（"晓来霏雾连江气，冬后温风带岭南"），而发出"去国屡成归蜀梦，忘忧唯有对公酹。终身徇禄知何益，投檄归耕贫未堪"（《和毛君新葺囷庵、船斋》）的感慨；或因他人致仕而动思归之念"不才似我真当去，零落衡茅隔雍岐"（《次韵毛君将归》），"河阳罢后成南圃，彭泽归来卧北窗。……因君遗我添归兴，旧有茅茨濯锦江"（《寄题江渙长官南园茅斋》）；或因春光明媚而生思乡之情："江南留滞归何日，万里逢春思故乡"（《次韵王适元日并示曹焕》），"老罢逢春无乐事，梦回孤枕有乡情"（《次韵五适上元夜》）。但他身为"罪人"，行动没有自由，"南迁无计脱簪组"（《次韵子瞻留别》）。他只希望早点结束贬谪生活，得归故里："徂年慕桑梓，

第十四章 "微官终日守糟缸"

归念寄鸿鹄。但愿洗余忿,躬耕江一曲"(《次韵孔平仲著作见寄》),"何时解网听归去,黄花白酒疏篱间!"(《披仙亭晚饮》)

"手披禅册渐忘情"——苏辙兄弟从少年时代起,除主要研读儒家典籍外,就已开始接触佛、道著作。从任陈州教授开始,苏辙又注意研究道家的养生之术。他对佛学的研究比苏轼还要精深,以至于苏轼的好友辨才法师去世,杭人托苏轼作墓碑,苏轼都转请苏辙代作(《龙井辩才法师塔碑》)。但苏辙同僧道的广泛交往却比苏轼晚。苏轼与僧道广泛交游开始于通判杭州时,苏辙开始于贬官筠州期间。这是因为筠州自来是佛、道流传很广的地方,佛刹道观、和尚道士很多。自东晋道士许逊与其徒十二人散居此地,以其术救民疾苦以来,这里的道士就比邻近州郡多得多,即使妇人孺子也喜着道士服装。佛教也是一样,唐朝禅宗六代祖师慧能以佛法化岭南,其再传弟子马祖兴于江西,以禅名精舍者多达二十四处。其次,苏辙在筠州广交僧道,也与他的特殊经历有关。他说:"余既少而多病,壮而多难,行年四十有二而视听衰耗,志气消竭。夫多病,则与学道者宜;多难,则与学禅者宜。既与其徒出入相从,于是吐故纳新,引挽屈伸,而病以少安;照了诸妄,还复本性,而忧以自去。洒然不知网罟之在前,与桎梏之在身,孰知乎险远之不为吾安,而流徙之不为予幸也哉!"(《筠州圣寿院法堂记》)也就是说他通过向道士学"吐故纳新"的养生之术以疗疾病,通过向寺僧学佛教精义以忘忧患,以达到"是非荣辱不接于心"(《庐山栖贤寺记》)的境界。

苏辙在《送琳长老还大明山》诗中回忆说:"身老与世疏,但有世外缘。五年客江西,扫轨谢往还。依依二三老,示我马祖禅。身心忽明旷,不受尘垢缠。"所谓"二三老"是指经常往来的二三寺僧。苏辙在筠州所结识的寺僧,有名可考者近二十人。圣寿寺长老聪禅师,本王氏子,绵竹(今属四川)人,是苏辙的同乡。他幼师剑门慈云寺海亮禅师,后至吴越得法于净慈寺大本禅师。他在筠州先后住持真如、开善、圣寿三寺。苏辙贬筠州曾向他问道,他回答说:"吾师本公未尝以道告人,皆听其自悟。今吾亦无以告子,子从不告门,久而入道。"苏辙也似乎悟出了"道不可告,告即不得。以不告告,是真告敕"的道理(《筠州聪禅师得法颂》,参见《筠州圣寿院法堂记》《逍遥聪禅师塔碑》)。圣寿寺离筠州盐酒务很近，苏辙晨入暮出都要经过圣寿寺，加之又是同乡，因此，他与聪禅师的接触最为频繁："朝来卖酒高安市，日暮归为江北人。禅老未嫌参请数，渔舟空怪往来频。每惭饭菜分斋钵，时乞香泉洗病身。世味渐消婚嫁了，幅巾缁褐许相亲"(《过圣寿院访聪长老》)；"五年依止白莲社，百度追寻丈室游。睡待磨茶长展转，病蒙煎药久迟留"(《回寄圣寿聪老》)。

石台长老问公姓吴，成都人，苏辙"来高安，以乡人相好"(《赠石台问长老二绝并序》)。庐山景福长老顺公不但是乡人，而且是世交。庆历七年（1047）苏洵游庐山，顺公曾与苏洵游，苏辙贬筠州，顺公又不远百里来访："屈指江西老，多言剑外人。身心已无著，乡党漫相亲。窜逐知何取，周旋意甚真。"(《赠景福顺长老》)洞山克文禅师，幼学儒家典籍，后出家为僧，说法于高安诸山，晚居洞山。苏辙贬高安，他们一见如旧相识(《洞山长老语录叙》)。苏辙有《约洞山文老夜谈》诗："问公胜法须时见，要我清谈有夜闲。今夕客房应不睡，欲随明月到林间。"可见他们常常谈至深夜。黄檗山的道全禅师，姓王，洛阳人，生不食荤，十九岁为僧。苏辙谪筠州，全禅师对他说："君静而惠，可以学道。"(《全禅师塔铭》)文、全二师曾一起来高安访苏辙，说法论道："江南气暖冬未回，北风吹雪真快哉。雪中访我二大士，试问雪从何处来？君不见六月赤日起冰雹，又不见腊月幽谷寒花开。纷然变化一弹指，不妨明镜无纤埃。"(《雪中洞山、黄檗二禅师相访》)此外，苏辙与医僧鉴清、善正也往来甚密："老怯江边瘴疠乡、城东时喜到公房"(《赠医僧善正》)；并曾向三局能师卜问自己的未来："旅食江干秋复春，归耕未遂不胜贫。凭师细考何年月，可买山田养病身？"(《赠三局能师二绝》)

苏辙在筠州交往的道士，有名可考者六七人。方子明道人住在圣寿寺附近，苏辙同他也几乎是旦暮相见。此人除精通道家的养生术外，对佛学也颇有研究："调心开《贝叶（经）》，救病读《难经》"；"禅关敲每应，丹诀问无经。赠我圭刀药，年来发变星"(《题方子明道人东窗》)。他曾向苏辙传授过炼金术，是否有验，苏辙未说（自然不会有验），但"子言旧事净慈师，未断有为非净慈"，却深深触动了苏辙(《赠方子明道人》)。苏辙还曾向牢山道士

第十四章 "微官终日守糟缸"

陈璞问养生术，陈璞未作回答，只是说三年之后当再见："养生尤复要功圆，溜滴南溪石自穿。近见牢山陈道士，微言约我更三年。"养生不但"要功圆"，要有必要的时间；而且更要钱，炼丹没有巨款是不行的。苏辙在《送杨腾山人》诗中感慨道："胸中万卷书，不如一囊钱。……一穷百不遂，此事终无缘。君看抱朴子，共推古神仙。无钱买丹砂，遗恨盈尘编。归去守茅屋，道成要有年！"

"功名久已知前错"——由于仕途失意，特别是贬官筠州，苏辙非常后悔外出做官。他在同苏轼回忆往事时说："少年耽世味，徘徊不能去。老来悟前非，尚愧昔游处。……学成竟无用，掩卷空自疑。却寻故山友，重赴幽居期。"（《次韵子瞻感旧见寄》）苏辙从自身经历中深深感到官场斗争太激烈了："共居天地中，大类一间屋。推排出高下，何异车转毂？"世间万物有一利必有一弊，做官虽可得点俸禄，但却隐藏着祸患。而自己过去不完全懂得这种祸福相倚的道理："死生本昼夜，祸福固倚伏。谁令尘垢昏，浪与纷华逐。譬如薪中火，外照不自烛。"自己本来不是做官的材料却要出来做官（"钓鱼无术漫临溪"），比起出世之士来，他深感惭愧："可怜山林姿，自缚升斗禄。君看出世士，肯屑世间福？宁从市井游，与众同碌碌。不愿束冠裳，腰金佩鸣玉。"（《次韵孔平仲著作见寄》）苏辙还经常以自己的痛苦教训告诫晚辈。他对落第将归的侄子安节说："谪官似我归无计，落第怜渠有屈声。……归去且安南巷乐，莫看歌舞醉长檠。"（《次韵子瞻与安节夜坐》）侄子为落第叫屈，他却为及第后悔；侄子羡慕官场的豪华生活，自己却思归南巷而不可得。他的女婿王适正为应试而苦读，他不禁想到自己也曾有这种经历，而一旦进入官场，所读之书却毫无用处："斯文旧家物，早岁夙从事。一从慕膻腥，中弃如弊屣。"他以"膻腥"喻做官，充分说明他对为官的厌恶。"人生无百年，所欲知有几？悬知未必得，奔走若趋势。微言寄翰墨，开卷入心耳。胡为弃不收，所逐在难觊？"人生是有限的，所追求的目标又很难实现，为什么不以读书自悦，而要通过读书追逐那难以实现的目标呢？在王适赴试时，他又对他说："干时岂为升斗禄，闻道应忘宠辱惊。……决科事毕知君喜，俗学消磨意自清。"（《次韵王适留别》）他把为应试读书称做"俗学"，也表现了他对此的轻蔑。

"婚嫁犹须毕此生"——苏辙既然如此后悔出仕,为什么不辞官呢?这除了自己是"罪人",不得辞官以外,还因为"投檄归耕贫未堪"(《和毛君新葺囷庵、船斋》),辞官之后一大家人将生活无着,三男六女的婚姻大事更无法解决:"治生非所长,儿女惊满屋。……因缘罣罪罟,未许即潜伏。"(《次韵孔平仲著作见寄》)苏辙除以文务光、王适为婿外,在筠州期间,由于李公择和苏轼的撮合,又以光州知州曹九章(演甫)之子曹焕为婿。苏辙曾为曹九章作《光州开元寺重修大殿记》,又有《次韵王适元日,并示曹焕》《同王适、曹焕游清居院,步还所居》诗。后来他在《祭曹演甫朝议文》中说:"逮伯(苏轼)迁黄,公在浮光(即光州)。山联川通,可跂而望。有馈豚羔,报之醪浆。始于朋友,求我婚姻。数岁之间,相与抱孙。"

"家世读书难便废,漫留案上铁灯檠"——苏辙立功既无望,于是开始把自己的注意力放在立言上:"作官又迂疏,不望载朱毂。……空余读书病,日与古人逐。"苏轼在黄州开始写《易传》《书传》和《论语说》,苏辙在筠州也开始了《诗传》《春秋传》《老子解》《古史》的著述。苏辙《颍滨遗老传》说:"谪监筠州盐酒税,五年不得调。平生好读《诗》《春秋》,病先儒多失其旨,欲更为之传。老子书与佛法大类而世不知,亦欲为之注。司马迁作《史记》,记五帝三代,不务推本《诗》《书》《春秋》,而以世俗杂说乱之,记战国事多断缺不完,欲更为《古史》。功未及究,移知歙(州)绩溪。"

苏辙兄弟贬谪筠、黄的五年,是他们文学创作的丰收季节,而在诗歌创作方面,苏辙的收获比苏轼还大。苏轼一生存诗近二千八百首,平均每年存诗七十首。苏辙一生存诗一千七百余首,平均每年存诗数仅为苏轼的一半。苏轼在赴黄州贬所途中仅存诗十六首,而苏辙赴筠途中存诗五十五首,是苏轼的3.6倍。苏轼赴黄途中诗加上黄州所作诗共一百七十一首,平均每年存诗三十七首,低于一生年存诗数将近一半;苏辙赴筠途中诗加上筠州所作诗共二百七十首,平均每年存诗六十七首,高于一生年存诗数将近一倍,也比苏轼同期年存诗数多将近一倍。以上数字说明,仅从数量方面看,苏轼贬黄期间,其诗歌创作是低潮;而苏辙贬筠时期,其诗歌创作却是高潮。当然不能仅从数量上看,苏轼在黄州虽然作诗较少,却写下了《定惠院海棠》这样

第十四章 "微官终日守糟缸"

的千古名篇。苏辙贬官筠州期间所作诗，无论从思想深度和艺术水平看，也是他一生写得最好的诗章。诗穷而后工，前面所举诗篇已够说明这个问题，这里再举他两首咏物诗来看看吧。一是《次韵王适新燕》：

> 好雨纤纤润客衣，新来双燕力犹微。
> 似嫌春早无人见，故待帘开掠地飞。
> 南国花期知不远，中原寒剧未应归。
> 养雏不怕巢成早，记取朝朝为启扉。

前四句写乍暖还寒的初春，双燕过早南来寻找筑巢之屋，而"似嫌""故待"四字更把双燕拟人化了。五、六句是对双燕的劝慰之词，结尾二句更表现了他对双燕的体贴、怜爱。全诗似无寓意，而"中原寒剧未应归"又似有寓意，诗旨深微，耐人寻味。二是《茶花二首》之二：

> 细嚼花须味亦长，新芽一粟叶间藏。
> 稍经腊雪侵肌瘦，旋得春雷发地狂。
> 开落空山谁比数，蒸烹来岁最先尝。
> 枝枯叶硬天真在，踏遍牛羊未改香。

前六句写出了初春茶花由"新芽一粒"到蓬勃开放的过程，末联写茶花无论腊雪摧残还是牛羊践踏而仍不改其香，分明是苏辙在借以自况。

他的散文成就也以贬官筠州期间为最突出。苏辙今存各种杂记共三十五篇，而作于此时的竟达十二篇，占一生所作杂记的三分之一强。他的散文名作如《庐山栖贤寺记》《东轩记》《武昌九曲亭记》《黄州快哉亭记》都作于筠州，或状难状之景，或抒抑郁之怀，都能给人以很高的艺术享受。

第十五章 "行年五十治丘民"
——歙州绩溪令

在苏轼自黄移汝后不久,有消息说苏辙将移官真州(今江苏仪征)、扬州(今属江苏)一带:"数间茅屋久蹉跎,四见秋风入薜萝。……此去仍家江海上,不妨一叶弄清波。"(《留滞高安四年有余,忽得信当除官真、扬间,偶成小诗,书于屋壁》)不知何故,后来苏辙并未除官真、扬间,而于元丰七年(1084)九月被命为歙州绩溪(今属安徽)令:"坐看酒垆今五年,恩移岩邑稍西边。"(《将移绩溪令》)

直至年终他才离筠州赴绩溪:"宦游欲学林间鹊,每到新年旋叠巢。"(《乘小舟出筠江》)舟行至南昌(今属江西),苏辙参观了徐孺亭和滕王阁,均有诗。徐孺亭是为纪念东汉徐稚而建的亭子。徐稚已看出东汉王朝有如"大树将颠,非一绳所维",故隐居不仕。陈蕃虽礼遇徐稚,但处世态度与徐根本不同,他是一位欲挽狂澜于既倒的人物,直言敢谏,反对宦官专权,结果被宦官所杀。苏辙在《徐孺亭》诗中比较了他们两人不同的立场和结局,他说:"徐君郁郁涧底松,陈君落落堂上栋。涧深松茂不遭伐,堂毁栋折伤其躬。"两人性格如此不同,似乎无法相处。但君子正是和而不同,与逐利小人有根本区别:"二人出处势不合,譬如日月行西东。朝为宾主两相好,一榻挂壁生清风。人生遇合何必同,一朝利尽更相攻。"苏辙认为直言敢谏与高蹈远隐这两种人都值得尊敬,而徐孺亭却只有徐稚画像而无陈蕃画像;他认为应该合祀:"比干谏死微子去(比干,殷纣王叔父,官少师,因屡谏纣王,被剖心而死。微子,殷纣王庶兄,数谏纣王,不听,遂离去),自古不辨污与隆。……二人皆合配社稷,胡不相对祠堂中?"苏辙因自身教训,对徐稚、微子的洁身自好是理解的;但在他内心深处,却对陈蕃、比干的杀身成仁充满了尊敬。这就是他虽然因言得罪，而元祐年间回到朝廷，其锐气仍不减当年的思想基础。

南昌西的新建县有徐铉坟。徐铉，字鼎臣，扬州广陵人，历仕南唐三主，也是一位直言敢谏、临危不惧的人物。苏辙经过徐铉坟时，已荒芜不治，民间甚至伐其林木以治屋宇。苏辙认为："公之大节落落如此，虽使千载之后，犹当推求遗迹，以劝后来。今殁未百年，弃而不录，仁人君子岂其然哉！"因此，他主张要修缮其坟，"使孤魂遗魄不至侵暴，祭祀稍存，采樵不犯，不惟南方士人拭目倾心，将天下义士知有所劝"（《上洪州孔大夫论徐常侍坟书》）。

除夜，苏辙泊舟彭蠡湖（今江西鄱阳湖），遇上特大风雪。他在《除夜泊彭蠡湖，遇大风雪》诗中，生动形象地描述了这场风雪。他先写风雪来前的征兆："微风吹人衣，雾绕庐山首。舟人释篙笑，此是风伯候。"接着又以连珠炮式的比喻写风雪之大："晴空转车毂，渌水起冈阜。……初疑丘山裂，复恐蛟蜃斗。鼓钟相轰隆，戈甲互磨叩。云霓黑旗展，林木万弩彀。"——此写风。"纻缟铺前洲，琼瑰逐远岫。山川莽同色，高下齐一覆。"——此写雪。而风过雪停又是一翻景色："朝来阴云剥，林表红日漏。风稜恬已收，江练平不绉。两桨舞夷犹（从容貌），连峰吐奇秀。"此外，《舟中风雪五绝》的"晓风起浪作银山，夜雪作妍布玉田"，《复赋河冰四绝》的回忆"似胜去年彭蠡口，雪封庐岳浪翻湖"，也以写景状物见长。舟至池州（今安徽贵池）时，再次为风所阻，苏辙发出了"江神欺我贫，屡作风雨碍"的感慨（《池阳阻风》）。

过庐山，苏辙再次登览："当年五月访庐山，山翠溪声寝食间。藤杖复随春色到，寒泉顿与客心闲。"（《再游庐山三首》）寒食前过宣城（今属安徽），他与知州侯利建同登叠嶂楼、双溪阁："名都便欲过，佳处赖公指。仰攀叠嶂高，俯阅双溪美。不悟身乘空，但觉风过耳。"（《次韵侯宣城叠嶂楼、双溪阁长编》）苏辙游宣城已近寒食节（"春阴迫寒食"），到达绩溪已在清明节以后了。

苏辙《初到绩溪》诗写道：

> 行年五十治丘民，初学催科愧庙神。
> 无限青山不容隐，却看黄卷自怜贫。
> 雨余岭上云披絮，石浅溪头水㔉鳞。
> 指点县城如手大，门前五柳正摇春。

这又是一篇感慨很深的诗。苏辙当时四十七岁，从进士及第到现在，已二十八年；从制科入等到现在已二十四年；从第一次出任大名府推官到现在已二十年。在同一时期，苏轼虽不得志，但已三典名郡（密州、徐州、湖州），是地方长官；而苏辙连一任地方长官都没有做过，现在才第一次担任县令，而且仅仅是一"县城如手大"的山区小邑的县令，比知州的地位低得多。所谓"结发学问，今始为邑"（《谒孔子庙文》），够不得志了。

苏辙在绩溪的半年还算风调雨顺、民事不多："蒙神之休，雨旸以时。稼穑大熟，赋役毕具，狱讼衰少。"但是，到绩溪不久，家里不少人都病倒了："寒热为虐，下逮儿女。更相播染，卧者过半。"（《祭灵惠汪公文》）特别是他自己，在官仅半年，就有将近两个月在生病；绩溪任上存诗三十四首，就有十三首诗专写或言及他的病。他说他贬官筠州五年身体很好："五年窜南荒，顽质不伏病。吸清吐浊秽，气练骨髓劲。"现在恩移绩溪，由于寒热相攻，反大病一场："国恩念流落，牵挽界邻境。……肝脾得寒热，冰炭迫晨暝"（《答王定国问疾》）；"一经寒热攻骸骨，正似兵戎过室庐"（《病后》）。由于僻远山区，医治不得法，几乎有性命之忧，他已经在立遗嘱了："俚医固空疏，蛮觋剧粗猛。老妻但坐哭，遗语未肯听。长子亦在床，一卧昏不醒。"（《答王定国问疾》）最后他还是靠安心静养逐渐转危为安："药乱曾何补，心安当自除"；"委顺一无损，力争徒自伤"（《复病》）；"此间本净何须洗，是病皆空岂有方"（《病退》）。病虽渐愈，但由于病得过重，拖的时间过长，身体非常虚弱："枯木自少叶，不堪经晓霜。病添衰发白，梳落细丝长。筋力从凋朽，肝心罢激昂。势如秋后雨，一度一凄凉。"（《病后白发》）他衰弱得来拄着拐杖都站不稳，朋友来看望他，他连说话都很困难："我适病寒热，气力才绵绵。空斋默相问，欲语不能宣。……空有维摩病，愧无维摩言。"（《送琳长老还大明山》）

他因病不能理政,觉得本该辞官;但为全家生活所迫,又不能辞官:"一病五十日,复尔当解官。不才归亦乐,无食去犹难。"(《复病》)因此,他的病略好一点,又"簿书勉复亲"了。

苏辙在绩溪任上至少为人民做了一件好事,就是推迟搜括民马。当时朝廷有旨,要江南诸县买战马给广西。江东自来缺马,每县不过有十余匹。而诸县搜刮民马,官吏乘机敲诈勒索,"有马之家,为之骚然"。苏辙对县尉郭愿说:"事忌太急,徐为之备可也。"他所说的"徐为之备"就是通过马簿、卖马商人和保正副了解本县存马情况,并对诸乡保正副说:"买马事止此矣。广西取马者至郡,则马出;若不至,则已矣。"结果广西买马者并未至,绩溪也就备而未办,避免了对民间的骚扰。

苏辙初到绩溪,神宗皇帝就去世了。他在《神宗皇帝挽词》中回忆了神宗熙宁初年对他的召见:"取士忘疏贱,量书废寝兴。刍言(野人之言,自谦之词)本何益,玉殿最先登。"可惜从此无缘再见神宗了:"日角依希想,尧言涕泗称。龙髯远莫及,零泪冻成冰。"神宗去世后,年仅十岁的哲宗继位,一直反对新法的高太后临朝听政("统接神孙正,人依圣母安"),政局发生了很大变化。当年因反对新法而被迫离开朝廷的人陆续被召还朝,苏辙兄弟亦在其中。元丰八年(1085)八月苏辙被命为秘书省校书郎:"读书犹记少年狂,万卷纵横晒腹囊。奔走半生头欲白,今年始得校书郎!"(《初闻得校书郎示同官》)"东观校书非老事,眼昏那复竞铅朱?"(《辞灵惠庙》)这些诗句表明,苏辙对此并不怎么高兴。他当时可能还未看出,校书郎虽然仍不过是九品小官,却是他被重用的征兆。

苏辙原准备自宣城入长江北行赴京,但苏轼写信给苏辙说:"不如道歙溪,过钱塘,一观老兄遗迹。"(《寄龙井辩才法师》)苏辙采纳了苏轼的意见,决定绕道杭州赴京。他在辞别绩溪时,深以没有为当地百姓多做好事为愧:"来时稻叶针锋细,去日黄花黍粒粗。久病终惭多敝政,丰年犹喜慰耕夫"(《辞灵惠庙》);"百家小邑万重山,惭愧斯民爱长官"(《初闻得校书郎示同官》)。绩溪百姓对苏辙确实是热爱的,他在绩溪虽仅半年,后来却建祠纪念他。

舟过歙县，他作有《歙县岁寒堂》诗："槛外甘棠锦绣屏，长松何者擅亭名？浮花过眼无多日，劲节凌寒尽此生。"这里的甘棠美如锦绣，为什么却以岁寒（松）名堂？这是因为甘棠也只不过是过眼浮花，而长松却"劲节凌寒"。"劲节凌寒尽此生"，简直是苏辙兄弟一生的写照。在经过浙江桐庐南面的严陵滩时，他本想要游览严光（字子陵，东汉隐士）的钓鱼台，但舟人夜间放船，及至天明已到桐庐。他东望桐君山，缥缈可爱，遂乘小舟观览："严公钓濑不容看，犹喜桐君有故山。"（《舟过严陵滩》）

杭州是苏轼当年担任通判的地方："昔年苏夫子，杖屦无不之。三百六十寺，处处题清诗。麋鹿尽相识，况乃比丘师（和尚）！"（《偶游大愚》）苏辙来到这里，游哥哥所游之地，访哥哥所交之友。他观看了钱塘江的海潮："潮来海若一长呼，潮去萧条一吸余。初见千艘委泥土，忽浮万斛溯空虚"；"疋练萦回出海门，黄泥先变碧波浑。初来似欲倾沧海，正满真能倒百源"（《溯潮》）；游了西湖："山色青冥叶未红，湖光凝碧晓无风"；登天竺山，遍观苏轼墨迹："我兄教我过东吴，遗墨山间无处无。"他本想去南山访辩才禅师，但因担心吴中水涸，北行误期，只好割爱："行穷上下两天竺，望断南山龙井龙。"（《寄龙井辩才法师》）苏轼当年一到杭州，就去孤山访问诗僧惠勤、惠思。苏辙后来也在京城见过惠思，这次来杭，惠思已经还俗，"昔日高僧今白衣，人生变化定难知。故人相见不相识，空怪解吟无本诗"（《张惕山人即昔所谓惠思师》）。处士王复喜与士大夫游，颇善接花艺果，尤精医术，期于救人而不至于利，筑亭于候潮门外，苏轼命名为种德亭。苏轼作《王复秀才所居双桧》诗，其中的"根到九泉无曲处，世间唯有蛰龙知"，是苏轼被捕入狱的主要罪名之一。苏辙在杭州，特地去访问了王复。王复虽然还珍藏着苏轼墨迹，但种德亭却因贫易主了："候潮门外王居士，平昔交游遍海涯。本种杉松为老计，晚将亭榭付邻家。为生有道终安隐，好事来游空叹嗟。犹有东坡旧诗卷，忻然对客展龙蛇。"（《赠王复处士》）尤其令人伤感的是与苏辙同应制科试、同入等的王介已经作古了："坟木未须惊已拱，少年我亦作衰翁。"（《过王介同年墓》）诗僧惠思还俗，处士王复卖去种德亭，同年王介之死，都使苏辙发出了"人生变化定难知"的感慨。

第十五章 "行年五十治丘民"

苏辙北上路线几乎与五年前赴筠州贬所南下的路线相同，也是苏轼多次所走的路线："昔游有遗咏，枯墨存高甍。……试问东坡翁，毕老几此行？"（《和子瞻斗野亭见寄》）所不同的是，前次是夏天南下，这次却是隆冬北上。不止寒风刺骨（"日西阴风作，夜半流澌至。悄然孤寂枕，觉此凝洌气。……平明发窗扉，吏卒殭未起"），而且河水封冻，船行艰难。他感叹自己一生总是这样倒霉，愿望总不能实现，老天爷总是同他作对："舟行多艰虞，与我平日类。"（《河冰》）"阴阳有定数，开塞亦常理。穷冬治舟行，嗟此岂天意？""客心凛凛怯寒冰，拥褐无言夜漏深。河伯似知归意速，风号西北故相禁。"（《复赋河冰》）

第十六章 "谏草未成眠未稳"
——青云直上

元丰八年（1085）五月，苏轼起知登州，十月十五日到任，到官五日就被召还朝任礼部郎中，十二月到京供职，仅半个月又升为起居舍人。苏辙于元祐元年（1086）二月到京，未及国门，改右司谏。自熙宁二年（1069）八月苏辙罢三司条例司检详文字以来，他们兄弟第一次同时在朝任职。苏辙在《后省（指中书省）初成直宿呈子瞻》诗中写道：

> 披垣初罢斧斤响，栋宇犹闻松桂香。
> 江海暂来俱野客，云霄并直愧华堂。
> 月明似与人烟远，风细微闻禁漏长。
> 谏草未成眠未稳，始知天上极清凉。

据《宋史·职官志》，苏轼所任起居舍人和苏辙所任右司谏均是中书省所设官，故有"华堂""禁漏"等语。禁中虽清寂，似乎远离尘世，但作为言事官的自己却夜不能寐，正为匡扶时政而苦苦思索。

"谏草未成眠未稳"，这完全是写实。苏辙在元祐元年二月至十一月担任右司谏期间共上奏章七十四篇（苏轼同期所上奏章为二十篇），这已足够说明他十分忠于职守。这些奏章几乎涉及当时所有重大的政治问题，多数均被采纳施行，对元祐之政起了重大作用。

苏辙主张严惩推行新法的朝廷大臣，而对执行新法的小臣给以改过自新的机会。苏辙回朝时，神宗去世已快一年。在这期间，"罢导洛，废市易，损青苗，止助役，宽保甲，免买马，放修城池之役，复茶盐铁之旧，黜吴居厚、

第十六章 "谏草未成眠未稳"

吕孝廉、宋用臣、贾青、王子京、张诚一、吕嘉问、蹇周辅等,命令所至,细民鼓舞相贺"。但是,当时的宰辅虽起用了司马光、吕公著,但旧相蔡确、韩缜、枢密使章惇皆在位。苏辙认为新法造成"民力凋弊,海内愁怨",大臣小臣"均皆有罪":"大臣蔽塞聪明,逢君之恶";"小臣贪冒荣利,奔竞无耻"。但是"大臣以任重责重,小臣以任轻责轻",而现在"朝廷既已罢黜小臣,至于大臣则因而任之"。苏辙主张"大臣诚退,则小臣非建议造事之人可一切不治,使得革面从君,竭力自效,以洗前恶"(《乞罢左右仆射蔡确韩缜状》)。在右司谏期间,苏辙八次上书要求责降右仆射韩缜(左仆射蔡确在苏辙上第一状后不久已罢相),三次乞诛窜吕惠卿,并一论章惇,再论安焘,五论蔡京。

韩缜,字玉汝,雍丘(今河南杞县)人,参知政事韩亿之子。亿有八子皆贵显,缜兄韩绛、韩维和他自己皆位至宰相。苏辙兄弟应进士试时,韩绛权礼部贡举,其后他们的友谊甚深。苏辙游嵩洛有《过韩许州石淙庄》诗,称颂韩绛"相君厌纷华,筑室俯湍濑。灌缨离尘垢,洗耳听天籁"。这次还朝,韩绛入京观灯,其门生故吏包括苏辙兄弟多往拜谒,出妓佐酒,盛极一时。不久韩绛去世,苏辙兄弟皆有挽诗。苏辙《韩康公挽诗》说:"师旷闻弦日,相如作赋年。虽惭众人后,贪值主文贤。"这里以春秋时晋国的乐师师旷善识音喻当年知礼部贡举的韩绛善识人才,并以司马相如自喻,对韩绛表示了深深的谢意。苏辙对韩缜的为政为人却不以为然。他指责韩缜为枢密使时"建修城养马之议,迷国误朝与(蔡)确均,而不学无术去确远甚";又指责他与契丹议地界,"举祖宗七百里之地以资寇仇";"河东当日割地与虏,边民数千家坟墓田业皆入异域,驱迫内徙,哭声震天,至今父老痛入骨髓,而沿边险要举以资敌,此乃万世之深患,缜以一死为谢,犹未塞责"。苏辙认为韩缜的为人尤其可鄙,在与契丹议定地界时,竟收受贿赂,不持一钱托令买马,及至事发才说方欲还钱;为官残暴,知秦州日竟以铁裹杖箠杀人,秦人有"宁逢汝虎,莫逢玉汝"之语。苏辙说:"缜之罪恶,未可与确同日而语,当正其罪以告四方。"由于苏辙等人的反复弹劾,韩缜于元祐元年四月罢相,出知颍昌。

如果说韩缜的特点是恋栈，迟迟不辞相位，那么吕惠卿则相反，见司马光等回朝，自知不容于时，就恳求散地，自请为宫观使。苏辙看出吕惠卿乃"奸人之雄，用意不浅，无病而去，有伺隙之心"（《再乞罪吕惠卿状》）。他在《乞诛窜吕惠卿状》中历数吕之过恶："吕惠卿赋性凶邪、罪恶山积。自熙宁以来所为青苗、助役、市易、保甲、簿法（手实法）皆出于惠卿之手"；"兴起大狱，以恐胁士人"；"排击忠良，引用邪党，惠卿之力十居八九"；"自以赃罪被黜，于是力陈边事以中上心"，"西戎无变，妄奏警急，擅领大众涉入虏境"，"自是戎人叛怨，边鄙骚动，河陇困竭，海内疲劳"。而其为人更加阴狠险毒："（王）安石之于惠卿有卵翼之恩，有父师之义。方其求进则胶固为一，更相汲引，以欺朝廷；及其权位既均，势力相轧，反眼相噬，化为仇敌。"以至于"发其私书"，"其一曰无使上知，安石由是得罪。夫惠卿与安石出肺腑，托妻子，平居相结，唯恐不深。故虽欺君之言，见于尺牍，不复疑问。惠卿方其无事，已一一收录，以备缓急之用。一旦争利，遂相抉择，不遗余力，必致死地。此犬彘之所不为，而惠卿为之曾不愧耻"。苏辙主张对这样的人应"略正典刑，纵未以污铁锧，犹当追削官职，投畀四裔"。结果吕惠卿被贬为建宁军节度副使，建州（今福建建瓯）安置。时苏轼任中书舍人，他所草拟的《吕惠卿责授节度副使制》，以高度概括的语言，备载苏辙所举之罪于训词，天下传诵称快，成为一篇有名的制词。

章惇是苏轼任凤翔签判时所结识的好友。在神宗朝他是支持王安石变法的。他们的政治态度虽不同，但仍保持着友谊，时有唱和，在乌台诗案中他曾营救苏轼。元丰年间他官至门下侍郎，哲宗即位后改知枢密院事。他对待元祐更化又是一种态度。当司马光要立即废除免役法，恢复差役法时，他明知司马光的主张有疏略差错，却不加评议，任其施行；既已施行，他才论列可否，与司马光争于殿上，戏侮司马光，二人闹得水火不相容。对于章惇同司马光之间的激烈争吵，苏轼兄弟的态度是不完全相同的。苏轼只是私下劝告章惇说，司马光"时望甚重""不可慢"（《亡兄子瞻墓志铭》）。苏辙却上章要求罢免章惇枢密使之职。他说："差役之利，天下所愿，贤愚共知，行未逾月，四方鼓舞，惇犹巧加智数，力欲破坏。臣窃恐朝廷缓急有边防之事，战

第十六章 "谏草未成眠未稳"

守之机,人命所存,社稷所系,使惇用心一一如此,岂不深误国计!"(《乞罢章惇知枢密院事状》)由于苏辙等人的交章弹劾,章惇被黜知汝州。

新党蔡京对元祐更化的态度比章惇更滑头,他是通过雷厉风行地推行司马光之政来达到破坏其政的目的。司马光秉政,限期五天恢复差役法,同列都认为太紧迫;于是规定若有妨碍,可具利害以闻。知开封府蔡京于五天之内督迫京畿各县全部恢复了差役法,并得到司马光的夸奖:"使人人奉法如君,何不可行之有!"(《宋史·蔡京传》)司马光完全没有看出蔡京"挟邪坏法"的目的,难怪苏辙说他"忠信有余而才智不足"(《亡兄子瞻墓志铭》)。苏辙一眼就看出了蔡京"故意扰民,以坏成法"的目的,他说:"今者方欲推行差役旧法,王畿之政为天下表仪,而使怀私之人窃据首善之地,四方瞻望,何所取法?乞赐指挥先罢京开封府。"(《乞罢蔡京开封府状》)由于台谏官的劾奏,蔡京请求外任。结果蔡京反因人言而获美命,除知真定府(今河北正定)。苏辙继续上章说:"真定,天下重镇,旧来多择久历边任、晓练军政之人,然后除授。今京资任至浅,才力无闻……而宰相特加奖助,授以名藩,意欲以此凌压言事之官,使之不敢复言。"(《乞罢蔡京知真定府状》)当时成都府路转运判官蔡朦因督迫州县恢复差役法,为韩维所劾,即日降职。苏辙说:"蔡京,蔡朦均是奉行役法,用意刻薄,欲以骚扰百姓,败坏良法。而京官在侍从,朝有党人,擢为藩帅;朦以官卑无党,黜为知军。"(《言蔡京知开封府不公事第五状》)自古以来这种"同罪异罚"、明黜暗升的事太多了,苏轼早就说过:"所欲排者,有小不如法而可指以为瑕;所欲与(举)者,虽有所乖戾而可借法以为解。"(《决壅蔽》)人是活的,法是死的,什么违法乱纪的勾当几乎都可披上"合法"的外衣。

苏辙初还朝,执政大臣中既有变法派,也有反变法派。苏辙不仅要求贬逐那些"建议造事"的变法派大臣,而且认为新起用的反变法派大臣司马光、吕公著也不能胜任国事。他说:"门下侍郎司马光、尚书左丞吕公著虽有忧国之志而才不逮心。"(《乞选用执政状》)

在役法问题上苏辙兄弟同司马光首先发生分歧,但他们兄弟在这个问题上的看法也不完全一致。苏轼认为,"差役免役,各有利害","以彼易此,民未必乐";认为"先帝（神宗）本意使民户率出钱专力于农，虽有贪吏猾胥无所施其虐；坊场河渡官自出卖，而以其钱雇募衙前，民不知有仓库纲运破家之祸。此万世之利也，决不可变"（《辨试馆职策问札子》）。苏辙却认为"差役之利，天下所愿，贤愚共知"（《乞罢章惇知枢密院事》）；"差役可行，免役可罢，不待思虑而决"（《论罢免役钱行差役法状》）；"改雇为差，实得当今救弊之要"（《三论差役事状》）。可见苏轼认为免役法不可废，苏辙却认为可废。但他反对司马光限期废除免役法。他说："朝廷自行免役至今仅二十年，官私久已习惯，今初行差役，不免有少龃龉"；"今中外用事臣僚多因新法进用，既见朝廷革去宿弊，心不自安，必因差役之始，民间小有不便，指以为言，眩惑圣聪，败乱仁政"；而司马光关于恢复差役法的札子也"不免疏略及小有差误"（《论罢免役行差役法状》）。苏辙认为州县役钱皆有余剩，足支数年。他主张以这笔钱继续雇役一年，而于今年之内，催督诸处审议差役，若的确可行，更无弊害，明年再实行差役法。"一则差役条贯既得审详，既行之后，无复人言；二则将已纳役钱，五年雇役，民力舒缓，进退皆便。"（《乞更支役钱雇人一年，候修完差役法状》）苏辙的主张显然是谨慎可行的，于国于民皆有利。但司马光不但不能接受苏轼维持免役法的主张，连苏辙推迟一年施行差役法的意见也不能接受。

苏辙同司马光的又一分歧是关于科举考试的问题。王安石废除诗赋明经各科，专以经义策论取士，并著《三经新义》，颁于学官，作为考试天下之士的标准。苏辙的《东方书生行》对此做了辛辣的讽刺。元祐二年将是大比之年，司马光恢复诗赋取士，苏轼欢欣鼓舞地称其"甚美"（《答张文潜书》），又作《复改科赋》来称美此事。但苏辙比哥哥冷静得多，他虽然不反对司马光恢复诗赋取士，但同样主张推迟一届施行。他说："来年秋赋，自今以往岁月无几。……诗赋虽号小技，而比次声律，用功不浅。至于兼治他经，尤不可轻易要之，来年皆未可施行。"他主张"来年科场一切如旧，但所对经义兼取注疏及诸家议论，或出己见，不专用王氏之学，仍罢律义。令天下举人知有定论，一意为学，以待选试，然后徐议元祐五年以后科举格式，未为晚也"（《言科场事状》）。苏辙这一意见也是稳妥可行的，"众皆以为便，而君实（司

第十六章 "谏草未成眠未稳"

马光）始不悦矣"（《颖滨遗老传》）。

在归还朝廷所占西夏土地的问题上，苏辙同司马光的意见是一致的。神宗朝利用西夏内乱，派兵攻讨，于熙河路增置兰州，于延安路增置米脂等五寨。元祐元年二月西夏遣使入贡，五月又遣使贺哲宗即位，六月复遣使要求归还兰州、米脂等地。朝廷大臣有的主张归还，有的反对归还，议而不决。苏辙认为还与不还，"当论时之可否，理之曲直，算之多寡"。从"时之可否"看，他认为当时神宗新弃天下，哲宗年幼，太后垂帘听政，"利在绥抚，不利征伐"；加之神宗朝连年用兵，"民力困匮，疮痍未复"，也无力用兵。从"理之曲直"看，西夏本无大过而割其地，"曲在朝廷"，"今若固守侵地，惜而不与，负不直之谤，而使关右子弟肝脑涂地，臣恐边人自此有怨叛之志"。从"算之多寡"看，弃守虽各有利弊，但归其侵地，复其岁赐，通其和市，其酋豪即使内怀不顺，亦无以激怒其民；万一不然，用兵之祸不在朝廷，亦足以激发我军士气："彼曲我直，人怀此心，勇气自倍，以攻则取，以守则固。"（《论兰州等地状》）当时有人认为"弃守皆不免用兵"，只是迟速不同而已。苏辙反驳道："圣人应变之机，正在迟速之际。但使事变稍缓，则吾得算已多。……今日之事，主上妙年，母后听断。将帅吏士，恩情未接。交兵之日，谁使效命？"（《再论兰州等地状》）司马光也认为："灵夏之役本由我起，新开数寨皆是彼田，今既许其内附，岂宜靳而不与？"于是决定归其侵地。接着苏辙上了《论西边警备状》，强调要"受降如受敌"，加强战备，决不可"为其通和，稍有废弛"。所还城寨，"须候逐路帅臣处置搬运器甲，抽那兵马，凡百了当，立定期日，然后得令人交割"；要严防西夏"乘我无备，辄肆猖狂"，否则会"取笑四夷，悔不可及"。可见，苏辙考虑问题非常周详。

在青苗法问题上，司马光接受了苏辙的意见。元祐元年八月范纯仁以国用不足，主张继续实行青苗法。司马光说："先朝散青苗，本为利民，并取情愿。后提举官速要见功，务求多散。今禁抑配，则无害也。"苏辙反对说："自古为国止于食租衣税。纵有不足，不过辅以茶盐酒税之征，未闻复用青苗放债取利，与民争锥刀之末以富国强兵者也。"（《三乞罢青苗状》）又说："近日朝廷责降吕惠卿，告命之出，首以青苗为罪，天下传诵，人人称庆。奈何诏墨未干，复蹈其故辙乎？"他针对司马光"禁抑配，则无害"的观点，指出"青苗之法，其所以害人者非特抑配之罪也"。钱一到手，随便花销，倾家荡产；子弟邻里，托名冒领，岁终催督，户主才知；旧欠未纳，请新还旧，官为免责，纵而不问；吏缘为奸，贿赂公行，民间所请，得者无几。苏辙认为能禁抑配，也不能避免以上四害，何况抑配未必能禁。苏轼等人也反对继续实行青苗法，司马光改变了态度，并带病入奏道："是何奸邪劝陛下复行此事？"范纯仁不敢再言，于是诏罢青苗钱。

以上说明苏辙同司马光有意见一致之处，也有不一致的地方；司马光对苏辙的反对意见，有的拒不接受，有的也虚怀若谷地放弃了自己的看法。苏辙虽然认定司马光"不达吏事"，但对其"清德雅望"（《颍滨遗老传》）是很尊敬的。苏辙回朝仅半年多，司马光即因忧劳过度而卒。他的《司马温公挽词四首》充分表现了他对司马光的敬重。其一写司马光历仕仁宗、英宗、神宗三朝："白发三朝旧，青山一布衾。封章留帝所，德泽在人心"；其二写熙宁初年因反对王安石变法而离朝，退居洛阳著《资治通鉴》："决策传贤际，危言变法初。纷纷看往事，一一验遗书"；其三歌颂他在元祐更化中的功绩："区区非为己，恳恳欲亡生。力尽心终在，身亡势亦成。"最后一首是感谢司马光的知遇之恩：

> 少年真狷浅，射策本粗疏。
> 欲广忠言地，先收众弃余。
> 流离见更化，邂逅捧除书。
> 赵孟终知厌，他人恐骂予。

前四句是感谢司马光在他应制科考试时力排众议，使其入等；后四句是感谢司马光现在又把他从贬谪之地召回朝廷。赵孟即赵武，春秋时晋国人，相悼公，以知人闻名，最后两句即以赵孟比司马光。全诗充满了对司马光的感激之情。

苏辙任右司谏期间，对民间疾苦也很关心。关于这方面的奏章，涉及以

第十六章 "谏草未成眠未稳"

下四个问题：一是放积欠。苏辙说："近年贪刻之吏习以成风，上有秋毫之意，则下有丘山之取；上有滂霈之泽，则下有涓滴之施。"由于官吏过分贪刻，民间欠政府之债甚多，而且根本无力偿还。苏辙主张"朝廷捐弃必不可得之债，以收民心"，"资产耗竭，实不能出者，令州县监司保民除放"（《久旱乞放民间积欠状》）。

二是还民田。宋用臣引洛水入清汴，因水源浅小，曾强占民田，储蓄雨水以备清汴乏水之用。苏辙主张所占之地应以官地偿还，无田可还，则应估价还钱（《乞给还京西所占民田状》《再论京西水柜状》）。

三是救灾伤。元祐元年春，淮南久旱，麦苗枯死，民间缺食。苏辙在《乞赈救淮南饥民状》中说："臣窃见顷立义仓，至今已满十年，所聚粮斛，数目甚多。每遇灾伤，未尝支散一粒，民情深所不悦。"他主张先将义仓米支与缺食人家，并将常平米减价出卖。淮南继春夏大旱之后，六月又大雨，淮水泛滥，秋田荡尽，苏辙又上《言淮南水潦状》，要求做好救灾准备。

四是罢榷蜀茶。蜀有榷茶之法始于五代，宋太祖平蜀已罢，宋太宗淳化年间又榷茶，引起王小波、李顺起义，曾被迫允许民间卖茶。后又行茶法，严禁民间私买。陆师闵领茶事，又于成都设都茶场，榷利更多，蜀民益困。苏辙说："自官榷茶以来，以重法胁制，不许私卖，抑勒等第，高秤低估，递年减价。……假令万一蜀中稍有饥馑之灾，民不堪命，起为盗贼，或如淳化之比，臣不知朝廷用兵几何，费钱几何，杀人几何，可得平定？"因此，他主张"朝廷哀怜远民，罢放榷法，令细民自作交易，但收税钱"（《论蜀茶五害状》）。朝廷采纳了他的意见，元祐元年七月罢榷蜀茶。

此外，苏辙在任右司谏期间还主张广开言路（如《论台谏封事留中不行状》）、网罗遗贤（如《乞牵复英州别驾郑侠状》）、合祭天地（如《论明堂神位状》）等等，这里就不一一细说了。从上述可以看出，他的政治主张是独立不倚的，他不避权贵、不别亲疏，敢于同司马光争论，同苏轼的主张也不尽相同。他的意见大都切实可行，他的奏议多数为朝廷所采纳。因此，他在当时的地位虽不高，但对元祐之政却产生了明显的影响。

元祐元年九月苏辙任起居郎。起居郎属门下省，掌记天子言行，在殿侧侍立，出幸则随从，大朝会就与中书省的起居舍人对立于殿下。这一同皇帝很亲近的官职，使他想起了应制科试时第一次见到仁宗，现在却成了仁宗曾孙辈哲宗的侍从："早岁西厢跪直言，起迎天步晚临轩。何知老侍曾孙圣，欲泣龙髯吐复吞。"（《去年冬辙以起居郎入侍迩英》）

十一月苏辙升任中书舍人，时苏轼已任翰林学士、知制诰。中书舍人掌外制，负责撰拟中书、门下的诏敕；翰林学士掌内制，负责撰拟皇帝发出的文诰。苏辙在《辞召试中书舍人状》中说，他"曾未逾年，致身华要"，"昨自县道（绩溪令），召充谏垣（右司谏），旋刁左史，仍兼词命（起居郎）。骈繁宠数，并在一年。臣犹知非，况复公议？""内外两制，素号要途。兄轼顷已擢在禁林，臣今安敢复据西掖？非独畏避讥评，实亦恐惧盈满。"苏辙虽两次上状辞免，但均未被准，只好就任，结果兄弟两人同时分掌内外制。苏辙任中书舍人的一年因无言责，仅上奏议三篇，但却起草了三百四十二篇西掖告词。这些告词是当时的"应用文"，除提供一些朝臣升迁的历史资料外，没有多大文学价值。经过欧阳修的古文革新运动，单行散体的古文已在文坛重新占优势，但朝廷的正式公文一般仍用铿锵整齐的骈文。今举苏辙的《李清臣资政殿学士知河阳告词》，以见其一般形式：

敕：朕维先朝政事之臣，与闻玉几（帝王用具，代指帝王）之言，常奉桥山之礼（指奉帝陵之礼）。助我致治，行将三年（指李清臣任尚书右丞，尚书左丞事）。出纳万微，日以详练。而乃飞章自乞，诚意确然。屡却不回，执志莫夺。止足之惧，黾勉而从。具官某博学洽闻，蚤（早）与直言之对；高文密议，中陪禁苑之游。自登丞辖之司，益著公勤之效。倦于机事，力请近藩。虽大臣体国，不以中外为心；而朝廷任人，常敦始终之分。三城重地（指河阳），少假贤劳；秘殿隆名（指资政殿学士），益旌旧德。尚怀眷予之厚，入告谋猷（谋划）之嘉。惠安小民，推广予意。可。

苏辙所撰拟的三百多篇告词，基本上都是这种形式。它具有相对固定的格式，先说事由，次对臣僚称颂一番（如果是贬谪的告词则数其罪过），最后说新命

第十六章 "谏草未成眠未稳"

之职并加以勉励;语言多四六句式,骈散结合,以骈为主。苏辙兄弟不仅散文写得好,骈文也写得不错,他们的骈文用典较少,具有平易流畅的特色,成为一种新式骈文。刘贡父认为,苏辙这类骈文"强于令兄"(《栾城遗言》)。

元祐元年十一月,苏辙又自中书舍人升任户部侍郎。户部为中央行政机构的六部之一,掌全国人户、土地、钱谷、贡赋、征役等事,掌握国家财政大权。长官为户部尚书,侍郎为之贰,责任重大。因此,苏辙在《辞户部侍郎札子》中说:"窃以户部右曹,兼领昔日金仓司农之政;侍郎职事,专治天下差籴市易之余。奏请纷纭,法度未定。方欲酌今昔之中制,采吏民之公言,宜得强明练达之人,立成久远通融之法。如臣暗陋,何以克当?"《谢除户部侍郎表》也说:"右曹之政,本专赋役之繁;近岁以来,复益金仓之旧。下关民力,上计邦储。……自非精练吏事,通知民情,何以上付忧勤,下宽疲瘵?如臣浅陋,殆难克堪。"

但是苏辙在户部侍郎任上所提出和采取的措施表明,他是"精练吏事,通知民情"的,堪称"强明练达之人"。首先他主张要惩治那些"无故亏欠"国家收入的官吏。苏辙担任户部侍郎时,哲宗继位、高太后听政已将近三年。仁宗之政较宽,神宗之政较猛,而元祐初又专务宽政,给财政经济带来很大的困难。苏辙认为,古之为政,德刑并用,宽猛相济。现在却"专以容悦为先务",监司之臣以不报有罪为贤,郡县之吏以宽弛租赋,纵释酒税为优;兼容是非,不别黑白。结果两税、征商、榷酤,无故亏欠者比比皆是,奸臣猾吏乘机侵虐小民,"懦者颓弛,权归于吏;贪者纵恣,毒加于民。四方嗷嗷,几于无告"。"名虽近宽,而其实则虐",因此,他主张要"信赏必罚,使群下凛然有所畏",对那些"非因水旱灾伤,特以宽弛不职而致亏欠者,择其最甚,黜免转运使、副、判官,罚一以劝百"(《论阴雪札子》《转对状》)。

苏辙还主张要集中财权,认为"事权分则财利散,虽欲求富,其道无由"。他说,国之有财如人之有饮食。饮食之道,当使口司出纳以养全身,若使手足耳目分司出纳,"则虽欲求一饱,不可得矣"。这个生动的比喻充分说明了集中财权的必要性。但"数十年以来,群臣不明祖宗之意,每因一事不举,辄以三司旧职分建他司。利权一分,用财无艺。他司以办事为效,则不恤财之有无；户部以给财为功，则不论事之当否。彼此各营一职，其势不能复知。虽使户部得才智之臣，终亦无益于算"。司马光为相时，知利权分散之害，曾命户部收揽诸司利权。但当时所收，未得其要。苏辙任户部侍郎时，都水监、军器监、将作监仍隶工部。工部只管营造，不管是否需要及财之有无。如当时朝廷以箔场竹箔积压过多，日久损烂，决定出卖，上下皆以为当；而将作监却仍叫各处营造，户部虽知其不对，但工部之事，不便过问。苏辙主张把都水、军器、将作三监皆隶户部，由户部定其事之可否，费之多少，而工部只管工之好坏迟速。这样双方责任都很明确："苟可否多少在户部，则伤财害民，户部无所逃其责矣；苟良苦迟速在工部，则败事乏用，工部无所辞其谴矣。"（《请户部复三司诸案札子》）朝廷以为当，采纳了他的主张。

为了解决当时的财政困难，苏辙除主张防止亏欠、集中利权外，还提出了一系列节约开支的措施，如裁损宫掖之费、私门恩泽、减少冗吏、反对回河等等。他认为："古者制国之用，必量入为出，使三年耕必有一年之蓄，故三十年之间而九年之蓄可得而备。"（《量裁损浮费札子》）而当时不但没有储蓄，连收支平衡也做不到："一岁之入不足以供一岁之出。"之所以入不敷出，宗室官吏费用过多是重要原因。据苏辙《元祐会计录收支叙》所作统计，宗室任节度、观察等使的，皇祐时为九人，元祐时增至七十四人；各种官吏在景祐年间为一百三十六人，元祐时增至六千七百零五人。他在《乞裁损浮费札子》中说："今者文武百官宗室之蕃，一倍皇祐，四倍景祐，班行、选人、胥吏之众卒皆广增，而两税、征商、榷酒、山泽之利，比旧无以大相过也。昔祖宗之世，所入既广，所出既微，则用度饶衍，理当然耳。今时异事而奉行旧例，有加无损。今日天下已困弊矣，若更数年，加之以饥馑，因之以师旅，其为忧患必有不可胜言者！"为了解决这一问题，元祐初再次提出裁减冗吏。但是，"所损才一二"，而新设之官"更多于旧"。多年以来，我们都在精简机构，但越精简越庞大，正如宋代的裁减冗吏越裁越多一样。"古往今来俱如此"，理想同现实、目的和结果的差距真有所谓十万八千里。苏辙要求"明诏有司，减去寺监不急之官，以宽不赀之费"（《转对状》）。

苏辙在任中书舍人时，就被命议定吏额，量事裁减。苏辙主张据实确定

第十六章 "谏草未成眠未稳"

吏额,但不是法行之日即据额减损,而是候他日有缺不补,不出十年,就不会超出限额了。这样,功虽稍缓,但现任官吏知非身患,可减少裁减冗员的阻力。元祐二年十一月苏辙具状申尚书省,奉旨依所奏。但左朴射吕大防却于尚书省设吏额房,以任永寿等负责。小人无远虑而急于功利,即背前约,按所定吏额立即裁损冗吏,结果"中外汹汹"。时苏辙已任御史中丞,他在《论吏额不便二事札子》中说:"孔子论为政之本,欲去兵去食而存信,曰'自古皆有死,民无信不立'。今初议立额,群吏疑惧,陛下与二三大臣既令臣等明出榜示,告以将来虽有所损,直候见缺不补。圣旨明白,人谓信然,竞出所掌文案,输之有司,臣等赖之以立条例。曾未逾岁,书入他司,凡有所损即行裁拨,弃置大信略无顾惜。此正先王之所禁也。"吕大防既为御史所攻,知众不服,最后仍按苏辙原来的主张施行(《龙川略志》卷五)。从这件事可看出,苏辙既坚决主张裁减冗吏,但又谨慎从事,很讲究策略和施行步骤。

关于修河一事,苏辙在元祐八年中几乎都在为坚持自己的意见而斗争。元丰年间,黄河决堤。神宗认为无法让黄河回到故道,于是导河北流。水势已顺,只是河道未深,堤防未立,时有决溢,本非深患。元祐初,文彦博平章军国重事,主张回河,要恢复黄河故道。苏辙任中书舍人时反对回河说:"河决自元丰,导之北流亦自元丰。是非得失,今日无所预。诸公不因其旧,而条其未备,乃欲取而回之。其为力也难,其为责也重矣。"他担任户部侍郎后,从节省无益之费出发,三次上章反对回河。他说:"臣为户部右曹,兼领金仓二部,任居天下财赋之半,适当中外匮竭不继之时。日夜忧惶,常虑败事。"他说他最担心的是:"黄河北流,议复故道,事之经岁,役兵二万人,蓄聚梢椿等物三千余万。方河朔灾伤困敝之余,而兴必不可成之功。"他逐条反驳了主张回河的论据,并说:"建议之臣耻于不效,而坚持之于上;小臣急于利禄,不顾可否,随而和之于下;上下胶固,以罔朝廷,其间正言不避权要才一二人耳。……臣以户部休戚,计在此河,若复缄默,谁当言者?"(《论开孙村河札子》)所谓反对回河"才一二人",主要就是指他们两兄弟,苏轼也是反对回河的(见苏轼《述灾沴论赏罚及修河事札子》)。苏辙的《再论回河札子》着重批驳了黄河北流、边防失备之说，并警告道："秦筑长城以备胡，城既成而民叛；今欲回大河以设险，臣恐河不可回而民劳变生，其计又出秦下。异日虽欲悔之，不可得也。"其后苏辙还曾多次上章反对回河，终未被朝廷采纳。元符元年（1098）秋，黄河再次东决，第二年河又北流，证明苏辙兄弟反对回河的意见是正确的。

苏辙的"强明练达"，不仅表现在他对国家财政大计的处置上，而且还表现在他对一些具体问题的处理上。例如，熙宁年间密州海舶多私贩乳香，常被官府没收。元祐初，贩香者诉于朝廷，朝廷决定支还。商人傅永亮，自言曾被官府没收乳香，证卷俱在，但不是他本人的名字，苏辙怀疑傅是冒领的奸人。户部尚书李常等却说："此大商，家业数万缗，安得为奸乎？"苏辙认为"为奸不问贫富"，他分析有三种可能：傅确实曾入香，今无以自明；拾得文书以欺官府；杀人而得其文书。因情况不明，他反对"妄以钱与之"。又如广州有一商人报告蕃商辛押陀罗家资数百万，为其国所诛。今养子主其家，要朝廷作"户绝"处理。苏辙根本不予受理，因为他认为报告户绝应通过本州县："其所以不诉于广州，而诉于户部者，自知难行，欲假户部之重以动州县耳。"再如，元祐三年春，关中小旱，当地依法赈民，本不需朝廷运粮入陕。宰相吕大防为陕人，忧之过甚，主张从陆路或水路运粮赈济。苏辙认为陆路运粮极难，运粮之兵多是过犯刺配之人，必盗卖粮食；水运亦不易，汴河至洛口，水极险，平时只运竹木，不运粮食。但由于苏辙不久离开户部，而吕大防坚持要运米入陕，结果不出苏辙所料，所运之米散失败坏很多。以上所举三例说明，苏辙确实不仅"精练吏事"，而且"通达民情"。

自苏辙还朝以来，他们兄弟有三年多的时间同时在朝，他们不但分掌内外制，而且说来也巧，还曾同一天转对。所谓转对就是指百官轮番奏事，言朝政得失。宋代转对，每次限定两人，因此两兄弟同一天转对是很偶然的。但元祐三年五月一日他们却轮到一起了。苏辙有《转对状》，苏轼也有《转对条上三事状》。苏辙《五月一日同子瞻转对》诗写道："对床贪听连宵雨，奏事惊同朔旦朝。……一封同上怜狂直，诏许昌言赖有尧。"

第十六章 "谏草未成眠未稳"

宋代文学的繁荣堪与唐代媲美。而北宋文学的繁荣主要表现在两"祐"时期：一是嘉祐，在欧阳修周围集中了曾巩、王安石、三苏父子；二是元祐，在苏轼兄弟周围集中了黄庭坚、秦观、张耒、晁补之、陈师道、李廌等文人以及李伯时、王诜、米芾等画家、书法家。北宋文人之盛莫过于此时，他们或在一起饮酒赋诗，或在一起欣赏书画。元祐二年正月，苏轼同李伯时一起为柳仲远画松石图。柳仲远又取杜甫"松根胡僧憩寂寞"的诗句，求李伯时作《憩寂图》。苏辙题诗道："东坡自作苍苍石，留取长松待伯时。只有两人嫌未足，更收前世杜陵诗。"苏轼次其韵说："东坡虽是湖州派，竹石风流各一时。前世画师今姓李，不妨题作辋川诗。"所谓"湖州派"是指以知湖州文与可为代表的湖州画派。文与可擅画墨竹，苏轼自认为"吾竹虽不及（文与可），石似过之"。后二句是以王维比李伯时。王维，字摩诘，唐代著名诗人兼画家，晚年居蓝田辋川，作《辋川诗》多首。

王诜也能诗善画，苏辙兄弟和秦少游等曾同到相国寺观看王诜墨竹，并题名于壁（见周密《癸辛杂志》）。世传米芾《西园雅集图记》载，苏轼等十六人共集于王诜西园，并由李伯时画为《西园雅集图》："乌帽、黄道服，捉笔而书者为东坡先生"；"仙桃巾、紫裘而坐观者为王晋卿（诜）"；"道帽、紫衣，右手倚石，左手执卷而观书者为苏子由"；"团巾、茧衣，手秉篁而熟观者为黄鲁直"；"幅巾、野褐，据横卷画渊明《归去来》者为李伯时"；"披巾、青服，抚肩而立者为晁无咎"；"跪而捉石砚画者为张文潜（耒）"；"幅巾、青衣，袖手侧观者为秦少游（观）"；"唐巾、深衣，昂首而题石者为米元章（芾）"；等等。米芾《西园雅集图记》中赞叹道："嗟乎，汹涌于名利之场而不知退者，岂意得此耶！自东坡而下凡十有六人，以文章议论、博学辨识、英辞妙墨、好古多闻、雄豪绝俗之资，高僧羽流之杰，卓然高志，名动四夷。后之览者，不独图画之可观，亦足彷佛其人耳。"从米芾所记他们的穿着神情，就可看出他们的志趣所在。他们中的多数人虽身在朝廷，但与那些"汹涌于名利之场而不知退者"迥然不同。

由于大批文人、画家、书法家荟萃京城，苏辙也同苏轼一样，这一时期的题画诗特别多，既有题前人作品的题画诗，也有题同时代人作品的题画诗。

元祐八年中，苏辙共存诗二百九十首，而题画诗竟达四十六首，约占六分之一。苏辙论画很重视写意，他的《韩幹三马》，分别描写老马、中马、后马和御者、仆夫、圉人的不同意态，并赞美韩幹道："画师韩幹岂知道，画马不独画马皮。画出三马腹中事，似欲讥世人莫知。"李伯时不同意苏辙对韩幹的评价："伯时一见笑不语，告我韩幹非画师。"苏轼也不同意苏辙对韩幹的评价："幹惟画肉不画骨，而况失实空留皮。"认为苏辙所谓韩幹"画出三马腹中事"，都是苏辙"巧说"出来的，而非事实："烦君巧说腹中事，妙语欲遣黄泉知。君不见韩生自言无所学，厩马万匹皆吾师。"（《次韵子由书李伯时所藏韩幹马》）

内侍刘有方藏有名画《虢国夫人夜游图》，请苏轼跋其后，苏辙也有《秦虢夫人（皆杨贵妃之姐妹）走马图二绝》，其一写道："秦虢风流本一家，丰枝浓艳映双花。欲分妍丑都无处，夹道游人空叹嗟。"这里完全是虚写，以"本一家""映双花"，无处"分妍丑"来赞美秦、虢二艳，以"游人空叹嗟"来烘托其"风流"，全诗除"丰枝浓艳映双花"的比喻外，没有一句对秦、虢之美做具体描写，但却比实写具有更强烈的效果。

同时代的画家，苏辙咏及郭熙、王诜、李伯时等多人。《书郭熙横卷》以写实见长："崩崖断壑人不到，枯松野葛相欹倾。……袖中短轴才半幅，惨淡百里山川横。岩头古寺拥云木，沙尾渔舟浮晚晴。遥山可见不知处，落霞断雁俱微明。"这里既有真切的近景，又有朦胧的远景，具有咫尺千里之势，读苏辙诗如赏郭熙画。

苏辙有长篇《题王诜都尉山水横卷三首》，赞美王诜"手中五尺小横卷，天末万里分毫厘"。李伯时作《山庄图》，苏轼作《书李伯时山庄图后》，苏辙赋五绝《题李公麟山庄图二十首》。又有《题王生画三蚕、蜻蜓二首》，其一题三蚕，描写了饥蚕、食蚕、老蚕的不同神态："饥蚕未得食，宛转不自持；食蚕声如雨，但食无复知；老蚕不复食，矫首有所思。"最后提出一个问题："君画三蚕意，还知使者谁？"第二首题蜻蜓，仿佛回答了这个问题："蜻蜓飞翾翾，向空无所著。忽然逢飞蚊，验尔饥火作。一饱困竹梢，凝然返冥寞。若无饥渴患，何贵一箪乐？"前二句写蜻蜓饥飞，次二句写其饱食，五、六句

第十六章 "谏草未成眠未稳"

写饱食之后的困卧,最后两句做了富有哲理的总结。饥蚕、食蚕、饱蚕的不同神态以及蜻蜓的饥飞饱困,都说明了民以食为天的道理。苏辙一生既盼归稳,又不得不奔走仕途,何尝不是为饥渴所迫,为一箪所诱!

第十七章 "谁将家集过幽都"
——出使辽国

元祐年间的政争很复杂，除变法派和反变法派间的斗争仍在继续外，在已经掌权的反变法内部又形成为洛党、蜀党、朔党。洛党以程颐为首，朱光庭、贾易等为之辅；蜀党以苏轼为首，吕陶等为之辅；朔党以刘挚、王岩叟、刘安世为首，从之者更众。崇政殿说书程颐是北宋著名理学家，崇尚古礼。苏轼讥其不近人情，每加玩侮，二人遂成嫌隙。苏轼《试馆职策问》曾说："欲师仁祖之忠厚，而患百官有司不举其职，或至于媮（苟且）；欲法神考之励精，而恐监司守令不识其意，流入于刻。"程颐门人朱光庭、贾易遂劾苏轼谤讪先朝。殿中侍御史吕陶说："台谏当徇至公，不可假借事权以报私隙。"贾易又劾吕陶党附苏轼兄弟，语涉老臣文彦博等，结果贾易被罢右司谏之职，出知怀州。苏轼亦坚决请求外任，元祐四年（1089）四月苏轼被命知杭州。

在苏轼因不安于朝而出知杭州后，苏辙于同年六月由户部侍郎改任吏部侍郎，诰命才下三天，又改为翰林学士、知制诰。苏辙在《辞翰林学士札子》中说："玉堂之清秘，号为辞臣之极选。臣兄轼卓以文学见称流辈，犹复畏避，不敢久居，得请江湖，如释重负。在臣微陋，实为叨窃。兄出弟处，或谓朝廷私臣一家；地近职严，姑愿朝廷历选多士。"但"成命莫回"，苏辙仍担任了苏轼刚刚辞去的要职。这样，他们兄弟"曾未两年，遍经两制"（《谢翰林学士宣召状》），都先后担任过中书舍人和翰林学士的职务。

苏辙担任翰林学士后不久，八月十六日被命为贺辽生辰使，出使契丹；赵君锡为副使同行。重阳节，苏辙告知杭州的苏轼，说他"千里使胡需百日，暂将中子治书囊"（《将使契丹，九日对酒怀子瞻兄并示坐中》）。这次出使有苏辙之子苏迟随行，这从苏轼诗可知："随翁万里心如铁，此子何劳为买田。"

第十七章 "谁将家集过幽都"

并自注说:"时犹子迟侍行。"(《次韵子由使契丹至涿州见寄》)苏轼寄诗为弟弟送行说:"单于若问君家世,莫道中朝第一人。"(《送子由使契丹》)苏辙对哥哥的嘱咐是心领神会的,他回答说:"莫把文章动蛮貊,恐妨谈笑卧江湖。"(《神水馆寄子瞻兄》)

在经过莫州(今河北任县)时,会见了老友刘泾,有《次莫州通判刘泾韵》;经过雄州(今河北雄县)时,有《赠知雄州王崇拯二首》,这里已与属于辽国的南京道接壤。为了阻止契丹骑兵南下,前人在这里修了很多水塘,到处烟波浩渺:"赵北燕南古战场,何年千里作方塘";"城里都无一寸闲,城头野水四汗漫"。十月二十六日至涿州,有《神水馆寄子瞻兄四绝》,抒发对兄长的思念之情:"夜雨从来相对谈,兹行万里隔胡天。试依北斗看南斗,始觉吴山在目前。"过古北口(今北京密云东北),这里山势陡峭,为长城要口之一,在宋代是夷汉分疆之地:"日暖山溪冬未雪,寒生胡月夜无云。明朝对饮思乡岭,夷汉封疆自此分。"(《古北口道中呈同事二首》)前人有塞北江南之语,这里虽属塞北,但颇有江南风味,山环水抱,很像他的故乡:"乱山环合疑无路,小径萦回长傍溪。仿佛梦中寻蜀道,兴州东谷凤州西。"气候也不是原来想象的那么寒冷:"日色映山才到地,雪花铺草不曾消。晴寒不及阴寒重,揽箧犹存未着貂。"(《绝句二首》)

古北口已进入燕山山脉:"燕山如长蛇,千里限夷汉。首衔西山麓,尾挂东海岸。"燕赵豪侠窟,这一带历史上出了很多名人:"上论召公奭,礼乐比姬旦"——召公奭,周代燕国的始祖,曾佐武王灭商,成王时任太保,与周公(姬旦)分陕而治;"次称望诸君,术略亚狐管"——望诸君即战国时燕国名将乐毅,他曾先后攻下齐国七十余城,后因逸出奔赵国,被封于观津,号望诸君。狐指春秋时晋国的狐偃,曾随公子重耳(即晋文公)流亡在外十九年,助重耳回国即位,改革朝政,以尊王相号召,击败楚军,使晋文公成为春秋五霸之一。管指管仲,春秋初期著名政治家,曾佐助齐桓公进行改革,成为春秋时的第一个霸主。"子丹号无策,亦称游侠冠"——子丹指燕太子丹,见秦将灭六国,阴养壮士,并派荆轲刺秦王。可惜这样的豪侠窟,却被五代时后晋国君石敬瑭割弃给契丹。在苏辙看来,连会仙馆的一对石人,似乎也为此深感惭愧："岭上西行双石人，临溪照水久逡巡。低头似愧南来使，居处虽高已失身。"(《会仙馆二首》)宋初虽想收复燕云十六州，但未成功，并被迫每年向契丹贡大量钱帛："哀哉汉唐余，左衽今已半。玉帛非足云，子女罹蹈践。"(《燕山》)在宋初收复燕云的战争中也出现了杨业这样的可歌可泣的英雄人物，他曾大破契丹军于雁门关，后身被数十创，马重伤不能进，为契丹所擒，绝食而死。杨业的英勇牺牲不但赢得了汉族人民的尊敬，而且也赢得了契丹人民的景仰，为他立庙祭祀："驰驱本为中原用，尝享能令异域尊。"(《过杨无敌庙》)

一出燕山，民风民俗与汉人聚居之地迥然不同，汉人和奚人（散居于中京地区的北方少数民族）受着契丹的统治。苏辙在《出山》诗中写道："燕疆不过古北关，连山渐少多平田。奚人自作草屋住，契丹骈车依水泉。橐驼羊马散川谷，草枯水尽时一迁。汉人何年被流徙，衣服渐变存语言。力耕分获世为客，赋役稀少聊偷安。汉奚单弱契丹横，目视汉使心凄然。石塘（指石敬瑭）窃位不传子，遗患燕蓟逾百年。仰头呼天问何罪，自恨远祖从禄山（即安禄山）。"苏辙在《论北朝政事大略》中说，契丹"赋役颇轻，汉人亦易于供应"，这可作"赋役稀少聊偷安"的注脚。又说"惟是每有急速调发之政，即遣天使带银牌于汉户须索，县吏动遭鞭笞，富家多被强取，玉帛子女不敢爱惜，燕人最以为苦"，这可作"汉奚单弱契丹横"的注脚。契丹统治燕云十六州已逾一百年，但当地汉人仍不满契丹统治而心向宋王朝。苏轼说："又见子卿（汉时奉命出使匈奴的苏武，此借以喻辙）持汉节，遥知遗老泣山前。"(《次韵子由使契丹至涿州见寄》)"目视汉使心凄然"，苏辙所见完全不出苏轼所料。

契丹统治的区域当时很荒凉，有的地方几乎草木不生："奚田可耕凿，辽土直沙漠。蓬棘不复生，条干何由作？兹土亦沙阜，短短见丛薄。冰霜叶随尽，鸟兽纷无托。"与中原的富庶适成鲜明对比："君看齐鲁间，桑柘皆沃若（茂盛貌）。麦秋载万箱，蚕老簇千箔。余粱及狗彘，衣被遍城郭。"(《木叶山》)这里的民生尤其艰苦，基本上过着游牧生活："虏帐冬住沙陀中，索羊织苇称行宫。从官星散依冢阜，毡庐窟室欺霜风。春粮煮雪安得饱，击兔射鹿夸强雄。"朝会节日，他们临时聚集一下，朝会礼一结束，他们又打猎去

第十七章 "谁将家集过幽都"

了:"礼成即日卷庐帐,钓鱼射鹅沧海东。……弯弓射猎本天性,拱手朝会愁心胸。"(《虏帐》)苏辙看到契丹土地的荒凉、民生的艰难、文化的落后,不禁发出老天恩惠太不公平的感慨:"乾坤信广大,一气均美恶。胡为独穷陋,意似鄙夷落。……天工本何心,地力不能博。遂令尧舜仁,独不施礼乐!"(《木叶山》)

契丹对当地汉、奚等民族的统治虽有野蛮的一面,但那是"夷狄之常俗"。总的来说:"北朝之政宽,契丹役燕人盖已旧矣(已是过去的事了)。"其具体表现,除"赋役颇轻"外,还表现在"契丹之人每冬月多避寒于燕地,牧放住坐亦止在天荒地上,不敢侵犯税土"。

"谁将家集过幽都,逢见胡人问大苏。"(《神水馆寄子瞻兄》)契丹的文化虽然落后,却在努力学习中原文化,特别喜欢三苏父子兄弟的诗文。元祐元年苏辙兄弟初入京时,辽国使者已在打听苏辙兄弟的情况;同年冬苏轼馆伴北使,北使也多次问起三苏之文。北使刘霄还能背诵苏轼的诗句"痛饮从今有几日,西轩月色夜来新",他与苏轼一起吃饭,才知道苏轼实际不会"痛饮"(苏轼《记虏使诵诗》)。这次苏辙出使辽国,初至燕京(今北京),辽国殿侍对苏辙说:"令兄内翰(指苏轼)《眉山集》已到此多时,内翰(指苏辙)何不印行文集,亦使流传至此?"及至中京(治所在今内蒙古宁城西),辽国度支使郑颛对苏洵所为文也"颇能尽其委曲"。苏辙曾作《服茯苓赋》,说他常食茯苓以养生。辽国馆伴王师儒也读过这篇赋,并向苏辙"乞其方"(《论北朝所见于朝廷不便事》)。可见三苏之文都已传到辽国,这既说明三苏在当时影响很大,也说明辽国君臣热爱中原文化。

自澶渊之盟以来,契丹同宋王朝的关系总的来说是比较和好的,苏辙出使契丹的所见所闻再次证实了这一点:"虏廷一意向中原,言语绸缪礼亦虔"(《神水馆寄子瞻兄》);"胡人送客不忍去,久安和好依中原"(《渡桑干》)。辽国皇帝年已六十,在位既久,颇知利害,不愿轻动干戈;其孙燕王幼弱,因契丹大臣前些年想诛杀其父,燕王也有依托汉人之意;辽国臣僚大都年高晓事,赞叹多年的和好"为自古所未有";契丹人民因和好年深,人人安居,也不乐战斗。根据以上情况,苏辙断言:"北朝皇帝若且无恙,北边可保无事。"

（《论北朝政事大略》）因此，他主张对契丹应"至诚"相待："异类犹应服至诚"（《赠右番赵侍郎》）；应以和为主："图霸先和戎"（《虏帐》）；燕云十六州要收复，但必须在国家大治、时机成熟之后："从来帝王师，要在侮亡乱。攻坚甚攻玉，乘瑕易冰泮。中原但常治，敌势要自变。会当挽天河，洗此生齿万。"（《燕山》）

苏辙在辽国逗留了十天（《渡桑干》："会同出入凡十日"），于十二月十日开始南归。他在北行途中，沿途地方官就约他归来畅饮："约我一樽迎嗣岁。"（《次莫州通判刘泾韵》）；"使君约我南来饮，人日河桥柳正黄"（《赠知崇州王崇极》）。他自己也盼望尽快南归，想到"及春煮菜过边郡"，而寒食节就可回到家中了："赐火煎茶遗细君（妻之代称）。"（《古北口道中呈同事》）现在总算不辱使命，纵马南归，身在契丹，而心已归宋土："南辕初喜去龙庭，入塞犹须阅月行。汉马亦知归意速，朝阳已作故人迎。经冬舞雪长相避，屈指新春旋复生。想见雄州馈生菜，菜盘酪粥仍纵横。"（《十日南归，马上口占呈同事》）苏辙由于归心太急，不注意安全，从马上摔下来，把足摔伤了："前日使胡罢，昼夜心南驰。中途冰塞川，滉漾无津涯。仆夫执辔前，我心忘止之。马眩足不禁，拉然卧中坻。异域非所息，据鞍几不支。"（《伤足》）在重经燕山时，春天已经到来，冰雪已开始融化，他寄诗给史夫人说，很快即将到家："春到燕山冰亦消，归骖迎日喜嫖姚（轻捷勇健貌）。……附书勤扫东园雪，到日青梅未满条。"（《春日寄内》）

苏辙还朝后，上奏《北使还论北边事札子》五篇，就他在辽国的所见所闻提出了宋辽关系上应注意的一些问题。如他针对"本朝印本文字多已流传在彼，其间臣僚章疏及士子策论，言及朝廷得失、军国利害，盖不为少"，为防"泄漏机密"，他主张要加强管制。又如，宋王朝对使臣防范甚严，并差亲从官进行监视。苏辙认为这些"亲从官多市井小人，差遣入国，自谓得以伺察上下；入界之后，恣情妄作，都辖以下，望风畏避，不敢谁何。虽于副使，亦多蹇傲。夷狄窥见，于体不便"。苏辙对这些"小人"毫不客气，他把其中有"过犯"的李寔"送雄州枷勘"，并要求今后"更不差亲从官"。他说："选差使副，责任不轻，不须旁令小人更加伺察。"

第十八章 "冰炭同器,必至交争"
——升任副相,反对调停

元祐五年(1090)五月,苏辙出使契丹归来不久,除御史中丞。御史台掌纠察百官,肃正纪纲。御史中丞是御史台的长官,是执法之臣。元祐六年(1091)二月又升任尚书右丞。尚书右丞为六执政之一,掌参议大政,位在六部尚书之上。元丰年间改官制,废参知政事,而以门下侍郎、中书侍郎、尚书左丞、尚书右丞代其任,因此,尚书右丞相当于副相。苏辙兄弟应制科试时,仁宗曾说他为子孙得了两宰相。但苏轼一生并未取得宰执之位,只有苏辙应验了仁宗之言。

元祐六年(1091)三月苏轼被召入京,任吏部尚书,位在苏辙之下;因苏辙已任执政,苏轼又改任翰林学士承旨。苏轼多次上疏辞免,在离开杭州前就上奏朝廷说:"兄居禁林,弟为执政,在公朝既合回避,于私门实惧满盈。伏望除臣一郡,以息多言。"(《辞免翰林学士承旨第一状》)五月,行至南都,苏轼又上《杭州召还乞郡状》说:"今者忽蒙圣恩召还擢用,又除臣弟为执政,此二事皆非大臣本意,窃计党人必大猜忌。……行至中路,果闻弟辙为台谏所攻,般出廨宇待罪。岂敢以衰病之余复犯其锋?"所谓"弟辙为台谏所攻,般出廨宇待罪"是指台官安鼎等以苏辙"举王巩不当",攻击他"欺罔诳谬"。苏辙在《举王巩乞外任札子》中说:"臣比年以来,再任言责,每有论奏,不敢观望。以此仇怨满前,孤立寡援,每一念此,不寒而栗。……臣已不敢复入东府,见在天寿院听候。"苏轼辞翰林学士,他还讲了一些其他理由,身体不好,"两目昏暗,左臂不仁(麻木)";在杭两年,连被灾伤,一事无补。但苏轼辞免翰林学士的根本原因,还是由于"翰墨之林,号称内相""清要之地,众所奔趋"。前次任翰林学士就曾遭到新旧两党的围攻,这次再任翰林学士也"必难久处"(《辞免翰林学士承旨状》)。

苏轼辞翰林学士的同时,苏辙却在辞尚书右丞,他在《辞尚书右丞札子》中说,他学无他师,以父兄为师。"其后不幸早孤,(与兄)友爱毕至,逮此成立,皆兄之力也。顷者兄弟同列侍从,臣已自愧于心。今兹超迁,丞辖中台,与闻政事。而臣兄轼适自外召还,为吏部尚书,顾出臣下。复以臣故,移翰林承旨。臣之私意,实不遑安。况轼之为人、文学、政事过臣远甚,此自陛下所悉。臣不敢远慕古人,内举亲戚,无所回避。只乞寝臣新命,若得与兄轼同为从官,竭力图报,亦未必无补也。"苏辙辞尚书右丞,曾四上札子,两上表章,除不愿越职超迁外,更主要的原因是担心自己在任右司谏和御史中丞期间所上札子多招怨尤,难安于位:"前后历居于台谏,弹击多召于怨尤。"又说:"如臣迂阔而寡谋,孤直而多怨,进用兹始,已或纷然;眷遇悦隆,安能自保?伏望……亟收前命,以保危踪。"从下面即将论述的朝廷政争可知,苏辙的这些担心并非多余。

五月二十六日苏轼回到京城,有两个多月的时间,他们兄弟又同时在朝任职。时朔党刘挚为相,与苏辙政见不合,故意擢洛党贾易为侍御史,使其弹劾苏辙兄弟。贾易攻击苏辙"厚貌深情,险于山川;诐言殄行,甚于蛇豕";攻击苏轼的《归宜兴留题竹西寺》诗是"闻讳而喜",即为神宗之死而高兴。八月朝廷为了"息事",贾易罢侍御史,出知庐州,苏轼亦罢翰林学士承旨兼侍读,出知颍州。苏轼在"留别子由"的《感旧诗》中写道:"我欲自汝阴(颍州),径上潼江章。想见冰盘中,石蜜与柿霜。"苏轼自注说:"予欲请东川而归,二物皆东川所出。"潼江即梓潼水,源出四川平武,流经四川梓潼、盐亭,至射洪入涪江。这一带唐时属东川节度使所辖地,故苏轼以东川代蜀。又说:"怜子遇明主,忧患已再尝。报国何时毕?我心久已降!"报国,报国,何时才是报国的尽头?全诗充满了厌倦仕途、思归故乡的感情。苏辙《次韵子瞻感旧》的前半段写苏轼的入而复出:

还朝正三伏,一再趋未央。

久从江海游,苦此剑佩长。

梦中惊和璞,起坐怜老房。

第十八章 "冰炭同器，必至交争"

> 为我悉丞辖，置身愿并凉（并州、凉州）。
> 此心一自许，何暇忧陟冈！

未央，宫名。和璞，指唐代道士邢和璞；老房，指唐相房琯（字次律）。苏轼在《破琴诗叙》中说："房琯开元中尝宰卢氏，与道士邢和璞出游，过夏口村，入废佛寺，坐古松下。和璞使人凿地，得瓮中所藏娄师德与永禅师书，笑谓琯曰：'颇忆此否？'琯因怅然，悟前生之为永师也。"——"梦中惊和璞"即指此。诗中说："破琴虽未修，中有琴意足"；"新琴空高张，……动与世好逐"；"陋矣房次律，因循堕流俗。悬知董庭兰（董庭兰，琴师，利用与房的关系，大受贿赂，房因此得罪罢相），不识无弦曲。"苏轼在这里以唐相房琯比当时的宰相刘挚，以破琴自喻，以新琴喻刘。刘挚与苏轼当年同因反对新法而离朝，会于广陵，有《广陵会三同舍》诗；现在为相，却招纳洛党贾易等人排斥苏轼兄弟，故讥他"逐世好""堕流俗""不识无弦曲"。——"起坐怜老房"即指此。苏轼回朝既受洛、朔党人攻击，故以苏辙已"悉丞辖"为名，坚请出知边郡。苏辙次韵诗的后半段是表示自己有哥哥同样的愿望，要及早归隐，但这一愿望直至十年以后从岭南贬所归来才得以实现。眼下他不但未能归隐，而且还在继续升官。

元祐七年（1092）苏辙升任门下侍郎，位在尚书右丞之上。苏辙说他"世本寒微，技止文墨。向者翱翔翰苑，才殚于书诏之间；总执台纲，力尽于议论之际。至于参陪大政，实匪其人"。只是高太后"念臣嘉祐之直言，仕亦既久；识臣建元（即元祐元年）之司谏，心则无邪。忘其鄙凡，日加亲近"。苏辙在元祐年间的政绩表明，他当然不仅仅"技止文墨"；他的升任门下侍郎，当然也不只是高太后念其"嘉祐之直言"和"建元之司谏"，而是与其"吏事精详"（吕公著语）即元祐年间才得到比较充分发挥的政治才干有关。

如果说元祐元年苏辙兄弟主要是同司马光争论，元祐二、三年间主要是同洛党程颐及其门人争论，那么在元祐五、六年间则主要是同朔党刘挚、左仆射吕大防争论。当时大事虽取决于吕，但他直而暗事，进退士大夫的人事大权反为刘挚所控制。刘挚于元祐初任御史中丞，其后相继任尚书右丞、尚书左丞，元祐六年加右仆射兼中书侍郎，与吕大防同任宰相。苏辙同吕大防、刘挚争论的焦点是所谓"调停"问题。经过五年的元祐更化，苏辙认为当时的形势总的来说是好的，政令已乎，事势大定，因民所恶，屏去小人，改革弊事，莫以为非。但元祐之政也有不少失误。变法派掌权近二十年，现虽失势，而其势力仍不小。他们利用元祐大臣的失误，心怀异同，志在反复，大造舆论，以撼在位。宰相吕大防、刘挚畏惧新党，为自全计，主张起用新党，以平旧怨，这就叫做调停。苏辙坚决反对吕大防、刘挚的调停主张。他说："若陛下不察其实，大臣惑其邪说，遂使忠邪杂进于朝，以示广大无所不容之意，则冰炭同器，必至交争，薰莸共器，久当遗臭，朝廷之患自此始矣！"他先以《易经》作为理论根据："圣人作《易》，内阳外阴，内君子外小人则谓之泰；内阴外阳，内小人外君子则谓之否。盖小人不可使在朝廷，自古而然矣。"（《乞分别邪正札子》）又"考之圣贤之格言"："孔子论为邦，则曰放郑声，远佞人。子夏论舜之德，则曰举皋陶则不仁者远；论汤之德，则曰举伊尹则不仁者远；诸葛亮戒其君，则曰亲贤臣，远小人，此前汉之所以兴隆也；亲小人，远贤臣，此后汉之所以倾颓也。"他还"稽之古今"，认为管仲治齐，夺伯氏骈之邑；诸葛亮治蜀，废廖立、李严为民，这些被夺被罚之人都终身无怨言。他说："骈、立、严三人者皆齐、蜀之贵臣也。管、葛之所以能戮其贵臣而使之无怨者，非有他也，赏罚必公，举措必当，国人皆知其所与之非私而所夺之非怨，故虽仇雠，莫不归心耳。"（《再论分别邪正札子》）苏辙还认为，谢安对桓温亲党的安置，也只是让他们分莅三州，彼此无怨，东晋遂安，若"向（谢）安引桓氏而置诸朝，人怀异心，各欲自行其志，则谢安将不能保其身，而况安朝廷乎？"苏辙还指出，由于一二大臣专务含养小人，结果新党蔡确等人遂出妄言以欺愚惑众；有司惩前之失，就普遍加重对新党的处分，"降官褫职，唯恐不甚，明立痕迹，以示异同，为朝敛怨"。苏辙认为"专务含养小人"和"明立痕迹"，"二者皆过矣"。苏辙根据《周易》的理论、前贤的格言、历史的经验和现实的教训，一方面主张"小人虽决不可任以腹心"，认为"亲近君子，斥远小人，则人主尊荣，国家安乐；疏外君子，进任小人，则人主忧辱，国家危殆"。另一方面又主张让他们"牧守四方，奔走庶

第十八章 "冰炭同器，必至交争"

务，各随所长，无所偏废；宠禄恩赐，彼此如一，无迹可指"（《再论分别邪正札子》）。总之，他主张要"谨守元祐之初政，久而弥坚；慎用左右之近臣，毋杂邪正。至于在外臣子，一以恩意待之，使嫌隙无自而生，爱戴以忘其死"（《乞分别邪正札子》）。苏辙这一主张是比较切合实际的，得到了高太后和多数大臣的支持。高太后曾命宰执在殿前宣读苏辙的奏章，并说："苏辙疑吾君臣遂兼用邪正，其言极中理。"高太后表示态度后，"诸公相从和之，自此参用邪正之说衰矣"（《颍滨遗老传》）。

吕大防、刘挚之所以主张调停，君子小人并用，主要是害怕反复，担心小人得势，于己不利。苏辙则认为进用小人，不但不能防止反复，而且只会加速反复，这就像"畏盗贼之欲得财而导之于寝室，知虎豹之欲食肉而开之以圂牧"一样，只会加速财之被盗，肉之被食。因为"君子小人势同冰炭，同处必争；一争之后，小人必胜，君子必败。何者？小人贪利忍耻，击之难去；君子洁身重义，知道之不行，必先引退"。而小人入朝，"必将戕害正人，渐复旧事，以快私忿"（《再论分别邪正札子》）。苏辙认为防止反复不在于进用小人，与之共事；而在于"朝廷施设必当，则此辈觊望自消"（《三论分别邪正札子》）。他说："窃观朝廷用舍施设之间，其不合人心者，尚为不少。彼既中怀不悦，则其不服固宜。今乃直欲招而纳之，以平其隙，臣未见其可也。……陛下诚以异同反复为忧，惟当久任才智忠良、识虑明远之士，但得四五人常在要地，虽未及皋陶、伊尹，而不仁知自远矣。"（《再论分别邪正札子》）"若朝廷大臣正己平心，无生事要功之意；因弊修法，为安民靖国之术，则人心自定，虽有异党，谁不归心？"（《三论分别邪正札子》）在苏辙看来，黄河回河之议、西夏边隙之起即属"生事邀功"，而对差役、雇役之利弊即未"因弊修法"。

如前所述，元祐元年苏辙在同司马光的争论中，是赞成恢复差役法的，只是主张推迟一年，待差役法修改完善之后再施行。但朝廷并未接受他的正确意见，元祐之初，务于复旧，立即恢复差役法，结果四方惊顾，众议沸腾，朝廷知其不可，于是又恢复了雇役法。雇役法也有弊端，本当随事修改完善，但不是这样，元祐四年又复行差役法。苏辙说："二圣临御以来，凡所更改法度，皆已略定。惟是役法，首尾五年，民间终未得安便。若不及今完治，实恐久远，奸人指以为词，疵病圣政。"（《催行役法札子》）又说："二圣临御以来，号令之不便于民者莫如役法之甚，盖编户之民五等以上，人被其害。……他日小人疾害圣政，欲立异同之论者，必指此以借口。"

元祐元年苏辙曾说："改雇为差，实得当今救弊之要。"（《三论差役事状》）经过五年的实践，他在这个问题上的看法显然有所变化。当时他就警告说，士大夫"以为差役一行，可坐而无事。臣之愚意以为免役之害虽去，而差役之弊亦不可不知"。他说，神宗以前，"民被差役，如遭寇虏"。神宗照知此害，主免役法，前弊虽解，但所取役钱过多，民日益贫。今朝廷复行差役，贪官污吏窃以相贺，以为"凡百侵扰，当复如旧。访闻见今诸路，此弊已行。臣恐稍经岁月，旧俗滋长，役人困苦，必有反思免役之便者"（《再言役法札子》）。若"闻害不除，见善不徙，则差役害人，未必减于免役"（《三论差役事状》）。他在《三论分别邪正札子》中，具体算了一笔账，实行雇役法，上户以家产多，出钱也多；下户过去不充役，现在也要出免役钱。因此，上下二户"不免怨嗟"。中户过去要服差役，实行雇役法后，出钱也不多，因此"雇法之行最为其便"。元祐罢雇役而行差役，"上下二等欣跃可知，惟是中等则反为害"。他以京畿为例，"差役五年之费，倍于雇役十年所供。……如此安得民间不以今法为害而熙宁为利乎？""天下皆思雇役而厌差役，于今五年矣。"他主张"事有失当，改之勿疑；法或未完，修之无倦。苟民心既得，则异议自消"，在《论衙前及诸役人不便札子》中说："虽三代圣人，其法不能无弊。""若差法必行，则私家之害无法可救；若雇法必用，则官府之弊有法可止。"因此，他主张"州县诸役所差人，如欲雇人，并依元丰以前官雇钱数，纳钱入官，官为雇人，一如旧法"。可见在这个问题上他已放弃了元祐元年的观点，接受了苏轼"衙前可雇不可差，先帝（神宗）此意可守不可变"（《辨试馆职策问札子》）的主张。

苏辙在《颍滨遗老传》中回忆说："是时所争议，大者有二，其一西边事，其一黄河事。"这两个问题的争论都贯穿整个元祐年间，苏辙反对回河的理由，前面已做论述，元祐后四年在这个问题上的争论仍很激烈，但并未超

第十八章 "冰炭同器，必至交争"

出已述范围，故不再论述。但同西夏的关系又出现一些新的问题，补充论述如下。

元祐元年苏辙就主张归还神宗朝所占西夏土地，朝廷采纳了他的意见。本来决定在划定地界之后，再付以岁赐，但地界久议不决，西夏于是以兵袭泾原。元祐四年，朝廷急于招纳西夏，疆界未定，先予岁赐，旋觉不妥，复不守定约。熙河将范育、种谊，又侵筑质孤、胜如二堡，苏辙力言其非，要求罢免范育、种谊，另择老将守熙河。高太后以辙言为是，却遭到其他大臣的反对，苏辙面奏说："人主于事不知则已，知而不得行，则事权去矣。臣今言此，盖欲陛下收揽威柄，以正君臣之分而已。若专听其所为，不以渐制之，及其太甚，必加之罪，如韩维专恣太甚，范纯仁阿私太甚，皆不免逐去。事至如此，岂朝廷美事？故臣之意，盖欲保全大臣，非欲害之也。"高太后虽以为然，但却不能像苏辙所希望的那样"收揽威柄"。

元祐六年六月，熙河奏夏人十万压境，三日而退；要求因其退军，急移近里堡寨于界上，不须再守诚信。大臣会议都堂时，苏辙对吕大防说："今欲议此事，当先定议：欲用兵耶，不用兵耶？"吕大防说："如合用兵，亦不得不用。"苏辙认为："凡欲用兵，先论理之曲直。我若不直，则兵决不可用。"他说朝廷既许在非所赐城寨，以二十里为界，十里为堡铺，十里为草地。条约才定，又两次三翻地要求在两寨界首相望一抹取直，所侵蕃地凡百数十里，"此非西人之罪，皆朝廷不直之故"。刘挚要苏辙不要固执己见，苏辙反驳道："相公必欲用兵，须道理十全，敌人横来相加，势不得已，然后可耳。今吾不直如此，兵起之后，兵连祸结，三五年不得休，将奈何！"由于苏辙言之剀切，最后大家才接受了他的意见。

但是，当确属西夏无理时，苏辙也支持反击。元祐七年夏人大入河东，苏辙就赞成绝岁赐、禁和市，使沿边诸路为浅攻计。不久，夏人又攻环庆，苏辙也赞成进筑汝遮，并对由于姻亲旧义，反对进筑汝遮的中书侍郎范子功说："方论国事，亲旧得失不宜置胸中。"（参见《乞罢修质孤、胜如等寨札子》《论熙河边事札子》《论西边商量地界札子》《龙川略志》卷六《西夏请和议定地界》《颍滨遗老传》下）

第十九章 "以汉武比先朝"

——哲宗亲政，苏辙得罪

元祐八年（1093）九月高太后去世，政局再度发生变化。在高太后听政时，执政大臣凡事皆奏请高太后决定，不以年少的哲宗皇帝为意。哲宗逐渐长大成人，对此越来越不满，只是"恭默不言"而已。高太后对此也是明白的。八月，苏辙等执政大臣入宫问安，高太后交代后事，对大臣说："今病势有加，与公等必不相见。且善辅官家（宋时称皇帝为官家）。"又对哲宗说："老身殁后，必多有调戏（叼唆）官家者，宜勿听之。"（《续资治通鉴》卷八三）蔡絛《铁围山丛谈》卷一的记载尤为具体而生动：

哲宗即位甫十岁，于是宣仁高后垂帘而听断焉。及寖长，未尝有一言。宣仁在宫中每语上曰："彼大臣奏事，乃胸中且谓何，奈无一语耶？"上但曰："娘娘已处分，俾臣道何语？"如是益恭默不言者九年。

时又久已纳后。至是上年十有九矣，犹未复辟（未把皇权交与哲宗）。一旦，宣仁病且甚，尚时出御小殿。及将大渐，谓大臣曰："太皇以久病，惧不能自还，为之奈何？"大臣同辞而奏："愿供张大庆殿。"宣仁未及答，上于帘内复出圣语曰："自有故事。"大臣语塞。既趋下，退相视曰："我辈其获罪乎？"

翌日，自上命轴帘（卷帘），出御前殿，召宰辅，谕太皇太后服药，宜赦天下。不数日，宣仁登仙，上始亲政焉。上所以衔（衔恨，衔怨）诸大臣者，匪（非）独坐变更，后数数与臣僚论昔垂帘事，曰："朕只见臀背。"

这段话相当具体地记述了哲宗不满高太后和执政大臣的过程及原因——不仅

第十九章 "以汉武比先朝"

仅因为高太后、执政大臣"变更"神宗之政，更主要的是"娘娘已处分"，"朕只见臂背"，只是接受大臣参拜，没有任何实权。这在他"甫十岁"时还无所谓，而在他"已纳后""年十有九"时就再也不能容忍了。这是高太后一死，元祐大臣皆获罪的重要原因之一。

哲宗对元祐大臣的态度首先在苏轼出知定州的问题上表现出来。数年来苏轼一直要求出知"重难边郡"，均未获准。哲宗一亲政，就命苏轼知定州，并拒绝他陛辞的要求。苏轼深感"国是将变"，要求哲宗不要"轻有改变"（《朝辞赴定州论事状》）。他在《东府雨中别子由》诗中写道："今年中山（即定州）去，白首归无期。"他已预料到此去再难回朝。又说："客去莫叹息，主人亦是客。"主人指苏辙，可见他已预感到苏辙也不久于朝，即将被逐。

十月苏辙正要上疏进谏，见到范祖禹所上疏，觉得已说了自己想说的话，于是附名同进。范祖禹上疏说，高太后一死，"必将有以改先帝之政，逐先帝之臣为太皇太后过者，此离间之言，不可不察也"。他要哲宗"守元祐之政，当坚如金石，重如山岳"。但哲宗对这些意见根本听不进去。礼部侍郎杨畏上疏说："神宗更法立制以垂万世，乞赐讲求以成继述之道。"哲宗立即召对，问先朝故臣孰可召用。杨畏遂推荐章惇、吕惠卿、邓润甫、李清臣等。哲宗深以为然，复章惇为资政殿学士，吕惠卿为中大夫，绍圣元年二月又以李清臣为中书侍郎，邓润甫为尚书右丞（《宋史纪事本末》卷四六）。杨畏在王安石当政时，"尊安石之学，以为得圣人之道"。司马光当政，他又吹捧司马光。司马光一死，他攻击司马光"不知道，故于政事未尽"。杨畏也是蜀人，他先后攻击宰相刘挚、苏颂，目的是为苏辙出任宰相开道。后高太后自外召范纯仁为相，他又攻击苏辙，"言辙不可大用"。杨畏就是这样一个反复小人，时人称为"杨三变"。形势对苏辙虽然很不利，但他仍力求匡救时政。哲宗亲政，首用内侍，苏辙上奏说："陛下方亲政，中外贤士大夫未尝进用，而推恩先于近习，外议深以为非。"（《龙川略志》卷九）据旧制，后妃之家十年一奏门客。时皇太妃之兄朱伯村以门客奏，苏辙主张"凡事付有司，必以法裁处，朝廷又酌其可否而后行，于体为便"。哲宗本来已大体同意苏辙的主张，但李清臣为了阿附哲宗之意，却说："此可为后法，今姑予之可也。"哲宗马上听从了李清臣的意见（《颍滨遗老传》下）。当时，相州、滑州饥民众多，仓廪空虚。苏辙主张如实上奏哲宗，并引真宗朝宰相李沆之言说："上少，当令常闻四方艰难，不尔，侈心一生，无如之何。"（《龙川略志》卷九）

　　前已述及，苏辙兄弟同李清臣的关系本来是很不错的。元丰时，李清臣还朝，官至吏部尚书、尚书右丞。哲宗继位，曾转尚书左丞。但因他是元丰旧臣，仍被逐出朝。元祐六年以李清臣为吏部尚书，给事中范祖禹封还诏书，左正言姚勔亦言不当，苏辙也不甚赞成。他说，李清臣等"非有大过恶，但昔与王珪、蔡确辈并进，意思与今日圣政不合"，若进用此辈，"党类气势一合，非独臣等耐何不得，亦恐朝廷难耐何矣。且朝廷只贵安静，如此用人，台谏安得不言？臣恐自此闹矣！"高太后也认为"不如且静"，李清臣的除命遂暂时搁置。

　　哲宗亲政，以李清臣为中书侍郎后，李因神宗朝为执政而在元祐年间被逐，故以废神宗之政激怒哲宗。绍圣元年廷试进士，李清臣撰御试题说："今复词赋之选而士不知勤，罢常平之官而农不加富，可差可募之说杂而役法病，或东或北之论异而河患滋，赐土以柔远也而羌夷之患未弭，弛利以便民也而商贾之路不通。"这实际上是对元祐之政的全面指责。苏辙是元祐之政自始至终的参与者，当然要起而反驳，于是上了《论御试策题札子二首》。他在前一首札子中说："神宗皇帝以天纵之才行大有为之志，其所设施度越前古，盖有百世而不可变者矣。"他一连列举了神宗"所行善政，见今遵行者"十余项，并说："凡如此类，皆先帝圣谟睿算，有利无害，而元祐以来上下奉行，未尝失坠者也。至如其他，事有失当，何世无之？父作之于前，而子救之于后，前后相继，此则圣人之孝也。"他要哲宗"慎勿轻事改易。若轻变九年已行之事，擢任累岁不用之人，人怀私忿，而以先帝为词，则大事去矣"。在后一道札子中，他说他"初为谏官，后为御史，每言差役不可尽行，而河流不可强遏。上下顾望，终不尽从。陛下以此察之，臣非私元祐之政也"。他说即使认为"元丰之事有可复行，而元祐之政有所未便"，也希望能"公共商议，见其可而后行，审其失而后罢"。

　　苏辙的态度应该说是十分诚恳的，但哲宗却很不高兴。李清臣等又从旁

第十九章 "以汉武比先朝"

煽风点火，哲宗"益怒，遂责辙以汉武比先朝"。所谓"以汉武比先朝"是指苏辙札子中有如下一段话："昔汉武帝外事四夷，内兴宫室，财赋匮竭，于是修盐铁榷酤、平准均输之政，民不堪命，几至大乱。昭帝委任霍光，罢去烦苛，汉室乃定。"苏辙认为自己以武帝比先朝无罪，因为"汉武，明主也"。哲宗声色俱厉地怒斥道："卿意但谓汉武穷兵黩武，末年下哀痛之诏，岂明主乎？"苏辙不敢再申说，只好下殿待罪。其他大臣都不敢吭声，只有范纯仁从容地说："武帝雄才大略，史无贬辞，辙以比先帝，非谤也。陛下亲政之初，进退大臣当以礼，不可如呵斥奴仆。"邓温伯却火上加油："先帝法度为司马光、苏辙坏尽。"范纯仁反驳道："不然，法本无弊，弊则当改。"哲宗仍不满苏辙"以汉武比先帝"，因为他认为秦皇、汉武往往相提并论，而秦皇是暴君的代表。范纯仁再次说："辙所论，事与时也，非人也。"哲宗才稍稍息怒。（《续资治通鉴》卷八三）平时，苏辙常常反对范纯仁的主张，但在关键时刻范纯仁却不顾一切地营救苏辙，表现出应有的大臣风度。

第二十章 "岁更三黜"
——连贬汝州、袁州、筠州

苏辙下殿，迁入观音院待罪，并上《待罪札子》，要求"少宽刑诛，特赐屏逐"。结果苏辙被命出知汝州（今河南临汝）。中书舍人吴安诗所撰的苏辙知汝州制词，有"文学风节，天下所闻"，"原诚终是爱君，薄责尚期改过"语。哲宗对这一制词很不满意，批道："苏辙引用汉武故事，比拟先帝，事体失当。所进入词语，不著事实"，命"别撰词进入"。不久，吴安诗竟因此罢为起居郎。重撰的制词就大大加码了，指责苏辙"倡为奸言，怫于众闻"，"忘体国之义，循习非之私。始则密奏以指陈，终于宣言以眩听。至引汉武以方先朝，欲以穷奢黩武之资，加之明圣德哲之主。言而及此，其心谓何？宜解东台之官，出守列郡之寄"（孙汝听《颍滨年表》）。

苏辙于绍圣元年四月二十一日到达汝州。汝州在嵩山之南，十八年前苏辙做陈州教授时，考试洛阳举人，曾游嵩山。绍圣元年初葆光法师得《嵩山图》，将游嵩山，苏辙与他相约说："闻此州（汝州）在嵩少之阳，登城北望，可以尽得其胜，君何时为此游，吾将举酒与子相望，虽不能同，亦庶几焉。"（《塞师嵩山图并引》）他到达汝州后，派家兵往嵩山祷祀，自己则登上汝州望嵩楼遥望嵩山。只见"连山障吾北，二室分西东。东山几何高，不为太室容。西山为我低，少室见诸峰"。他觉得在这里一面饮酒，一面欣赏嵩山景色，并不一定比在京城差："可怜汝阳酒，味与上国同。游心四山外，寄适酒杯中。"（《望嵩楼》）

汝州有纪念宋初文坛领袖杨亿的思贤亭。杨亿（974—1020），字大年，建州浦城（今属福建）人，七岁能属文，宋太宗闻其名，年十一召试词艺，授秘书省正字，后官至翰林学士兼史馆修撰。杨亿为人"刚介寡合"，为王钦

第二十章 "岁更三黜"

若等所谗毁，于是借口母病，不待报而归。大中祥符七年（1014）起知汝州（《宋史·杨亿传》）。杨亿至汝，常称病，以事付僚吏，以文墨自娱，得诗百余篇。还朝后，汝人刻其诗于石，并为他建思贤亭。苏辙贬官汝州，亭已很破旧，诗石散失过半。他于是重刻杨亿汝州诗，增广思贤亭，龛诗石于亭壁，并作《汝州杨文公诗石记》。苏辙感慨道："公以文学鉴裁，独步咸平、祥符间，事业比唐燕、许无愧。所与交皆贤公相，一时名士多出其门。然方其时已有流落之叹，既没十有五年，声名犹籍籍于士大夫；而思贤（亭）废于隶舍马厩之后，诗石散于高台华屋之下矣！凡假外物以为荣观，盖不足恃，而公之清风雅亮，固自不随世磨灭耶！然予独拳拳未忍其委于荒榛野草而复完之，抑非陋欤！抑非陋欤！"苏辙在这里高度评价了杨亿的为人，认为他是"清风雅亮"之士，苏轼也认为他是"忠清鲠亮之士"（《议学校贡举状》）；高度评价了他在文学史上的地位，认为他不仅独步真宗朝（咸平、祥符，皆真宗年号），而且简直可与唐代燕国公张说、许国公苏颋这样的"大手笔"相比。《宋史·杨亿传》说："（亿）喜诲诱后进，以成名者甚众。人有片言可记，必为讽诵。手集当时之述作，为《笔苑时文录》数十篇。重交游，性耿介，尚名节。多周给亲友，故廪禄亦随而尽。""当时学者，翕然宗之。"这就是苏辙所说"一时名士，多出其门"的具体内容。杨亿的诗文华艳典雅，以他为代表的西昆体诗风统治11世纪初的文坛达三四十年之久，"既没十五年，声名犹籍籍于士大夫"，在当时曾产生过巨大影响。他效法李商隐的深沉含蓄诗风，有利于克服宋初诗文的浅薄刻露。正如田况《儒林公议》所说："虽伤于雕摘，然五代以来芜鄙之气，由兹尽矣。"这样一位为人正直，在文学史上有巨大贡献、巨大影响的人，虽得太宗、真宗赏识，却屡遭谗毁，生前就有"流落之叹"，这与苏辙兄弟的境遇颇有相似之处，难怪苏辙在这篇《记》中大动感情，颇有借杨亿酒杯浇胸中块垒之慨。

苏辙在汝州还捐百缣帮助修复龙兴寺吴道子画壁。三苏父子俱喜画。苏洵虽为布衣，收藏的名画可与公卿比。苏轼更是名画家，少而知画，得用笔之理。苏辙自称"我非画中师，偶亦识画理"（《王维吴道子画》），他说他自少闻父兄之论，"虽不能深造之，亦庶几焉"。他赞成"画格有四，曰能、妙、神、逸"的画论，认为"方圆不以规矩，雄杰伟丽，见者皆知爱之"，堪称神；"纵横放肆，出于法度之外，循法者不逮其精，有纵心不逾矩之妙"，才能算逸。而汝州龙兴寺的吴道子画，"笔迹尤放"。但寺宇破漏，画壁为风雨所侵。为了保护吴画，他要龙兴寺僧惠真进行修缮，并解囊以助（《汝州龙兴寺修吴画殿记》）。当时苏轼也以"讥斥先朝"的罪名自定州贬知英州，来汝州看望苏辙。他们曾一起去观赏龙兴寺的吴道子画。苏轼称赞弟弟保护古文物的行动说："他年吊古知有人，姓名聊记东坡弟。"（《子由新修龙兴寺吴画壁》）

苏轼一向不善料理生计，有钱就随手花尽。加之元祐年间，他奔波于地方、朝廷之间，调动频繁，手中更无结余。现在忽然远谪岭南，行程数千里，经济十分拮据。苏辙在元祐以前的俸禄比苏轼少，子女比苏轼多，生活比苏轼困难。但元祐年间，他一直在朝，位至副相，经济比苏轼反而宽裕了。"患难之中，友爱弥笃"的苏辙，十分慷慨，分俸七千帮助苏轼长子苏迈带领全家大半的人往宜兴（苏轼在此置有田产）就食。

在苏轼离开汝州后不久，苏辙于绍圣元年六月再贬袁州（治所在今江西宜春）。右正言上官均指责苏辙有六大过恶，但概括起来，不外人事与政事两端。在人事方面，一是"轻移陛下腹心之臣"，"同时执政如胡宗愈、许将、刘挚、苏颂皆以与吕大防、苏辙议论异同，辄阴喻谏官、御史，死力排击，卒皆斥罢"。二是任用私人，张耒、秦观等撰次国史，杨畏等为谏官，都成了苏辙之罪。在政事方面则指责苏辙同吕大防"隳坏先帝役法、官制、学校贡举之制，士民失业；弃先帝经画塞徼要害之地，招西戎侵侮边陲之患，至今未弭"。他要求对苏辙等人"明正典刑，以服中外"（孙汝昕《颍滨年表》），结果吕大防、苏辙等都再次被贬。

林希与苏辙兄弟本来关系密切，过去曾写信称美苏氏说："父子以文章冠世，迈（迈越）渊（王褒，字子渊）、云（扬雄，字子云）、司马（相如）之才；兄弟以方正决科，冠晁（错）、董（仲舒）、公孙（弘）之对。"这次苏辙贬袁州，林希起草的《苏辙降官知袁州制》（《宋大诏令集》卷二〇六），不仅历诋苏辙一生所为，而且兼及其父兄。但被钉在历史的耻辱柱上的，并不是

第二十章 "岁更三黜"

苏辙，倒是林希自己。这是一篇不可多得的千古奇文，"奇文共欣赏"，今摘录于次：

> 大中大夫、知汝州苏辙，父子兄弟挟机权变诈之学，惊愚惑众。辙昔以贤良方正对策于廷，专斥上躬，固有异志。有司言辙怀奸不忠，如汉谷永，宜在罢黜。我仁祖优容，特命以官。在神考时，献书纵言时事，召见询访，使预讨论。与轼大倡丑言，未尝加罪。仰惟二圣厚恩，宜何以报？垂帘之初，老奸擅国，置在言路，使诋先朝，乃以君父为仇，无复臣子之义。愎愎（执拗违逆）深阻，出其天资。援引狙浮，盗窃名器。专恣可否，畴敢谁何？至与（吕）大防中分国柄，罔上则合谋取胜，徇私则立党相倾。排嫉忠良，眩乱风俗。朕既洞察险诐，犹肆诞慢。假托虚词，规喧朝听。

苏辙读到这篇制词，不禁哭泣道："某兄弟固无足言，先人何罪耶！"（王楙《野老纪闻》）是呵，即使所数苏辙一生"过恶"皆属事实，关苏洵何事？为什么要扯到他父亲头上去？何况所列"过恶"，全是颠倒黑白。苏辙早年应制科试对仁宗的批评，连仁宗都认为他出自忠心，认为他将来堪做宰相，怎么变成"固有异志"？熙宁初他上书"纵言时事"，连神宗都称赞他"潜心当世之务，颇得其要"，怎么就成了"大倡丑言"？苏辙在元祐年间的言行，即使有某些失误，但"未尝不以谋国体，便人情为虑"（南宋章谦语，见《苏文定公谥议》），怎么能说是"愎愎深阻，出其天资"？其实林希也完全明白自己是在颠倒黑白。《宋史·林希传》载：章惇以林希为中书舍人，且许以为执政。当时尽黜元祐群臣，"自司马光、吕公著、大防、刘挚、苏轼、辙等数十人之制，皆希为之，词极其丑诋，至以'老奸擅国'之语阴斥宣仁（高太后），读者无不愤叹。一日，希草制罢，掷笔于地曰：'坏了名节矣！'"从他自知"坏了名节"可看出，他心中并非不明是非，但为厚利所诱，不惜违背良心，颠倒黑白。章惇后来不但没有让他做执政大臣，而且把他逐出朝廷。徽宗立，林希又以"老奸擅国"等语被夺职，忧愧而死。苏轼自海南北归时，在《与子由书》中说："林子中（希）病伤寒十余日便卒，所获几何？遗臭无穷，哀哉哀哉!"林希的可耻下场,确实可为有文无行者戒!

苏洵当年过洛阳,爱其山川,曾有卜居嵩洛之意:"经行天下爱嵩岳,遂欲买地居妻孥。……今君南去已足老,行看嵩少当吾庐。"(《赠陈景回道卜居意》)但因家贫,未遂其意。元祐年间苏辙在朝,为成就先人之志,在颖川置有田产。这次在赴袁州贬所时,他估计还有后忧,就把长子苏迟、次子苏适以及两位守寡的女儿(适王适、文逸民者)安排在颖川"糊口":"三子留二子,嵩少道路长。累以二孀女,辛勤具糇糖。"(《次迟韵》)独携幼子苏远同行:"万里谪南荒,三子从一幼。"(《次远韵》)

苏辙的判断是正确的。六月再贬袁州,七月监察御史周秩言,苏辙之罪不在吕大防、刘挚之下,他们都是"言之而又行之者";"辙讥斥先朝,不减于轼","而得罪轻于苏轼"。结果苏辙还未到达袁州,又被命分司南京,筠州居住。这就是所谓的"岁更三黜"(《分司南京到筠州谢表》),一年中先后贬官汝州、袁州、筠州。

第二十一章 "再谪仍此州"
——筠州居住

苏辙于元丰年间贬筠州,途中作诗很多。这次情况刚相反,仅存诗一首,这就是途经真州时所作的《阻风》。这首诗颇能代表他对"岁更三黜"的态度:

> 大水荡洲浦,牵挽无复施。
> 我舟恃长风,风止将安为!
> 塌然委积水,坐被弱缆维。
> 市井隔峰岭,食尽行将饥。
> 长啸呼风伯,厄穷岂不知?
> 蓬蓬起东南,旗尾西北驰。
> 所望乃大谬,开门讯舟师。
> 舟师掉头笑,沿泝要有时。
> 泝者不少息,沿者长嗟咨。
> 飘风不终日,急雨常相随。
> 雨止风亦止,条条弄清漪。
> 我言未见信,君行自见之。

诗的前半部分写江涨阻风,"所望乃大谬";后半部分是借舟师之口写自己对"厄穷"的态度:一是要想得开,失望的事人人都有。逆流而上者不阻风而叹息,沿江而下者就会因阻风而咨嗟。你不阻风,别人就会阻风。二是要看得远。老子说得好:"飘风不终朝,骤雨不终日。"一切狂风暴雨都将过去,清波荡漾的前景即将来临。

  苏辙兄弟几乎同时分别到达贬所，苏辙于九月二十五日到达筠州，苏轼于十月二日到达惠州。他们在谪居筠、惠的三年中，虽"相望万里，患不相救"（苏辙《高安青词》），但由于经常有和尚、道士为他们传书捎信（《和子瞻新居欲成》："音信频来尚有僧"），仍时有唱和。这些唱和诗的内容主要有二：

  一是互告近况。如苏轼在《上元夜》诗中告诉弟弟："今年江海上，云房寄山僧。"苏辙在《次韵子瞻上元见寄》中告诉哥哥："建成（即筠州）亦硇邑，灯火高下层。"而自己还过得不错："幸此米方贱，日食聊一升。夜出随众乐，铺糟共腾腾。"苏轼的《连雨江涨》描写惠州大水说："床床避漏幽人屋，浦浦移家蜑（南方少数民族）子船。龙卷鱼虾并雨落，人随鸡犬上墙眠。"苏辙《次韵子瞻连雨江涨》告诉苏轼说："烝润由来共一天。"在惠州大水的同时，筠州也涨水："云塞虚空雨翻瓮，江侵城市屋浮船。"苏轼在惠州大作和陶诗，苏辙也偶尔和陶，并对哥哥说，自己也喜爱陶诗："永愧陶彭泽，佳句如珠圆。"（《子瞻和陶公读山海经……》）

  二是互相安慰告诫。苏轼《上元夜》诗，以前年在京城，去年在定州过上元节的盛况，与今年惠州上元节做对比，倍感萧条冷落。苏辙在次韵诗中安慰哥哥说："人生天运中，往返成废兴。炎起爨下薪，冻合瓶中冰。赖有不变处，寂如方定僧。"人生天地之间，时往时返，时冷时热，不断变化，但也有静寂不变的一面。即使"外物竞排挤"，却能"中情久岑寂"（《次韵侄过江涨》）；虽然"但闻事日新"，却"未觉吾有异"（《次迟韵》）。也就是说无论时局如何变化，都要保持自己的操守，以不变应万变："谁言逐客江南岸，身世虽穷心不穷。"（《劝子瞻修无生法》）苏轼在南迁途中就希望"吾南迁其速反"（《临城道中作》），但在惠州一住数年，并无北归之望，于是在白鹤峰筑屋凿井，作长住打算："中原北望无归日，邻火村舂自往还"（《白鹤峰新居欲成》）；苏辙却一直以北归有望安慰哥哥："恩移峤北应非晚，未省南迁岁月长"（《次韵子瞻连雨江涨》）；"老罢子卿还属国，功成定远恨阳关。漂流岂必风波际，颠沛何妨枕席间。伏腊便应随俚俗，室庐闻似胜家山。因缘宿世非

第二十一章 "再谪仍此州"

今日，赖有阴功许旋还"（《和子瞻新居欲成》）。苏武，字子卿，出使匈奴，被扣留十九年。及归，须发尽白，拜为典属国，秩二千石。定远，指定远侯班超，他在西域活动三十一年，为国立下赫赫之功。晚年思归，上疏说："臣不敢望酒泉郡，但愿生入玉门关。"（《后汉书·班超传》）苏辙诗以苏武、班超喻苏轼，告以定能北归，这是针对苏轼"中原北望无归日"而作的安慰。

苏辙前次贬高安，"鬻盐，沽酒、税豚鱼"，忙得来根本没有时间游览："卖酒高安市，早岁逢五秋。常怀简书畏，未暇云居游。"想起当年的生活，现在他还觉得好笑："米盐奔走笑当年。"（《次韵子瞻连雨江涨》）这次情况不同了，不让他过问州事，十分悠闲："十载还上都，再谪仍此州。废斥免羁束，登临散幽忧。"他与二三老友冒雨泛舟："乡党二三子，结束同一舟。雨余江涨高，林薄（迫近）烦撑钩。积阴荐（屡次）雷作，两山乱云浮。雨点落飞镞，江光溅轻沤。"雨停之后，他们又一起登山，游小云居，老僧留他们吃晚饭，州官还给他们加菜："笑语曾未毕，风云遽谁收？舟人指松桧，古刹依林丘。老僧昔还往，晚饭迎淹留。食菜吾自饱，馈肉烦贤侯。"鼓角声起，他们又乘舟返城："严城迫吹角，归棹随轻鸥。联翩阅村坞，灯火明谯楼。"像这样闲适的生活，他简直忘记自己是"罪人"了："居处方自适，未知厌拘囚。"（《雨中游小云居》）有时他又观赏池中双莲："绿盖红房共一池，一双游女巧追随。镜中比并新妆后，风际携扶欲舞时。"（《筠州州宅双莲》）有时又自种花木，从《寓居六咏》可知，他在宅旁种菊花、山丹、石榴、鸡冠花。他同左邻右舍的关系很不错，大旱之年，百泉枯竭，他家的井水很好，供邻舍取用："西邻分半井，十口无渴忧。岁旱百家竭，日供八家求。"苏辙园中无竹，但东邻的竹子很茂盛，他也分享其阴凉："邻家三亩竹，萧散倚东墙。谁谓非吾有，时能惠我凉。雪深闻毁折，风作任披猖。事过还依旧，相看意愈长。"他从东邻的竹子，悟出了深刻的哲理，翠竹尽管为风雪所摧折，但"事过还依旧"，风雪之后它仍郁郁苍苍。所谓"相看意愈长"，长就长在他像竹子一样"事过还依旧""未觉吾有异"，任何风雪也不能改变他的操守。

苏辙贬官筠州，完全是旧地重游，人熟地熟。他在《次韵子瞻江西》中写道：

> 许君马老共一邦，西山断处流蜀江。
> 谁令十载重渡泷，滩头旧寺晨钟撞。
> 乱流赤脚记淙淙，道俗自谓丹霞庞。
> 便令筑室修畦矼，往还二老笻一双。

许君，指东晋道士许逊，曾在江西西山学道；马老，指唐代禅宗高僧马宜，曾在江西南康龚公山传授禅法。当苏辙十年后重渡湍急（泷）的蜀江时，这里仍然是佛、道盛行之地，迎接他的仍然是滩头旧寺的晨钟，淙淙乱流，片片丹霞。景是当年之景，人是当年之人，他在"二老"下自注说："予与筠州聪长老有十年之旧。"是的，十年前他与聪长老已结下深厚友谊，这次一到筠州，聪长老就来安慰他："去来宿缘也，无足怪者！"（《逍遥聪禅师塔碑》）

苏辙再贬筠州期间，成都中和相胜院宝月大师惟简卒于成都。苏辙于嘉祐元年赴京应进士试时始识惟简。惟简，姓苏，眉山人，以"宗党之故，情若旧识"。当时惟简曾劝告苏辙兄弟说："游宦如寄，非可久安。意适忘归，忧患所由。亟还于乡，泉石可求。"苏辙说他是牢记惟简的忠告的，可惜还未及实现，惟简便去世了。惟简临终时，派他的徒弟法舟求苏辙兄弟作塔铭。法舟先到惠州，苏轼为作《宝月大师塔铭》；接着又到筠州，苏辙为作《祭宝月大师宗兄文》。法舟来筠，引起苏辙对故乡和故人的无限怀念："寄我泪痕归万里，遥知露滴润青松。"（《成都僧法舟为其祖师宝月求塔铭，于惠州还，过高安，送归》）

在苏辙贬筠期间，寓居许昌的长子苏迟曾来筠州探望父亲和弟弟。苏迟虽然承担了弟弟苏适和两个孀居姐妹的生活，但气色却很好："饥寒不能病，气纾色亦康。"苏辙要苏迟尽快回去："力耕当及春，无为久南方。"不要为自己担心，因为自己对宦海浮沉已看得很轻，不会为贬逐而难过的："世事非吾忧，物理有必至。"所谓物理，就是晴雨、阴阳、得失、穷达，这些对立之物总是"相纠缠"，此去彼来，他已懂得淡然处之："幽怀澹不起，默坐识其趣。"他现在所关心的已不是这些得失、穷达，而是"要令北归日，粗究一大事"（《次迟韵》）。什么"大事"呢？《次远韵》透露了其中消息："万里谪南

第二十一章 "再谪仍此州"

荒，三子从一幼。缪追《春秋》余，赖尔牛马走。忧病多所忘，问学非复旧。借书里诸生，疑事谁当叩？吾儿虽懒教，擢颖既冠后。求友卷中人，玩心竹间岫。时令检遗阙，相对忘昏昼。"他所说的"大事"，就是在幼子苏远的佐助下完成《春秋传》。他要苏远为他向里中诸生借书，帮他翻检遗阙，并一起研讨"疑事"。他在《颍滨遗老传》中说："凡居筠、雷、循七年，居许六年，杜门复理旧学，于是《诗》《春秋传》《老子解》《古史》四书皆成。"苏辙从事这些学术著述在前一次贬筠州时期已经开始，故叫"复理旧学"。这次在筠州作有《古史后序》，可见他的《古史》六十卷这时已完成。

苏辙因苏迟之来更加思念苏适和两位孀居的女儿："更念宛丘子，顾然何时觏（见）？"他在筠州期间，时时都希望能"刊除罪籍"，早点同苏轼团聚。《高安青词四首》最足以代表他这一思想，其中第一首写道："手足之亲，播迁瘴海；父子之爱，留寓中原。寄迹高安，邂逢生日；术者荐告，厄运稍移。仰叩天阍，冀回圣造。矜其愚而多怨，察其中之无他。赦宥往愆，刊除罪籍，俾我同气，俱复近邦。苟获闲地以偷安，非复要途之敢望。"但"术者"之告并未应验，等待苏辙兄弟的不是"厄运稍移"，而是更大的厄运；不是"俱复近邦"，而是都被谪到更远的地方；"要途"当然说不上，"闲地"也不能"获"，"获"得的是当时还十分荒凉的雷州、儋州。

第二十二章　"圣恩尚许遥相望"

——雷州安置

绍圣四年（1097）二月，朝廷先借口司马光等"偶缘身死，不及明正典刑"，追贬司马光、吕公著等；接着又借口死者已重处，而生者"虽尝惩责而罚不称愆"，"轻重失当，生死异同"，流吕大防、刘挚、范纯仁等于岭南，苏辙也在其中。《苏辙散官安置制》（《宋大诏令集》卷二八）说苏辙"操倾侧孽臣之心，挟纵横策士之术。始于兄轼，肆为抵巇；晚同相（司马）光，协济险恶。……罪同首恶，法在严诛"。结果被责授化州（今广东化县）别驾，雷州（今广东海康境）安置。

苏轼责授琼州（今海南岛海口）别驾，昌化军（故儋耳地）安置。苏辙三月得到诏命，沿着三年前苏轼赴岭南贬所走的路线行进。苏轼四月十七日才得到诏命，他们皆被命即行，相互间并不知道。苏轼行至梧州（今属广西），才听说苏辙还在前面百来里处的藤州，很快即将追上。他们已经三年不见了，苏轼连忙打听弟弟的健康状况——"江边父老能说子，白须红颊如君长"，身体还不错。他写诗安慰弟弟说："莫嫌琼雷隔云海，圣恩尚许遥相望。"（《谪海南，作诗示子由》）苏轼非常幽默，他说琼州、雷州虽为海所隔，但还可隔海相望，这正是皇恩浩荡呵！他们一路走得很慢，藤州至雷州才五六百里，他们却走了二十五天："萧然两别驾，各携一稚子。子室有孟光，我室惟法喜。相逢山谷间，一月同卧起。"（苏轼《和陶止酒》）孟光是东汉梁鸿之妻，是历史上有名的贤妻，此指苏辙之妻史夫人。法喜即闻佛法而喜，佛家以法喜为妻，所谓"我室惟法喜"，实际就是说自己没有妻子，因苏轼侍妾朝云已死于惠州。为什么五六百里会走近一个月呢？清人王文诰的判断大体是可信的："自五月十一日发藤州，至六月五日至雷，无须行二十余日"，但因

第二十二章 "圣恩尚许遥相望"

"朝命严迫","雷州不可逗留,故缓程于途中"。

苏辙兄弟于六月五日到达雷州后,雷州知州张逢、海康令陈谔出城迎接,安排他们住在监司行衙,第二天还为他们举行宴会。八日苏辙送苏轼赴海南,九日到达海滨徐闻,徐闻令冯太钧出迎。当时苏轼痔疮发作,呻吟不止。苏辙也整夜不寐,并朗诵陶潜《止酒》诗,劝苏轼不要再饮酒:"微疴坐杯酌,止酒则瘳矣。"苏轼表示要听从弟弟的劝告:"从今老坡室,不立杜康(传说是酒的发明者)祀。"(苏轼《和陶止酒》)苏辙《次韵和陶公止酒》说:"今年各南迁,百事付诸子。谁言瘴雾中,乃有相逢喜。连床闻动息,一夜再三起。"他劝告哥哥说,现在既像孔子一样的"道不行,乘桴浮于海"了("飘然从孔公,乘桴南海涘"),停止了一切追求("其余真止矣"),那么饮酒也应停止。杜康不可再祀,应祀的是长生不死的仙人安期生:"路逢安期生,一笑千万祀。"十一日苏轼渡海,苏辙与兄别于海滨。他们当时没有料到这就是最后一别,直至建中靖国元年(1101)苏轼卒于常州,他们再也没有见面的机会了。苏辙贬居雷州仅一年,存诗二十九首(《后集》卷二存二十七首,卷五存两首),其中有二十五首是苏辙和兄之作;另外四首为苏辙原唱,苏轼也有和作。这些唱和诗表明,他们的处境虽恶劣,但思想却很超脱,处处表现出一种自强不息的精神。

苏辙在《雷州谢表》中叙述自己的艰难处境说:"比者水陆奔驰,雾雨烝湿,血属星散,皮骨仅存。身锢陋邦,地穷南服。夷言莫辨,海气常昏。出有践蛇茹蛊之忧,处有阳淫阴伏之病。艰虞所迫,性命岂常!"但苏轼处境更加艰难:"我迁海康郡,犹在寰海中。送君渡海南,风帆若张弓。笑挥彼岸人,回首平生空。"(《次韵子瞻过海》)苏轼在渡海时,深感北归无望,但一转念,他又觉得千山万壑齐鸣,好像是群仙"喜我归有期";苏辙清醒地告诉哥哥说,政敌的罗网十分严密,他们很难逃出其"笼樊""缰锁":"笼樊顾甚密,俯首姑尔容。众人指我笑,缰锁无此工。"因此,他要哥哥做好岭南终老的思想准备:"有问何时归,兹焉若将终。"(《次韵子瞻过海》)

苏辙因为不习惯海滨生活,吃不来薰鼠、蝙蝠等腥膻之物,来到雷州仅十来天就瘦得来"帽宽带落惊僮仆"。苏轼劝告弟弟要入乡随俗,适应当地的生活，因为"人言天下无正味，蜘蛆未遽贤麋鹿"（《闻子由瘦》），习惯了就好了。苏辙想到哥哥的生活比自己还艰难（"海南老兄行尤苦，樵爨长须同二仆"），表示自己是会逐渐习惯这里的淡泊生活的："海夷旋觉似齐鲁，山蕨仍堪尝菽粟。"（《子瞻闻瘦，以诗见寄，次韵》）

苏辙兄弟的琼雷唱和诗有不少抒怀之作，宽广的胸怀、顽强的意志，使他们能够战胜险恶的政治环境和艰难的生活环境。在苏辙的住室后面有一株月季花，不知被谁所砍伐。但经过秋雨的滋润，它的残根又冒出了新芽。苏辙写道："偶乘秋雨滋，冒土见微茁。猗猗（美盛貌）抽条颖，颇欲傲寒冽。势穷虽云病，根大未容拔。"（《所寓堂后月季再生，与〈苏〉远同赋》）苏轼《次韵子由月季再生》也说："幽芳本长春，暂瘁如蚀月。且当付造物，未易料枯柿。也知宿根深，便作紫笋茁。"这两首诗完全是他们对自己的写照，他们也正因为根基深广，才能不为"势穷""暂瘁"所压倒，才能有"傲寒冽"的精神。正如苏辙《浴罢》所说："形骸但癯瘁，气血尚丰足。……枯槁如束薪，坚缜比温玉。"外表的枯槁癯瘁，并不能改变他那冰清玉洁、坚如磐石的内在精神。有了这种精神，既不会畏惧蛮风瘴雨，也不会畏惧谤语谗言："南海炎凉身已惯，北方毁誉耳谁闻！"（《次韵子瞻夜坐》）特别是苏辙的《次韵子瞻和渊明拟古九首》，提出了种种应付恶劣环境的办法，如："我师柱下史（老子），久以雌守雄。金刀虽云利，未闻能斫风。世人欲困我，我已长安穷。"——这叫做以柔克刚，您要以穷困我，我以安穷待之，其奈我何！"岁恶风雨交，何不完子庐？将扫道上尘，先拔庭中芜。"——这叫做修身以应物，先完吾庐就不畏风雨，自净就不怕外污。"平生气如虹，宜不葬北邙。……衰罢百无用，渐以圜斫方。"——因为过去锐气十足，结果被远谪岭南，死了也不能葬于北邙山（在河南）；现在要学乖巧一点，不要再硬碰硬了。"竿木常自随，何必返故丘？老聃白发年，青牛去西周。不遇关尹喜，履迹谁能求？"——《传灯录》载："邓隐峰辞师，师曰：'什么处去？'曰：'石头去。'师云：'石头路滑。'云：'竿木随身。'"《史记·老子列传》载："（老子）见周之衰，乃遂去。至关，关令尹喜曰：'子将隐矣，强为我著书。'于是老子乃著书上下篇，言道德之意五千余言而去，莫知其所终。"路再滑，只要有防

第二十二章 "圣恩尚许遥相望"

滑之器就不怕；只要会想，"不葬北邙"，不"返故丘"，也没有什么了不起，老子这样的贤人，晚年不也远走关外吗？毋庸讳言，苏辙这些抒怀之作有不少消极思想。但对封建社会一个仕途失意的人，我们也很难对他提出更高的要求。而难能可贵的倒是那种"颇欲傲寒冽""坚缄比温玉""北方毁誉耳谁闻"的精神。

琼雷唱和诗的又一内容是写他们同琼雷人民的关系。苏辙《同子瞻次（苏）过、（苏）远重字韵》写道："大男留处事田亩，幼子随行躬釜甗。低眉语笑接邻父，弹指呀嗟到蛮洞。"可见他们父子同雷州人民的关系是十分密切的。海南多荒田，苏轼作《和陶劝农》，劝民耕种。雷州情况也与海南类似："其民甘于鱼鳅蟹虾，故蔬果不毓；冬温不雪，衣被吉贝（木棉），故蓺麻而不绩，生蚕而不织，罗纨布帛仰于四方之负贩；工习于鄙朴，故用器不作；医夺于巫鬼，故方术（指医术）不治。予居之半年，凡羁旅之所急，求皆不获。"因此，他也劝告雷州人民要勤于耕种："我迁海康，实编于民。少而躬耕，老复其真。……愿以所知，施及斯人"；"断木陶土，器则不匮；绩麻缲茧，衣则可冀；药饵具前，病安得至？"（《和子瞻次陶渊明劝农诗》）这首诗表现出他对雷州人民的深切关心。苏轼在海南曾大力传播文化，苏辙在雷州虽仅一年，也很注意传播中原文化："海康杂蛮蜑，礼俗久未完。我居近闾阎，愿先化衣冠。衣冠一有耻，其下胡为颜？"因此，苏辙与当地士人的关系也很亲密："邑中有佳士，忠信可与友。相逢话禅寂，落日共杯酒。……米尽鬻衣衾，时劳问无有。"（《次韵子瞻和渊明拟古》）

苏辙兄弟"忧患尔来同""出处平生共"（《同子瞻次过、远重字韵》），琼雷唱和诗也表现了他们间深厚的兄弟情谊。海南岛盛产椰子，苏轼父子以椰子壳做帽子戴："规模简古人争看，簪导轻安发不知。更着短檐高屋帽，东坡何事不违时？"（《椰子冠》）他们还把椰子冠寄给苏辙，苏辙觉得椰子冠并不亚于官帽："垂空旋取海棕子（苏辙自注：'蜀中海棕即岭南椰木，但不结子耳'），束发装成老法师。……茅檐竹屋南溟上，亦似当年廊庙时。"元符元年（1098）是苏辙六十大寿，苏轼又寄沉香山子为他祝寿（《沉香山子赋》）。他们经常有书信往来，偶因风雨，海道断绝，书信不能往来，他们间的思念之情更深。苏轼说:"停云在空,黯黯将雨。嗟我怀人,道修且阻";"我不出门,寤寐北窗。念彼海康,神驰往从"(《和陶停云》)。苏辙也说:"云跨南溟,南北一雨。瞻望岂遥,隐窑斯阻。梦往从之,引手相抚。"

如前所述,雷州知州张逢、海康县令陈谔对苏辙兄弟是非常友好的,根本没有把他们当做犯官对待。朝廷不准犯官住官舍,张逢帮助苏辙租赁太庙斋郎吴国鉴的住宅,陈谔派人为苏辙整修一新。每月他们都自携酒食来苏辙住所,款待苏辙。苏辙在《东亭》诗中说:"十口南迁粗有归,一轩临路阅奔驰。市人不惯频回首,坐客相谙便解颐。"一位堂堂执政远谪到这样的穷乡僻壤,当地人很少见过这样的大官,故不断回头看稀奇。但有张逢、陈谔等坐客了解自己,苏辙就感到高兴了。不到半年,宰相章惇得知张逢礼遇苏辙,就命董必查访,想诬以强占民宅。但因有租券,不便加罪,只好于元符元年(1098)诏苏辙移住循州。后来雷州人民在苏辙住地建遗直轩、苏公祠来纪念苏辙。相反,两年后章惇谪雷州,也不准他住官宅,他想租民宅居住,老百姓却说:"前苏公来,为章丞相几破产,今不可也。"(邵博《邵氏闻见后录》卷二二)雷州人民对迫害苏辙的"章丞相"进行了辛辣的讽刺。

第二十三章 "龙川父老尚相寻"
—— 再迁循州

苏辙于元符元年（1098）被命迁循州（治所在今广东龙川），时正值酷暑，水陆并行数千里，日有瘴毒之患。自罗浮至循州七百余里，河水甚浅，船很难行。加之朝廷对元祐党人的迫害日甚一日，不准住官舍，连僧道庐室也不许久住，租赁民屋也很困难。因此苏轼要苏辙把家安置在惠州白鹤峰，同苏迈一起居住。苏辙接受了苏轼的建议，留家罗浮山下，单独与幼子苏远乘小舟赴循州。

八月，苏辙父子到达循州，暂时住在城东圣寿寺，接着以五十千钱买了曾氏小宅，大小房屋共十间，略加修缮，粗庇风雨。宅中有点空地可以种菜，有井可以灌溉。他们父子荷锄耕种，经过几个月的辛勤劳动，韭葱葵芥满园，既可供观赏，又可改善生活。

苏辙与龙川父老的关系也十分融洽，这集中表现在《闰九月重九与父老小饮四绝》，其一说：

> 九日龙山霜露凝，龙川九日气如蒸。
> 偶逢闰月还重九，酒熟风高喜不胜。

元符二年（1099）闰九月，因此过了两个重阳节。前一个重阳节，天气还十分炎热（"气如蒸"），后一个重阳节秋高气爽，与龙川父老小饮，他感到非常高兴。其二说：

> 获罪清时世共憎，龙川父老尚相寻。

直须便作乡关看，莫起天涯万里心。

哲宗亲政以后，党争比神宗朝、哲宗元祐年间还更激烈，对反变法派的迫害比乌台诗案有过之而无不及。所谓"清时"，是应加引号的。"世共憎"也主要是指为已经变质的新党所憎。而龙川父老不但不憎苏辙，而且在重阳节还来邀他喝酒。由于龙川父老待他情深，他感到龙川就是他的故乡，不再觉得自己是远谪万里的逐客了。其三说：

客主俱年六十余，紫萸黄菊映霜髭。
山深瘴重多寒势，老大须将酒自扶。

"客"是自指，"主"很可能就是他的西邻"黄氏老"，苏辙在循州期间，同他的关系很密切。苏辙所买的曾氏宅，有紫竹百余株，但为藤蔓所缠绕，又弯又小。苏辙砍去藤蔓，竹子是现出来了，但找不到一根可做拄杖的竹子。黄氏家的紫竹是从曾氏小宅移植的，却长得十分茂盛。苏辙向黄氏老"乞得一茎，劲挺可喜"，他经常拄着这支竹杖，到黄家饮酒："我身病后少筋力，遍求拄杖扶腰痛。萧萧瘦干未能任，一亩君家知足用。一枝遗我拄寻君，老酒仍烦为开瓮。"（《求黄家紫竹杖》）黄氏为仕宦之家，世代为儒，藏书不少，苏辙还经常向他借书看。重阳诗的第四首说：

尉佗城下两重阳，白酒黄鸡意自长。
卯饮下床虚已散，老年不似少年忙。

尉佗城，即龙川，秦末南海尉任嚣病危，召龙川令赵佗为南海尉，后自立为南粤武王，故称龙川为尉佗城。最后这一首写出了他在龙川的闲适生活。

苏辙在循州除同龙川父老特别是黄氏老来往密切外，还同一位龙川道士廖有象结下了深厚的友谊。这位龙川道士门徒甚多，住处也很不错："君居龙川城，筑室星一周。屋瓦如翚飞，象设具冕旒。弟子五六人，门徒散林丘。"

第二十三章 "龙川父老尚相寻"

苏辙来到龙川,可与游者甚少,而廖有象却成了他的好友:"昔我迁龙川,不见平生人。倾囊买破屋,风雨庇病身。颀然一道士,野鹤堕鸡群。飞鸣闾巷中,稍与季子(苏秦,此苏辙自指)亲。刺口问生事,褰裳观运斤。俯仰忽三年,愈久意愈真。"刺口即多言,韩愈《寄卢仝》有"彼皆刺口论世事"语。"刺口问生事"写廖有象对苏辙很关心。"运斤"见《庄子·徐无鬼》:"匠人运斤成风,听而斫之,尽垩(白粉)而鼻不伤。""褰裳观运斤"是写廖有象道法高强。苏辙后来北归,廖有象又为他送行("送我出重岭,长揖清江滨")。廖有象说他正在修建道观,完工之后他将到中原看望苏辙。十年后,廖有象果然"万里一藤杖,来从故人游",到颍川看望苏辙。苏辙为佛道中人说话算数,从不食言所深深感动:"我归客箕颍,昼日长掩关。仆夫忽告我,门有万里宾。问其所从来,笑指南天云。心知故人到,惊喜不食言。我老益不堪,惟有二顷田。年年种麦禾,仅能免饥寒。君来亦何为,助我耕且耘。嗟古或有是,今世非所闻。"(《龙川道士》《重赠一首》)

除龙川父老和龙川道士对苏辙的深厚友情外,还有两位故人也颇值一提。一是潮州(今广东潮安)道士吴子野。元祐年间,苏辙兄弟在京,吴子野曾入京,与李士宁、蓝乔游:"惯从李叟游都市,久伴蓝翁醉画堂。不似苏门但长啸,一生留恨与嵇康。"苏辙自注说:"子野昔与李士宁纵游京师,与蓝乔同客曾鲁公(即曾公亮)家甚久。"(《答吴和二绝》)苏辙兄弟贬官岭南,他又来到惠州、儋州,为苏辙兄弟传书带信。苏辙迁循州,他又来到循州。苏辙在《雨中招吴子野先生》诗中说:"柴门不出蓬生径,暑雨无时水及堂。辟谷赖君能作客,暂来煎蜜饷桃康。"辟谷,即服药而不食五谷,是道士"修仙"的方法之一。桃康,神名,据说主阴阳之事。苏辙中年以后很注意道家的养生术,所以他感谢吴子野来陪他"修炼"。不久,吴子野得知苏轼将内迁,又再次渡海到儋州向苏轼报告消息,并向苏轼出示苏辙所赠诗,苏轼有《次韵子由赠吴子野二绝句》。

二是巢谷。巢谷,字元修,眉山人,是苏辙的同乡。出身农家,其父为乡里的教书先生。巢谷曾应进士、武举,皆不中。游秦州、凤州、泾原等地,结识韩存宝,教韩读兵书。韩后来成为熙河名将,二人结为金石之交。泸州少数民族叛乱,朝廷命韩存宝出兵讨伐,巢谷也在军中。后韩得罪,托巢携银数百两送归其妻子和儿女。巢谷变姓名,送银授韩子。苏辙说:"予以乡里故,幼而识之,知其志节,缓急可托者也。"苏轼贬黄州,巢谷又去黄州看望苏轼,住于东坡,教苏轼二子(苏迨、苏过)读书。苏轼《与子安兄书》说:"巢三见在东坡安下,依旧似虎,风节愈坚,授某两小儿极严。"元祐年间,苏辙兄弟还朝,官居高位,巢谷沉沦乡里,从未去高攀他们。但苏辙兄弟远谪岭南,年逾七十的巢谷却不远万里,徒步往岭南慰问。元符二年(1099)春,他到达循州,并要到儋州看望苏轼。苏辙见他"瘦瘠多病,非复昔日",劝阻巢谷道:"君意则善,然自此至儋数千里,复当渡海,非老人事也。"但巢谷坚持要去,结果不出苏辙所料,行至新州病卒。苏辙在《巢谷传》中感叹道:"予闻哭之失声,恨其不用吾言,然亦奇其不用吾言而行其志也。"是的,巢谷因不听苏辙劝阻,死于异乡,令人惋惜,但如果他听从苏辙劝阻,巢谷就不成其为巢谷,他的事迹也就没有那样感人了。

苏辙兄弟的诗歌唱和,书信往来,因苏辙迁循,不仅横隔大海,而且相距遥远,明显减少了。但他们之间的情谊仍不减琼雷相望时,仍相互思念,相互安慰。

苏轼因"久不得子由书,忧不去心",曾以《周易》筮之(苏轼《书筮》)。苏辙曾作《书白乐天集后》寄苏轼。在他借阅西邻黄氏老的书中,有一部《白乐天集》,白乐天的事迹引起了他深深的共鸣。他说:"乐天处世,不幸在牛、李党中。观其平生端而不倚,非有附俪者也,盖势有所至而不得已耳。"苏辙兄弟也正是如此,他们身处新旧党争中,正因为独立不倚,无所附俪,结果遭到新旧两党排斥、打击。他们一生的所作所为,也是形势使然,箭在弦上,不得不发。所不同的是,白居易抽身较早,得以悠闲地度过晚年。而他们因为未能及时抽身,结果以六十高龄,远谪岭南,历尽忧患:"乐天少年知读佛书,习禅定,既涉世,履忧患,胸中了然,照诸幻之空也。故其还朝为从官,小不合即舍去,分司东洛,优游终老。盖唐世士大夫,达者如乐天寡矣。予方流转风浪,未知所止息。观其遗文,中甚愧之。"但苏辙也有看不起白居易的地方,这就是"乐天每闲吟衰病,发于咏叹,以公卿投荒僇死,

第二十三章 "龙川父老尚相寻"

不获其终者自解，予亦鄙之"。这句话很重要，表明苏辙虽仰慕白居易的及时抽身，却鄙视他庆幸自己未"投荒僇死"，也就是表明苏辙对自己投荒岭南并不后悔。因为在他看来，决定问题性质的不在动或息，而在真或妄。他对苏轼说："动念息念，皆归迷闷。世间诸修行人，不堕动念中，即堕息念中矣。欲两不堕，必先辨真妄。"只要真，动亦何妨，"投荒僇死"又有什么了不起？如果妄，息又何益，"优游终老"也就不值得羡慕了。

他在《龙川青词》中说："臣已自誓，屏去邪淫等观，冤亲普加慈恕，遇有方便，知无不为，或在庙堂，或在田野，并推此心，无有变易。"可见苏辙认为，只要"遇有方便"，他还可重回朝廷（庙堂）；如未遇"方便"，亦可归隐"田野"。他后来在徽宗朝杜门闲居十二年，完全是当时的形势所造成，并不是他的初衷。

苏辙在雷州、循州期间，继续从事他的学术著述。苏轼称颂苏辙说："白发苍颜自照盆，董生端合是前身。独栖高阁多辞客，为著新书未绝麟。"董生即董仲舒，著有《春秋繁露》。孔子著《春秋》，至鲁哀公西狩获麟而止。"未绝麟"即尚未完成。这里以董仲舒喻苏辙，说苏辙所著《春秋传》尚未完稿。这是说的苏辙在雷州的情况。苏辙在循州，杜门闭目，追忆平生所参与的各项重大政治活动，命幼子苏远书之于纸，名《龙川略志》，共十卷。苏辙一生曾见过朝廷很多名臣，如欧阳修、张安道、韩琦、司马光、王安石等等。元祐年间在朝时，刘贡父曾对苏辙说："予一二人死，前言往行堙灭不载矣。君苟能记之，尚有传也。"（《龙川别志序》）但当时他政务繁忙，无暇记这些名臣言行。在循州，他完成《龙川略志》后，又追记平日所闻前贤、时贤的轶事，成《龙川别志》四卷（今本为上下两卷）。苏轼晚年写了很多即兴式的笔记，而苏辙的《龙川略志》《龙川别志》的写作却是有计划的，《龙川略志》记所历，《龙川别志》记所闻。《东坡志林》记了很多奇幻怪异的事，表现了苏轼对新奇事物的浓厚兴趣。《龙川略志》《龙川别志》所载，除少量炼丹术、养生术外，绝大多数都是严肃的朝政。苏轼的笔记，文学色彩浓，具有较高的美学价值。苏辙的笔记政治色彩浓，具有较高的史料价值。正如《四库提要》卷一四〇所说："《略志》惟首尾两卷记杂事十余条，余二十五条皆论朝政。盖是非彼我之见,至谪居时犹不忘也。……《别志》所述多耆旧之余闻。朱子(熹)生平以程子(颐)之故,追修洛蜀之旧怨,极不满于二苏。而所作《名臣言行录》,引辙此志几及其半,则其说信而有征,亦可以见矣。"朱熹对苏辙《龙川略志》和《龙川别志》的重视,充分说明它对了解元祐之政和北宋名臣言行,具有重大意义。

第二十四章　"骨肉丧亡"
—— 北归颍昌

元符三年（1100）正月，年仅二十五岁的哲宗去世，北宋最荒淫的皇帝徽宗继位。但徽宗初即位，也似乎将大有作为的样子，诏求直言，敢谏之士渐被收用，贬谪岭南的元祐大臣逐渐内迁，苏辙兄弟也在其中。

元符三年上元节，苏辙祷告说，一愿养心炼气，日见成功；二愿朝廷觉悟，解脱网罗，得以北还；三愿南北眷属，各保安宁，北归之时，一一相见。他这次的祷告似乎应验了，二月他被命量移永州（今湖南零陵）。四月，徽宗长子生，大赦，被命移岳州（今湖南岳阳）。他在《移岳州谢状》中所说"圣神御极，恩贷深广，还遗旧物，尚许北还"；"元子赦书，重加开宥"，即指移岳州事。十一月苏辙到达鄂州（今湖北武昌），被命复太中大夫，提举凤翔府上清太平宫，外州军任便居住。制词说："辙富有艺文，尝预机政。谪居荒裔，积有岁时。稍从内迁，志节弥厉。诏还故秩，仍领真祠。"七年来，苏辙都只好言不由衷地承认自己"罪积如山""罪名既重，成命犹宽"。现在，他才第一次敢公开宣称自己无罪了。他在《复官宫观谢表》中说："反身自省，本欲忠孝于君亲；报国何功，粗免愧畏于俯仰。"这就是说，他不仅出发点是好的，完全是从忠君爱民出发的，而且效果也不错，他是无愧于时的。他认为自己"被罪南迁，于今七岁"，完全是受迫害："冰炭难以同器，仇怨因而满前。被以恶名，指为私党。将杜其生还之路，遂立为不赦之文。"舆论是同情他的："前后三迁，奔驰万里，瘴疠缠绕，骨肉丧亡。闻者为臣伤心，见者为臣陨涕。"他感谢徽宗在一年之中"荐（接连）垂恩宥，至于再三"，"秩复其旧，居住其便"。他说自己曾"卜居嵩颍之间，粗有伏腊之备，杜门可以卒岁，蔬食可以终生"，表示自己将归颍昌居住。元符三年年终，苏辙回到颍昌。

在苏辙北归的同时，苏轼也逐渐内迁。苏轼《赠岭上老人》写道："鹤骨霜髯心已灰，青松合抱手自栽。问翁大庾岭头住，曾见南迁几个回？"确实，南迁之人得以生还的不多，秦少游、范纯父等均已死于岭南。苏辙兄弟虽得生还，但苏轼的爱妾朝云死于惠州贬所，苏辙之媳、苏远之妻黄氏也死于循州贬所。苏辙对幼媳黄氏之死是很悲痛的，曾两次为她作祭文。他说："自筠徙雷，自雷徙循，风波恐惧，蹉遂颠绝。所至言语不通，饮食异和，瘴雾昏翳，医药无有。岁行方闰，气候殊恶，昼热如汤，夜寒如冰。行道僵仆，居室困瘁。始自仆隶，浸淫不已，十病六七，而汝独甚。天乎何辜，遂殒于瘴。"苏辙感到，这一切都是自己造成的："惟我夙业，累尔幼稚。兴言涕落，呼天何益！"建中靖国元年1101七月苏轼卒于常州。苏轼虽未死于贬所，但死因仍是南迁，即苏辙《和子瞻过岭》所说的"山林瘴雾老难堪"，"脾病索缠带岭岚"。苏轼临终时以不见苏辙为恨，他对钱济明说："惟吾子由，自再贬及归，不及一见而诀，此痛难堪！"他留下遗言，要苏辙把他葬在嵩山之下，并为他作《墓志铭》。苏辙得知苏轼去世的消息及其遗言之后痛哭道："小子忍（岂忍）铭吾兄！"

苏辙所作的《墓志铭》，详尽叙述了苏轼一生事迹，高度评价了苏轼的文学成就。这是宋代第一次对苏轼生平作系统论述的文章，为研究苏轼生平提供了最原始最权威的资料，以后各种苏轼的传记和年谱皆沿于这一《墓志铭》。全文约七千五百字，首写苏轼之死在当时所引起的强烈反应："吴越之民相与哭于市，其君子相与吊于家，讣闻四方，无贤愚皆咨嗟出涕，太学之士数百人，相率饭僧慧林佛舍。"次写苏轼的家世，然后依次写苏轼一生经历，最后叙其妻室、后代、葬地及其著述、书法、性格，终以铭文。以"患难之中，友爱弥笃"的亲弟弟，为兄作《墓志铭》，自然充满感情。铭文结尾云："我初从公，赖以有知。抚我则兄，诲我则师。皆迁于南，而不同归。天实为之，莫知我哀。"但晁公武《毗陵东坡祠记》（《梁溪漫志》卷四引）"述景迁生（晁说之）之语"，批评苏辙《东坡先生墓志铭》"非实录"：

公（苏轼）之葬也，少公黄门（苏辙）铭其圹，亦非实录。其甚者以赏

第二十四章 "骨肉丧亡"

罚不明罪元祐,以改法免役坏元丰;指温公才智不足,而谓公之斥逐出其遗意;称蔡确谤谇可赦,而谓公之进用自其迁擢;章子厚之贼害忠良,而谓公与之友善;林希之诋诬善类,而云公尝汲引之。呜呼,若然,则公之《上清储祥》、《忠清粹德》二碑及诸奏议、著述,皆诞谩欤?

苏轼的"诸奏议、著述"完全不能证明晁说之所谓《墓志》"非实录",只能证明晁说之所说"非实录"。为什么晁说之会有此说呢?王文诰《苏诗编注集成》、平步青《霞外攟屑》做了如下解释。平步青《霞外攟屑》卷七云:

王文诰《苏诗编注集成》云云:自元丰八年十二月自登州召还,至元祐元年八月,凡九阅月,无日不在搅扰之中。而群小之攻元祐者,亦于此时附和变法,干进杂沓莫辨矣。墓志于此处连下"君实始不悦矣"、"有逐公意矣"、"自是不安于位矣"三句,以"台谏多君实之人,皆希合求进"二句为纲领,截清九月情形,并该括前后九年朝局在内,盖不欲著之,而又不欲失此意,故为拖沓之笔以晓后人也。本传删去,此意全失之矣。王氏之言最得文定(苏辙)撰志苦心。景迂慕温公为人,故不满文定。子止述之,乃一家言,反非实录矣。

苏辙不欲显著苏轼同司马光的分歧,而更不欲不著此意,"故为拖沓之笔以晓后人"。晁说之因"慕温公(司马光)为人,故不满文定(苏辙)",此语颇重要,他之所以号景迂,就是因为司马光号迂夫、迂叟,景迂者景慕迂叟司马光是也。他对苏轼也很尊敬,作《东坡先生画像赞》,谓"世五百年,生命世才"。但他对苏轼、苏辙之说多有不满,曾作《太刚辩》反驳苏轼《刚说》:"东坡作《刚说》,以谓太刚则折者,鄙夫患失之论也";作《和陶引辩》,批评苏轼的和陶诗与苏辙的《子瞻和陶明诗集引》。而苏辙《东坡先生墓志铭》有不满司马光的话,故他批评《墓志》"非实录"。但真正"非实录"者,诚如平步青所说,非苏辙之言,乃晁说之、晁公武之言。

苏辙的两篇祭兄文，抒发了他们深厚的兄弟情谊：

惟我与兄，出处昔同。幼学无师，先君是从。游戏图书，寤寐其中。曰予二人，要以是终。后迫饥寒，出仕于时。乡举制策，并驱而驰。猖狂妄行，误为世羁。始以是得，终以失之。……兄归晋陵，我还颍川。愿一见之，乃有不然。瘴暑相寻，医不能痊。嗟兄与我，再起再颠。未尝不同，今乃独先。（《祭亡兄端明文》）

崇宁元年（1102）元月，苏辙同时葬兄苏轼、嫂王氏（南迁前卒于京师）、媳黄氏于郏城（今河南郏县）小峨眉山，并卖掉自己的部分田产，得九千多钱，资助苏轼之子。当时苏辙再次降官夺俸，自己的经济已很困难，但他笃于天伦之爱，不惜再次克己以助侄辈。他对兄长的怀念之情更是久而不息，每睹苏轼遗墨，未尝不唏嘘流泪。苏轼在海南曾和陶渊明的《归去来辞》，并要苏辙同作。当时苏辙正再迁龙川，未暇酬和。苏轼死后，苏辙整理旧书，偶得此篇，为不逆其意，泣而和之："归去来兮，世无斯人谁与游？"（《和子瞻归去来辞》）琼州进士姜唐佐曾在海南向苏轼求学，苏轼见他有中州士人之风，曾赠诗二句"沧海何曾断地脉，白袍端合破天荒"，并说："异日登科，当为子成此篇。"崇宁二年（1103）正月，姜唐佐到汝南看望苏辙，以苏轼诗相示，时苏轼已死两年。苏辙"览之流涕，念君要能自立而莫与终此篇者，乃为足之"：

生长茅间有异芳，风流稷下古诸姜。
适从琼管鱼龙窟，秀出羊城翰墨场。
沧海何曾断地脉，白袍端合破天荒。
锦衣他日千人看，始信东坡眼力长。

（《补子瞻赠姜唐佐秀才》）

苏辙去世前不久，还曾"屏卷得遗草，流涕湿冠缨"。他在《题东坡遗墨

第二十四章 "骨肉丧亡"

卷后》中，再次认为自己的文墨根本不能与苏轼相比："少年喜为文，兄弟俱有名。世人不妄言，知我不如兄。篇章散人间，堕地皆琼英。凛然自一家，岂与余人争？"而在苏轼死后，他深感既无对手，更无知音了："敌手一时无复在，赏音他日更谁期？"（《读旧诗》）

第二十五章 "经年汝南居"
——徽宗再次迫害元祐党人

宋徽宗初即位想调停新旧两党，调停不成，他很快又开始迫害所谓元祐臣僚。建中靖国元年（1101）十一月，改元崇宁，表示要崇尚熙宁之政。崇宁元年（1102）五月韩忠彦罢相，追贬司马光等四十四人，其子弟不得在京师做官。七月以蔡京为尚书右仆射兼中书侍郎，从此开始了宋徽宗、蔡京的黑暗统治。九月立党人碑于端礼门，苏辙兄弟及苏门四学士皆在党籍中。崇宁二年（1103）二月诏党人子弟不得至京师，四月诏毁司马光等在景灵宫的绘像及三苏等人的文集。九月令州军立党人碑，宗室不得与党人子孙为婚。宋徽宗、蔡京对元祐大臣及其后代的迫害，比宋哲宗、章惇还要厉害。

正是在这种背景下，崇宁元年六月苏辙追削三官，由太中大夫降为朝请大夫，但仍保留他提举太平宫的虚名。苏辙在《降授朝请大夫表》中表示："谨当杜门躬耕，没齿蔬食。知生成之难报，姑静默以待终。"八月根据党人子弟不得在京差遣的规定，苏辙次子苏适罢太常寺太祝之职。崇宁二年秋又罢苏辙提举太平宫，苏辙感慨道："避世山林中，衣草食芋栗。奈何处朝市，日耗太仓积？中心久自笑，公议肯相释？终然幸宽政，尚许存寄秩。经年汝南居，久与茅茨隔。祠官一扫空，避就两皆失。"（《罢提举太平宫，欲还居颍川》）

诗中所说的"经年汝南居"，就是指在"黑云压城城欲摧"的黑暗形势下，苏辙为了避祸，由离京城较近的颍昌移居到离京城较远的汝南（今属河南）独居。他说他回到颍昌已经没有过问政事了："我昔还自南，从此适旧许（许昌）。再岁常杜门，壁观无与语。"但灾祸仍不断威胁着他，他不得不逃离颍昌："何人自惊顾，未听即安处。亟逃颍川籍，来贯汝南户。妻孥不及将，

第二十五章 "经年汝南居"

童仆具樽俎。身如孤栖鹊，夜起三绕树。"（《迁居汝南》）名为结束了贬谪生活，任便居住，但选择住地仍得看人的脸色行事，只有远离京畿近地，才可能免除忧患："索居非谪地，垂老更穷途。去住看人意，幽忧赖我无。"（《索居》）

苏辙在汝南是租借别人的房子暂住："许蔡古邻国，风烟相杂和。肃然客舍静，不愿主人过。"（《索居》）后来主人回来，他又不得不另寻新居："客居汝南城，未觉吾庐非。忽闻鹊反巢，坐使鸠惊飞。三绕择所安，一枝粗得依。"苏辙是元祐年间的执政大臣，苏轼死后，他也堪称文坛泰斗，名声太大，朝廷对他不放心。现在他远离京城，虽然飞蝇仍在嗡嗡乱叫，但总算安静得多了："身逃争地差云静，名落尘寰终自惭。耳畔飞蝇看尚在，鼻中醇酢近能甘。"（《寒食》）他对时局仍很担心，但又感到无能为力，独木难支："心似死灰须似雪，眼看多事亦奚为！"（《立秋偶作》）"名与苏洵埒"的乡人任师中，曾任蔡州新息令，关心民瘼，得到新息人民的敬爱，于是买田而居。在任家堂前有一株大桧树，直干凌空，故名其堂为"阅世堂"。苏辙移居汝南，曾作《任氏阅世堂前大桧》诗。诗的开头写桧树又高又大，不为风雪所动："君家大桧长百尺，根如车轮身弦直。壮夫连臂不能抱，孤鹤高飞直上立。狂风动地舞枝干，大雪翻空洗颜色。"接着写任师中："君家大夫老不遇，一生使气未尝屈。此翁此桧两相似，相与阅世何终极！"最后是感慨大桧难以发挥栋梁作用："汝南山浅无良材，栎柱栋橡聊障日。便令杀身起大厦，亦恐众材无匹敌。"显然这不止是在吟桧，也不止是在歌颂和惋惜任师中，而是在借"此翁此桧"，感慨自己没有同调，独木难支大厦。

苏辙在汝南过着闲适的生活，有时他去僧寺观画："萧条古僧舍，遗像得颜鲁。精神凛如生，今昔吾与汝。已同羁穷厄，但脱生死怖。"（《迁居汝南》）颜鲁，指唐代鲁国公颜真卿（709—785），在安史之乱中，他联络从兄颜杲卿进行抵抗，使安禄山不敢急攻潼关。后为奸相卢杞所忌，李希烈叛乱，被派往晓谕，为李希烈所缢死。苏辙说自己一生所处穷厄与颜真卿相似，只是还未被缢死而已。他有时赏牡丹："香浓得露久弥馥，头重迎风似不堪。"（《谢任亮教授送千叶牡丹》）有时欣赏树影鸟声："春风过尽百花空，燕坐笙箫起灭中。树影连天开翠幕,鸟声入耳当歌童。"(《春尽》)而更多的时候,则是饮酒浇愁:"野荠春将老,淮鱼夏渐多。街南病居士,有酒对酣歌。"(《索居》);"结茅汝上只三间,种稻城西仅一廛。……埋盆叠石常幽坐,留客开樽辄醉眠"(《赠蔡骃居士》);"今朝寒食唯当饮,买酒先防客欲谈(禁谈时事)"(《寒食》);"《楞严》十卷几回读,法酒二升是客同。试问邻僧行乞在,何人闲暇似衰翁?"(《春尽》)

表面看,苏辙在汝南十分悠闲,实际上他的内心很不平静。一位六十多岁的老人,远离老妻爱子、孙儿孙女,他的孤独之感和思念亲人之情是不难想象的:"妻孥应念我,风雨未缝衣。忧患十年足,何时赋《式微》?"《式微》,《诗·邶风》篇名,写思归之情。他在汝南非常怀念同他一起饱经忧患的老妻:"忧深责重乐无几,失足一坠南海北。身居阱中不见天,仰面虚空闻下石。丈夫学道等忧患,妇人亦尔何从得?"(《寄内》)"客居兼壮子,久别愧良妻。"(《索居》)他在客居汝南的一年中,曾三次想回颍昌,都未能如愿:"客心摇摇若悬旌,三度欲归归不成。方春欲归我自懒,秋冬欲归事自变。"(《三不归行》)所谓"事自变"就是指崇宁二年令州军立党人碑,对元祐臣僚的迫害仍在加剧。他在汝南期间,三个儿子轮番来看望他。为了不使儿子来往奔波,他收拾行装,准备回颍昌:"汝南百日留,走遍三男子。思归非吾计,聊亦为尔耳。行装理肩舆,客舍卷床第(床上竹织垫子)。"但因时局险恶,儿子们劝他暂时不要回去:"儿言世情恶,平地风波起。舟行或易摇,舟静姑且已。匏系虽非愿,蠖屈常有俟。"在风狂浪涌的时候,船不动也许还平安无事,船一开就难免有覆舟之险。孔子曾说:"吾岂匏瓜也哉,焉能系而不食?"(《论语·阳货》)"匏系虽非愿",表明苏辙仍不甘退隐,但眼前只能像尺蠖(昆虫名)一样,暂时屈曲。苏辙感到儿子的劝告是有道理的,决定仍然留在汝南炊红粟,食淮鱼:"老人思虑拙,小子言有理。晨炊廪粟红,晓市淮鱼美。"为了照顾老人的生活,并为老人解闷,三子决定把寡居的姐姐送到汝南:"索居庖无人,归去迎伯姊。终岁得安闲,幽居无彼此。"汝南寓所突然闹热起来,苏辙非常高兴:"母老行役难,女来生理葺。外孙跨鞍马,遇事亦闲习。居然数口家,解我百忧集。"(《思归》)

第二十五章 "经年汝南居"

苏辙在汝南住了一年，于崇宁三年正月五日返颍昌，他在将归时对徽宗朝的黑暗发出了深沉的感慨："风波随处有，何幸免惊奔？"（《将归》）——既然到处都有风波，都难免惊奔，那又何必避居汝南？"交游忌点染，还往但亲戚。闭门便衰病，杜口谢弹诘。余年迫悬车（辞官家居），奏草屡濡笔。籍中（元祐党籍中）顾未敢，尔后傥容乞。幽居足闲暇，肉食多忧栗。永怀城东老，未尽长年术。"（《罢提举太平官，欲还居颍昌》）——为了避祸，他只好断绝交游，闭门杜口。他本想奏请致仕，但自己是党籍中人，连致仕的要求也不敢提出，确实是"肉食我忧栗"。"城东老"指颍川城东野老刘正："我归颍川无故人，城东野老须如银。少年椎埋（杀人埋尸）起黄尘，晚岁折节依仙真。"（《颍川城东野老》）苏辙不敢再过问时事，只好与这位少年豪侠、晚年学仙的刘正一起研究养生术。特别值得一读的是《还颍川》诗：

昔贤仕不遇，避世游金马。
嗟我独何为，不容在田野！
崎岖寄汝南，落泊返长社。
东西俱畏人，何适可安者？

东方朔常以滑稽的言行劝谏汉武帝，有人称他为"狂人"。东方朔回答道："陆沉于俗，避世金马门。宫殿中可以避世全身，何必深山之中，蒿芦之下？"（《史记·滑稽列传》）苏辙说，古代不得志的人还可避世于朝廷，现在他连避世于田野都不能容许，弄得他奔波于汝南、颍川（长社）之间，不得安居。苏辙这一古今对比，深刻揭露了徽宗朝对元祐臣僚的迫害。

第二十六章　"筑居定作子孙计"
——筑室颍昌

苏辙自汝南返颍昌后，直至他去世，三个儿子，一直忙于经营住宅。儿子们的想法是："父母老矣，而居室未完，吾侪之责也。"（《遗老斋记》）苏辙的想法是："筑居定作子孙计。"（《初葺遗老斋》）因此，他也同意儿子们营造住宅。苏辙子孙成群，家有百口（《次前韵示杨明》："嵩阳百口住"；《新火》："百口共一灶"），也非建房不可："旧庐近已借诸子，新宅分甘临老时。"（《诸子将筑室，以画图相示》）所谓"借诸子"，不只是他自己的子孙，而且还包括了苏轼的子孙。苏籀《栾城遗言》说："东坡病殁于晋陵，伯达、叔仲归许昌。"伯达，即苏轼长子苏迈，叔仲即苏轼次子苏迨。苏辙《次前韵》（前韵为《喜侄迈还家》）说："居连里巷知安否，食仰田园问有无。我已闭门还往绝，待乘明月过君庐。"苏轼幼子苏过也在颍昌投靠叔父，他在《祭叔父黄门文》中说："过也昔孤而归公于许，奉杖屦者十春。维二父之笃爱，推其余于子孙。"苏轼在颍昌没有购置田产房屋，他们所居之宅显然也是苏辙"旧宅"，至少在开始时是这样。

为了解决全家团聚，人口陡增的困难，苏辙回到颍昌，首先是租买房子。他刚回颍昌作的《卜居》诗"谁为绕宅先种竹，可怜当砌已栽梅"，就是租的现成房室。独居汝南时又作有《闻诸子欲再质卜氏宅》，"再质"二字表明，前诗所言的卜居之宅很可能就是卜氏宅。诗云："我生发半白，四海无尺椽。卜氏昔冠冕，子孙今萧然。愿以栋宇余，救此朝夕悬。顾我亦何有，较子差尚贤。倾囊不复惜，扫地幸见捐。"《葺东斋》说："弊屋如燕巢，岁岁添泥土。泥多暂完洁，屋老终难固。况复非吾庐，聊尔避风雨。""非吾庐"三字也说明这是租的"弊屋"，略加整修以避风雨。后来，他不但买了卜氏宅，还

第二十六章 "筑居定作子孙计"

买了南邻孙家的房子。孙家有一大片松竹，十分幽静："南邻隔短墙，两孙存故廛。松竹手自种，风霜岁逾坚。幽花乱蜂蝶，古木嘶蜩蝉。重荫可数亩，成功几百年。人心苦无厌，隐居恨未圆。得之苟有命，老矣聊息肩"(《闻诸子欲再质卞氏宅》)；"南邻约卖千竿竹，柱杖穿林看笋长"(《上巳日久病不出示儿侄》)。为了买这幢房子，苏辙不惜卖书："南邻竹盛茂，门巷不容宾。县印君当往，囊金我患贫。……不惜图书卖，端来作主人"(《咏竹》)；"倒裳仅得千竿竹，扫地初开一亩宫"(《初得南园》)。自汝南返颍昌后，东邻又准备卖房子："我生无定居，投老旋求宅。……东家虽告贫，鬻否犹未必。"(《和迟田舍杂诗》)儿子们主张买下："我老未有宅，诸子以为言：东家欲迁去，余积尚可捐。一费岂不病，百口傥获安。"苏辙默许了："生理付儿曹，老幸食且甘。"又有柴氏厅三间要卖，他因经济条件不允许，未买："予因卞氏故居改筑新宅，其厅事陋甚。有柴氏厅三间，求售三百余万钱，力不能致。子迟曰：'因卞之旧而易其尤不可（指"尤不可"居者），子孙若贤，当师公俭。'予愧其言，从之。"(《因旧》)

苏辙一面买屋，一面"改筑"。《诸子将筑室，以画图相示》说："还家卜筑初无地，随分经营似有时。多斫修篁终未忍，略存古柏更无疑。画图且作百间计，入室犹应三岁期。得到安居真老矣，一生歌哭任于斯。"苏辙对设计图纸提了两条意见：一是不要为了辟地建屋而过多砍伐竹柏。苏辙很爱南园这一大片竹林，他说他"前年买南园，本为一亩竹"。但为了扩建房屋，又不得不砍掉一些："稍去千百竿，欲广西南屋。本心初不尔，百口居未足。黾勉斤斧余，惭愧琅玕绿。"为了不使竹子损失太多，他主张把南园的竹子移到东园去："东园有余地，补种何年复？凛凛岁寒姿，余木非此族。"(《移竹》)二是规模不可过大，修建百间居室即可。百间数目不小，但作为百口之家也不算太多，他说："我生溪山间，弱冠衡茅住。生来乏华屋，所至辄成趣。"(《葺东斋》)因此，他对房舍的要求不高，认为对旧舍略加修补就行了："畚土填隙穴，结茅苴漏穿。粗尔容偃息，岂复求华鲜"(《闻诸子再质卞氏宅》)；"东南皆民居，屋败如龋齿。一完诚未能，缀葺聊且尔"(《葺居》)。他觉得略加修葺，颍川的房子已比眉山老家的房子好得多："南北高堂本富家，百年梁

柱半欹斜。略教扶起犹堪住，西望吾庐已自奢。"（《再赋茸居》）

"改筑"的设计方案一定，工程马上开始，颍昌城西西湖之滨的苏辙宅院立即闹热起来："借功田家并钁杴，农事未起来不嫌。并遣浮客从丁男，芒鞋秃巾短后衫。杵声登登骇间阎，期我一月久不厌"（《将筑南屋，借功田家》）；"我年七十无住宅，斤斧登登乱朝夕"（《李方叔新宅》）。为了"改筑"，他还得从旧屋搬出来："平生未有三间屋，今岁初成百步廊。欲趁闲年就新宅，不辞暑月卧斜阳。"（《将拆旧屋，权住新廊》）

苏辙一面改筑旧宅，一面美化环境。他除要求尽可能保留原有竹柏外，还在园中大量培植花木："杂花生竹间，竹荒花亦瘵。移花通狂鞭，春到两皆遂。墙东破茅屋，排去收遗址。时来拾瓦砾，细细留花地"（《茅居》）；"种花南堂南，堂毁花亦瘵。理畦西轩西，花好未忍弃。殷勤拔陈草……更与一灌溉。人功诚已尽，天巧行可致。我老百不为，爱此养花智"（《移花》）。他的庭中还砌有花坛，经常亲自浇灌："庭西井泉好，汲灌每躬亲。……他年诸草木，成就此幽居。"（《南堂新甃花坛》）庭中种有芝兰："芝兰生吾庐，一雨一增蒨。本亦何预人，怀抱终眷眷"（《见儿侄唱酬次韵》）；山丹："筑室力已尽，种花功尚疏。山丹待春雨，艳色照庭除"（《种花》）；千叶牡丹："小圃初开清溵岸，名花近取宛丘城。争言千叶根难认，忽发双葩眼自明。谪堕神仙终不俗，飞来鸾凤有余清。细耡瓦砾除荆棘，未可令齐众草生。"（《移陈州牡丹，偶得千叶二本，喜作》）"谪堕"二句最妙，既写出了千叶牡丹的高洁，又抒发了自己虽遭贬谪，仍不与世同流合污的精神。"细耡"二句更写出了他对名花的爱护、珍惜。经过他的细心照料，千叶牡丹开得来可与洛阳牡丹媲美："未换中庭三尺土，漫种数丛千叶花。造物不违遗老意，一枝颇似洛人家。"（《同迟赋千叶牡丹》）苏辙还移来柏树，植于堂前："稚柏如婴儿，冉冉三尺长。移根出涧石，植干对华堂。……我老不耐寒，怜汝堪风霜。朝夕望尔长，尺寸常度量。知非老人伴，可入诸孙行。"（《厅前柏》）；"翠柏出双干，冉冉出亭危。……苦寒不改色，烈风终自持"（《遗老斋南一柏双干，昔岁坐堂上，仅可见也。今出屋已尺余，偶赋》）。又在庭中栽有松树："城郭人家岁寒木，松柏森森映花屋。青松介僻不入城，野性特嫌尘土辱。中庭冉冉盈尺

第二十六章 "筑居定作子孙计"

苗,条干虽短风霜足。培根不用粪壤厚,插竹预防鸡犬触。他年期汝三尺高,独立仙翁毛发绿。老人自分不及见,子孙见汝知遗直。"(《种松》)从这三首诗不难看出,他之所以要精心移植松柏,不仅是为了美化庭园,而且要学习松柏那种介僻、独立、质直的野性和在严寒烈风中从不改色、始终自持的精神。

经过三年经营,苏辙在颍昌城西西湖之滨的宅院基本告竣。苏辙对其宅院中的各种建造有很多叫法,如东斋、东厢、东园、南斋、南屋、南堂、南园、西轩、西厢、北堂、遗老斋、待月轩、藏书室等等,其中一些显然是同一建筑的不同名称。苏辙夫妇住北堂,这是整个宅院最好的部分:"吾庐虽不华,粗有南北堂。通廊开十窗,爽气来四方。风长日气远,六月有余凉。儿女避不居,留此奉爷娘"(《北堂》);"高栋虚窗五月凉,客来扫地旋焚香。……老人夫妇修行久,此处从今是道场"(《堂成不施丹臒,唯纸窗水屏,萧然如野人之家,偶作》)。可见他对这虽不算华丽,但还高朗、清爽、幽静的北堂是十分满意的。但一转念,他又觉得住在这里未必就比住茅屋好多少:"年年看月茅檐下,今岁堂成月正圆。自笑吾人强分别,不应此月倍婵娟。"此诗颇富哲理,北堂之月与茅屋之月未必有什么区别。相反,自他被逐出朝廷以来的十余年间,他已经住惯了茅屋,现在突然住入北堂,反而觉得不习惯:"虚窗每怯高风度,碧瓦颇惊急雨悬。七十老翁浑未惯,安居始觉贵公贤。"(《中秋新堂看雨戏作》)最后一句是含刺的,他自注说:"闻都下诸家新建甲第,壮丽顷所未有。"徽宗朝,从皇帝到大臣都竞相奢侈,花石纲之役就发生在这段时间。苏辙"燕居之斋"成,诸子求其名,他取名为遗老斋。在苏辙夫妇居室的两旁是诸子居住之室,他们一有呼唤,诸子立刻可到身旁,十分方便:"诸子之室,左右吾背。将食击板,一击而会。"

苏辙好佛(尤其在晚年),东厢就是他的佛堂:"东厢靖深,以奉尝烝。老佛之庐,朝香夜灯。"苏辙居室之东南,建有小轩,叫待月轩。其前非常空旷,便于赏月。他经常坐于轩前,等待月出,徘徊月下。有一天晚上,他同一位客人在待月轩讨论性命之理、养生之术。他认为身与性的关系有如日与月的关系。日之所寓为月,月有盈有阙,日虽有出有没,却"未始有变"。性之所寓为身，身有生有死，但"性一而已"。他在这里用抽象的玄理所要说明的无非是"苦寒不改色"的松柏精神："此心检点终如一，时事无端日日新"（《岁暮口号》）；"岁云暮矣谁能守，唯有此心初不移"（《守岁》）。苏辙还把他在《待月轩记》中的思想概括在《待月轩》诗中："怜渠生死未能免，顾我盈亏略已通。"月有盈亏，但实际上并无消长。人有遇不遇，但志可不移。有生必有死，但精神可以不朽。这就是苏辙"略已通"的生死盈亏之理。

西厢是藏书室，室中有画屏："素屏开白云，称我茅屋陋。濡毫愿挥洒，峰峦映岩窦。巨石连地轴，飞布泻天漏。萦山一径通，过水微桥构。出山野火然，远寺晨钟扣。"（《画学董生画山水屏风》）这一幅峰峦、岩窦、巨石、瀑布、曲径、小桥、野火、远寺的山水画给人以幽深之感，而另一幅月宫河汉图则给人以旷远之感："西轩素屏开白云，婆娑老桂依霜轮（月）。顾兔出走蟾蜍奔，河汉卷海机石蹲。牵牛自载倚桂根，清风飒然吹四邻。"这幅画很可能是苏过所作："东坡妙思传子孙，作诗仿佛追前人。笔墨堕地皆奇珍，闭藏不听落泥尘。老人读书眼病昏，一看落笔生精神。"（《西轩画枯木怪石》）在苏轼三子中，苏过以诗、画名世，苏轼曾多次称赞苏过的画（见《偃松屏赞》和《题过所画枯木竹石》），甚至把他与名画家文与可相比："老可能为竹写真，小坡今与石传神。"据王明清《挥麈三录》记载，宣和年间宋徽宗曾召苏过入宫作画。苏辙言"东坡妙思传子孙"，无疑当指苏过。

第二十七章 "教敕诸子弟"
——教孙辈读书

元祐六年（1091）苏辙在《次韵子瞻感旧》中说："早岁发归念，老来未尝忘。渊明不以仕，黔娄（战国时齐国隐士）足为康。家有二顷田，岁办十口粮。教敕诸子弟，编排旧文章。辛勤养松竹，迟暮多风霜。"他的这一愿望，直至十余年后闲居颍昌期间才得以实现。

所谓"教敕诸子弟"，就苏辙晚年闲居颍昌的实际生活看，既包括了教育培养自己的儿子、孙子、女婿、外孙，也包括了教育培养苏轼的后代苏迈、苏迨、苏过等人。"教敕诸子弟"的内容，包括了教读、教耕、教仕三个方面。

从教读方面看，此时三子已长大成人，学问已有一定根柢，他主要是在教诸孙读书。《示诸孙》说：

少年真力学，玄月闭书帷。
老去浑无赖，心空自不知。
交游谁识面，文字略存诗。
笑向诸孙说，疏慵非汝师。

苏辙以诸孙的"力学"同自己的疏慵做对比，说"疏慵"的自己怎么能为"力学"的诸孙之师呢？透过这首诗不难看出这位饱经风霜的老人对这群生气勃勃的孙子是非常满意的。

苏辙的《栾城遗言》，详尽记载了当年苏辙教诸孙读书的情况：

公为籀讲《老子》数篇，曰："高于《孟子》二三等矣。"

公解《孟子》二十余章，读至浩然之气一段，顾籀曰："五百年无此作矣。"

籀年十有四，侍先祖颍昌，首尾九年，未尝暂去侍侧，见公终日燕坐之余，或看书籍而已。世俗、药饵、玩好，公漠然忘怀。一日，因为籀讲《庄子》二三段讫，公曰："颜子箪瓢陋巷，我是谓矣。"

苏辙《论语拾遗引》说："大观丁亥，闲居颍昌，为孙籀、筠、简讲《论语》。"从这些记载可知，苏辙曾系统地为诸孙讲《论语》《孟子》《春秋》《老子》《庄子》等书。

除讲解诸书内容外，苏辙还时时讲读书作文之法，《遗言》说：

公曰："读书百遍，经义自见。"

族兄在廷问公学文如何？曰："前辈但看多做多而已。"

公曰："去陈言，初学者事也。"

公曰："文贵有谓。"

苏辙还曾为诸孙言"场屋（科举考试）之弊"，他说："近世学问，濡染陈俗却人，虽善士亦或不免。盖不应乡举无以干禄，但当谨择师友，渐洗之也。"为了做官必须应举，但为应举读书作文，使人都变成了"陈俗"之人。侄孙苏元老进士及第，调广都薄，苏辙在《送元老西归》中说：

> 昼锦西归及早秋，十年太学为亲留。
> 读诗俯就当年说，答策甘从下第收。
> 莫嫌簿领妨为学，从此文章始自由。
> 家有吏师遗躅在，当令耆旧识风流。

所谓"当年说"即徽宗朝继续推行的王安石新学。苏元老外和内刚，其学术文章皆仿苏轼、苏辙，不因元祐党祸而改其辙。诗的前四句即赞此。元老担心任广都簿后妨碍自己继续"为学"，苏辙安慰他说，现在总算进士及第，可以不再为应试而读书作文，可以自由地读书作文，不再受"当年说"的束缚了。"吏师"指元老的曾祖，苏辙的伯父苏涣。苏辙自注说："伯父仕宦四十年，当时号为吏师。"最后两句是苏辙对元老的希望，要他向苏涣学习，做一个"见义辄发"（《伯父墓表》）的循吏。

苏辙教诸孙读书，很注意品德教育，《栾城遗言》载："公闻以螺钿作茶器者，曰'凡事要敦简素，不然，天罚'。"苏辙还有一首《外孙文骥，与可（文同）学士之孙也。予亲教之学，作诗俊发，犹有家风。喜其不坠，作诗赠之》：

已矣石室老，奄然三十年。
遗孙生不识，妙理定谁传？
孔伋仍闻道，贾嘉终象贤。
文章犹细事，风节记高坚。

"石室老"指文同。文同，文翁之后，文翁曾在蜀中设学校，叫文翁石室。文同卒于元丰二年（1007），此诗作于崇宁五年（1106），距文同之死二十七年，所谓"三十年"乃言其整数。文同死时，文骥还没有出生，他怎能学到文同诗文的妙理？五、六句作了回答。孔伋（即子思）为孔子之孙，贾嘉为贾谊之孙，他们都能继承祖父之道。苏轼《文与可画墨竹屏风赞》说："与可之文，其德之糟粕。与可之诗，其文之毫末。诗不能尽，溢而为书，变而为画，皆诗之余。其诗与文，好者益寡。有好其德，如好其画者乎？"苏辙诗的最后两句与此意同，要文骥不仅继承祖父"文章"的"妙理"，尤其要继承祖父"高坚"的"风节"。

苏辙闲居颍昌的前期，苏辙的子侄因党祸均未外出做官，过着躬耕的生活。苏辙说："雪覆西山三顷麦，一犁春雨祝天工。麦秋幸与人同饱，昔日黄门今老农。"（《同外孙文九新春五绝》）苏辙自己出身农家，他对晚年归农是不以为意的。他的诸子出身"昔日黄门"之家,因此,他经常教育子孙要勤于农事,不要以躬耕为耻:"阴晴卒岁关忧喜,丰约终身看逸勤。家世本来耕且养,诸孙不用耻锄耘"(《泉城田舍》);"老去惟堪一味闲,坐会诸子了生缘。搬柴运水皆行道,挟册读书那废田?兄弟躬耕真尽力,乡邻不惯枉称贤。裕人约己吾家世,到此相承累百年"(《示诸子》)。他教育诸子说,不仅治国平天下是在"行道",搬柴运水也是在"行道"。因此,一面要"挟册读书",一面还要"心力尽田园"(《示诸子》)。苏辙还教育子孙要与乡邻处好关系,要"裕人约己""不尽利"。

为什么提出"裕人约己"的问题呢?这是因为苏辙的田是租给别人耕种的,这从《和(苏)迟田舍杂诗》即可看出:"麦生置不视,麦熟为一来。我懒客亦惰,田荒谁使开?""客亦惰"的"客"显然是指佃客。宋朝的租佃制有合种和出租两种形式。合种是征收分成租,出租是征收定额租。定额租,客之勤惰与主人没有利害关系。苏辙既关心客之勤惰,说明他采用的是分成租的合种形式。《逊往泉城获麦》一诗更充分说明了这一点。诗中说:"儿曹知我老且馋,触热泉城正三伏。田家有信呼郎来,亭午驱牛汗如浴。吾儿生来读书史,不惯田间争斗斛。今年久旱麦粒细,及半罢休饶老宿。归来烂熳煞苍耳,来岁未知还尔熟。百口且留终岁储,贫交强半仓无谷。"如果是采用的固定租的出租形式,就不存在"田家有信呼郎来"和"田间争斗斛"的问题。"呼郎来""争斗斛"也说明是采用分成租的合种形式,因此,每到收获季节,苏辙诸子必往泉城田庄。这首诗也说明苏辙对"田家"的关心,他考虑到自己还有"终岁储",而"贫交"却"仓无谷",要苏逊不要同田家"争斗斛",要他"及半罢休饶老宿"。这就是"裕人约己""不尽利"的具体内容。

文骥等人也曾去泉城收麦,苏辙有《文氏外孙入村收麦》诗:"欲收新麦继陈谷,赖有诸孙替老人。三夜阴霾败场圃,一竿晴日舞比邻。急炊大饼偿饥乏,多博村酤劳苦辛。闭廪归来真了事,赋诗怜汝足精神。"以大饼、村酤偿饥乏,劳苦辛,同样说明采用的是分成租的合种形式。"闭廪"二字还说明所收之麦就储存在泉城,因此又有《外孙文九伏中入村晒麦》诗,要外孙听

第二十七章 "教敕诸子弟"

老农之言，及时晒麦："春田不雨忧无麦，入穗得半犹足食。伏中一晒不可缓，旱田苍耳犹难得。人言春旱夏当潦，入伏未保天日好。老农经事言不虚，防风防雨如防盗。"

苏辙闲居颍昌的后期，朝廷对元祐党人及其子孙的迫害有所缓和，苏辙诸子陆续外出做官。苏迟出任登封丞，苏适监京西河南仓，苏逊（远）监淮西酒。苏辙有《送迟赴登封丞》《送逊监淮西酒》《曹郎子文赴山阳令》等诗。苏辙要求子、婿不要嫌官卑位低："乘田委吏吏师（指孔子）事，莫学陶翁（潜）到即回。"（《送逊监淮西酒》）要求他们做官要不忘旧学："乘田委吏责无多，旧学年来竟若何？开卷新诗可人意，到官无复废吟哦。"（《逊自淮南酒官归觐》）；"林下酒尊还漫设，床头《易传》近看无?"（《喜侄迈还家》）这位风烛残年的老人对子、婿、侄辈充满了殷切的希望。

第二十八章 "编排旧文章"
—— 整理旧著

苏辙一生著述之富并不亚于苏轼,学术著作比苏轼还多。由于他比苏轼多活了十年,而且是非常悠闲的十年,得以从容整理旧文:"眼看世事知难了,手注遗篇近一新。"(《岁暮》)因此,正如《四库全书总目》卷一五四所说,其集"为辙所手定,与东坡诸集出自他人裒辑者不同。故自宋以来,原本相传,未有妄为附益者"。

苏辙的诗文集有《栾城集》五十卷、《后集》二十四卷、《三集》十卷,共八十四卷。关于《栾城集》,苏辙在《栾城后集引》中说:"予少以文字为乐,涵泳其间,至以忘老。元祐六年,年五十有三,始以空疏备位政府。自是无述作之暇,顾前后所作之多,不忍弃去,乃裒而辑之,得五十卷,题曰《栾城集》。"可见,这部诗文集是元祐六年(1091)担任尚书右丞时所辑,所收诗文皆元祐六年以前所作。

关于《栾城后集》,苏辙继续说:"(元祐)九年(1094)得罪,出牧临汝,自汝徙筠,自筠徙雷,自雷徙循,凡七年。元符三年(1100)蒙恩北归,寓居颍川,至崇宁五年(1106),前后十五年。忧患侵寻,所作寡矣。然而亦斑斑可见,复类而编之,以为《后集》,凡二十四卷。"可见,《后集》是元祐六年至崇宁五年(1091—1106)间的作品。《后集》开卷第一篇为《次韵子瞻感旧》,苏轼原唱《感旧》即作于元祐六年八月。

关于《栾城第三集》,苏辙说:"又五年,当政和元年(1111),复收拾遗稿,以类相从,谓之《栾城三集》。方昔少年,沉酣文字之间,习气所薰,老而不能已。既以自喜,亦以自笑。今益以老矣,余日无几。方其未死,将复有所为,故随类辄空其后,以俟异日附益之云尔。"可见,《栾城三集》编于

第二十八章 "编排旧文章"

政和元年（1111），所收诗文从崇宁五年到去世时为止，政和二年（1112）即去世那一年的作品亦"附益"其中。《三集》开卷第一篇《丙戌十月二十三日大雪》，丙戌即崇宁五年。《三集》中收有《壬辰生日》诗，壬辰即政和二年。其他如《坟院记》《写真赞》《管幼安画像赞》等皆作于去世前不久。

《栾城应诏集》十二卷则收应制科试所作策论及应进士试等所作文章。

苏辙手定的《栾城集》三集是否真如《四库全书总目》所说"自宋以来，原本相传"呢？情况并非完全如此。《栾城集》在宋代即有多种版本。苏辙三世孙苏诩说："太师文定栾城公集，刊于时者如建安本，颇多缺谬，其在麻沙者尤甚，蜀本舛亦不少，是以览者疾之。今以家藏旧本前后并第三集合为八十四卷，皆曾祖自编类者。"（《栾城集跋语》）这里提到的就有四种本子：建安本、麻沙本、蜀本、家藏本。值得注意的是这里没有提到《栾城应诏集》十二卷。参与这次按家藏本校印的筠州州学教授邓光在跋语中说："右栾城先生家集，校闽、蜀本，篇目间有增损。从郡斋细绎其故，盖《复官谢表》后附益章疏有所削也。"可见家藏本删了部分章疏。根据以上两点，即有无《应诏集》和对章疏有无删削，今存苏辙集明显地分为两个系统。一有《应诏集》，并多出三十七篇章疏的宋刻残本《苏文定公集》，《前集》五十卷、《后集》二十四卷、《三集》十卷、《应诏集》十二卷，凡九十六卷（现存四十六卷），明清梦轩王执礼、顾天叙校本，清宛陵贡彧刻本属这一系统。清道光壬辰眉州三苏祠刻本，标王、顾合校，但卷数、篇目与清梦轩本皆略有出入。另一系统无《应诏集》，属于这一系统的有宋刻递修本《苏文定公集》（现存十卷），宋刻递修本《栾城集》（现存二十一卷）、明嘉靖二十年蜀藩朱让栩刻本《栾城集》，四部丛刊本是明嘉靖本的影印本，四部备要本是明嘉靖本经过校改的排印本。两个系统的本子相比较，前一系统更为完整。

北宋兴起一股疑古的思潮，苏辙的学术著作就是这一疑古思潮的产物。中国的经学自汉至宋初都笃守古义，各承师说，不求新奇，不凭胸臆。到了宋仁宗庆历年间开始大变，学者阐述经旨，多标新说。陆游说："唐及国初，学者不敢议孔安国（西汉经学家）、郑康成（即郑玄，东汉经学家），况圣人乎！自庆历后，诸儒发明经旨，非前人所及。然而排《系辞》，废《周礼》，疑《孟子》，讥《书》之《胤征》《顾命》，黜《诗》之序，不难于议经，况传注乎？"（见王应麟《困学纪闻》卷八《经说》）"黜《诗》之序"，苏辙就是代表人物之一。《栾城遗言》说："（苏辙）年二十，作《诗传》。"又说："公解《诗》时，年未二十。"当然，现存苏辙《诗集传》二十卷，是经过他后来反复修改过的。此书认为《诗》之小序反复繁重，似非一人之词，疑为毛公之学，卫宏所集录。因此，他只保留其开头一句，而以下之文皆删汰。《四库全书总目》卷一五说："辙取小序首句为毛公之学，不为无见。史传言《诗》序者以《后汉书》为近古，而《儒林传》称谢曼卿善《毛诗》，乃为其训；卫宏从曼卿受学，因作《毛诗序》。辙以为卫宏所集录，亦不为无征。"苏辙的这一见解，唐人成伯玙《毛诗指说》已提出，经苏辙阐释，后人多从其说。

苏辙研究《春秋》也是从少年时代开始的，据《栾城遗言》载，嘉祐元年冬苏辙兄弟应进士试时，寓居兴国寺浴室，曾作《春秋说》。但苏辙作《春秋集解》十二卷，却是从熙宁年间开始的。他在《春秋集解序》中说："近岁王介甫以宰相解经，行之于世。至《春秋》，漫不能通，则诋以为断烂朝报，使天下士不得复学。呜呼，孔子之遗言而凌灭至此，非独介甫之妄，亦诸儒讲解不明之过也。故予始自熙宁谪居高安，览诸家之说而裁之以义，为《集解》十三卷。及今十数年矣，每有暇，辄取观焉，得前说之非，随亦改之。绍圣之初，迁于南方，至元符元年，凡三易地，最后卜居龙川之白云桥，杜门无事。凡所改定，亦复非一。览之，洒然而笑，盖自谓无憾矣。"从这段话可知，苏辙作《春秋集解》是有感而发的，是针对王安石抹杀《春秋》的地位而作。他在《春秋集解》上用功最勤，特别是在两次贬谪期间，其主要精力都用在写作和反复修改此书上，力求"无憾"。他在序中自称："千载之绝学，倪在于是矣。"他还曾对苏籀说："吾为《春秋集传》，乃平生事业。"（《栾城遗言》）

苏辙研究《老子》的过程大体与研究《春秋》的过程一致。他早年曾作《老子论》，公开反对以周公、孔子之言定佛、老的是非，认为儒、释、道可相通。贬官筠州时开始著《老子解》，并向黄檗山长老道全阐述他的儒、释、道相通的观点。他说，儒家的喜怒哀乐之未发谓之中，发而皆中节谓之和，

第二十八章 "编排旧文章"

同佛教的不思善、不思恶是一致的："所谓不思善不思恶，则喜怒哀乐之未发也。"苏辙每解《老子》一章，都先给道全看，道全总是感叹说："皆佛法也。"苏辙的《老子解》也经过反复修改。绍圣年间远谪雷州，与苏轼相遇于藤州，言及平生旧学。苏轼对苏辙说："子所作《诗传》《春秋传》《古史》三书，皆古人所未至，惟解《老子》，差若不及。"苏辙接受了哥哥的意见，重新改写了《老子解》，并寄与苏轼。苏轼得到修改后的《老子解》，曾题其后，对它给予了很高的评价："使战国有此书，则无商鞅；使汉初有此书，则孔、老为一；使晋、宋间有此书，则佛、老不为二。不意老年，见此奇特。"(《书子由〈老子解〉后》)可惜在苏轼生前，苏辙没有看到这篇题跋。直至苏轼去世十年之后即政和元年(1111)，苏迈等编《东坡手泽》，才发现这篇题跋，"然后知此书当子瞻意"。

《栾城遗言》说："公年十六作《夏》《商》《周论》，今见于《古史》。"可见苏辙作《古史》也是从少年时代开始的。苏辙作《古史》是为了纠正和补充司马迁的《史记》。他在《古史序》中说："汉景、武之间，《尚书》古文、《诗》毛氏、《春秋》左氏，皆不列于学官，世能读之者少。故其(司马迁)记尧舜三代之事皆不得圣人之意。战国之际诸子辩士各自著书，或增损古事以自信一时之说，迁一切信之。甚者或采世俗相传之说，以易古文之旧说。及秦焚书，战国之史不传于民间，秦恶其议己也，焚之略尽。幸而野史一二存者，迁亦未暇详也，故其记战国有数年不书一事者。"也就是说，他作《古史》就是要正其讹，补其佚。

苏辙这四部学术著作，是他一生用力所在，在闲居颍昌期间又做过精心的修改。他在《老子解跋》中说："予自居颍昌十年之间，于此四书复所删改，以为圣人之言，非一读所能了。故每有所得，不敢以前说为定。"从这里也可看出他写这四部著作十分认真。

除以上四书外，苏辙少年时代还著有《孟子解二十四章》，久失其本，杜门颍昌期间觅得旧稿，他把它编入了《栾城后集》。苏辙在贬官循州时所著《龙川略志》《龙川别志》，闭门颍昌期间是否曾修改，不得而知。但他去世前不久所作的自传《颍滨遗老传》，显然是在《龙川略志》基础上写成的，其中有些段落连行文也大体一致。

苏辙晚年除"编排旧文章"外,也在作新文章。在学术著作方面值得一提的还有以下两种。一是《历代论》,这是继二十五篇《进论》之后的另一组史论。《进论》以评各朝的得失为主,《历代论》则以评价历史人物为主,从远古的尧舜一直评到五代时的冯道。他在《历代论引》中说:"予既壮而仕,仕宦之余,未尝废书。为《诗》《春秋》集传,因古之遗文而得圣贤处身临事之微意,喟然太息,知先儒昔有所未悟也。其后复作《古史》,所论益广,以为略备矣。元符庚辰,蒙恩归自岭南,卜居颍川,身世相忘,俯仰六年,洒然无所用心,复自放图史之间,偶有所感,时复论著。然已老矣,目眩于观书,手战于执笔,心烦于虑事,其于平昔之文亦已疏矣。然而心之所嗜,不能已已,辄存之于纸,凡四十有五篇,分五卷。"二是《论语拾遗》。苏辙少年时代曾著《论语略解》。苏轼贬官黄州期间著《论语说》,采纳了苏辙《论语略解》中的不少观点。苏辙晚年闲居颍昌期间,为苏籀、苏简、苏筠等孙子讲《论语》,对苏轼《论语说》中的见解,"意有所未安,时为籀等言之,凡二十有七章,谓之《论语拾遗》,恨不能质之子瞻也"(《论语拾遗引》)。显然《论语拾遗》是为反驳苏轼《论语说》而作。可惜苏轼的《论语说》已失传,而苏辙的《论语拾遗》又多是正面阐明自己的看法,使我们无法看出他们兄弟间的具体分歧。其中只有三章引了苏轼的观点。一是关于泰伯让国而兴,宋宣公、鲁隐公让国而乱:"子瞻曰:'泰伯断发文身,示不可用,使民无德而称之,有让国之实,而无其名,故乱不作。彼宋宣、鲁隐皆存其实而取其名者也,是以宋、鲁皆被其祸。'予以为不然。……鲁之祸始于摄,而宋之祸成于好战,皆非让之过也。"二是孔子"请讨陈桓":"子瞻曰:'哀公患三桓(即执掌鲁国政权的孟孙氏、叔孙氏、季孙氏)之逼,常欲以越伐鲁而去之。以越伐鲁,岂若从孔子而伐齐?既克田氏(田成子),则鲁公室自张,三桓将不治而自服,此孔子之志也。'予以为不然。"苏辙认为孔子明知"哀公、三桓之皆不足与有立也,孔子既知之矣,知而犹告,以为虽无益于今日,而君臣之义犹有徵于后世也"。三是卫灵公以南子自污,孔子从之不疑,而季桓子以女乐三日不朝,孔子去之:"子瞻曰:'卫灵公未受命者,故可;季桓

第二十八章 "编排旧文章"

子已受命者,故不可。'予以为不然。孔子之世,诸侯之过如卫灵公多矣,而可尽去乎?齐人以女乐间孔子,鲁君大夫既食饵矣。使孔子安而不去,则坐得其祸,无可为矣,非卫南子之比也。"从苏辙所驳的三条看,苏辙的看法确实比苏轼的解释更令人信服,正如《四库全书总目》卷三五所评:"其说皆较轼为长。"

第二十九章 "心中未必空"
——关心时局

苏辙晚年杜门颍滨，建筑房舍，躬耕垄亩，教敕子孙，编辑旧文，以读书著述自悦，"不复与人相见，终日默坐，如是者十年"，似乎真的成了与世无争的隐士了。其实并非完全如此，他仍然关心着民艰，关心着时局，不时抒发内心的忧愤。"城中醉人舞连臂，城外醉人枕相睡。此人心中未必空，暂尔颓然似无事。"（《梦中咏醉人》）表面看，他"颓然似无事"，静如止水；实际上他"心中未必空"，仍不时泛起波澜。

苏辙晚年居住乡间，他对农村生活更加了解，对农民的疾苦更加关心，写了不少反映现实生活的诗篇。他在《久雨》中说："云低气尚浊，雨细泥益深。经旬势不止，晚稼日已侵。闲居赖田食，忧如老农心。"后两句很重要，"赖田食"正是他具有"老农心"的前提。这种"老农心"，首先表现为对灾伤丰欠的关心："今年陈宋灾，水旱更为虐。……飞蝗昨过野，遗种遍陂泺。春阳百日至，闹若蚕生箔"（《十一月十三日雪》）；"阳淫不收敛，半岁苦常燠。禾黍饲蝗螟，粳稻委平陆"（《立冬闻雷》）。在严重的自然灾害面前，人民过着庾无粟、机无纬、食无麦、鬻妻子的悲惨生活："平生闻汝南，米贱豚鱼美。今年恶蝗旱，流民鬻妻子"（《次韵迟对雪》）；"一春百日旱，田作龟板拆。老农泪欲堕，无麦真无食"（《喜雨》）；"邻田老翁妪，囊空庾无粟。机张久乏纬，食晏惟薄粥"（《蚕麦》）。

苏辙认为天灾是与人事有关的："天灾非妄行，人事密有偿。嗟哉竟未悟，自谓予不戕（伤害）。造祸未有害，无辜辄先伤。"那些制造祸害的人不受祸害，遭殃的都是老百姓。人祸的具体内容之一就是苛捐杂税，横征暴敛太重："常赋虽半释，杂科起相寻。凶年每多暴，此忧及山林。呼号天不闻，有言不如喑。愿见云解脱,秋阳破群阴。"(《久雨》)他把自己同老百姓比较,觉得自己的日子比老百姓好得多:"我幸又已多,锄耒坐不执。同尔乐丰穰,异尔苦税役。时闻吏号呼,手把县符赤。岁赋行自办,横敛何时毕?"(《喜雨》)有时他生活的地方风调雨顺,喜获丰收,但对外地人民的贫病,他仍十分关心:"春旱麦半熟,蚕收仅十分。不忧无饼饵,已幸有襦裙。造化真怜汝,耕桑不谩勤。经过话关陕,贫病不堪闻。"(《蚕麦》)特别值得一提的是《秋稼》诗:

> 雨晴秋稼如云屯,豆没鸡兔禾没人。
> 老农欢笑语行路,十年俭薄无今晨。
> 无风无雨更一月,藜羹黍饭供四邻。
> 天公似许百姓足,人事未可一二论。
> 穷边逃卒到处满,烧场入室才逡巡。
> 县符星火杂鞭箠,解衣乞与犹怒嗔。
> 我愿人心似天意,爱惜老弱怜孤贫。
> 古来尧舜知有否,诗书到此皆空文。

前六句写喜获丰收。中六句叹人事不可论,特别是"解衣乞与犹怒嗔"一句,生动刻画了老百姓的悲惨境遇和官府的专横。最后四句是苏辙的愿望和感慨。苏辙一直认为老天爷比当政者好,天虽幽远,还听得到人民的呼声,而当政者根本不关心人民的死活:"号呼人谁闻?悯恻天自迩"(《次迟韵对雪》);"夺官分所甘,年来禄又绝。天公尚怜人,岁赉禾与麦。……继来不违愿,饱食真可必。民生亦何幸,天意每相恤"(《喜雨》);"达官例谋身,一醉日自富。尚应天愁人,云族朝来厚"(《欲雪》)。因此,他在《秋稼》诗中希望"人心似天意",希望当政者能像老天爷一样惜老怜贫。但是,这样的当政者无论在历史上还是现实中都太少了,以至于他怀疑诗书上所载的尧舜之君是否真的存在过。显然,对历史上有无尧舜的怀疑是由现实引起的,矛头可谓直指荒淫的宋徽宗。

徽宗朝是北宋历史上最黑暗、最腐朽的王朝之一，徽宗、蔡京的倒行逆施，直接导致了北宋的灭亡。苏辙闲居颍昌十年间的诗文深刻揭露了徽宗朝的黑暗。徽宗、蔡京打着崇尚熙宁变法的旗号，大肆搜刮民财。苏辙在《梦中反古菖蒲引》中说："古诗云：'石上生菖蒲，一寸十二节。仙人劝我食，令我好颜色。'十一月八日四鼓，梦中反之作四韵。见一愚公在侧借观，示之，赧然有愧恨之色。"诗云："石上生菖蒲，一寸十二节。仙人劝我食，再三不忍折。一人得饱满，余人皆不悦。已矣勿复言，人人好颜色。"仙人劝苏辙食菖蒲，据说菖蒲可使人延年益寿。苏辙说他"不忍折"，因为他不愿独自有"好颜色"，而希望"人人好颜色"。那位看了此诗，"赧然有愧恨之色"的"愚公"是谁？苏辙诗是无头公案，未明说。但苏籀的《栾城遗言》揭开了其中之谜："崇宁丙戌十一月八日四鼓梦中《反古菖蒲》诗云'一人得饱满，余人皆不悦'之句，王介甫在侧借观，示之，赧然有愧恨之色。"原来这位"愚公"就是指的王安石。值得注意的是"愧恨"二字，这说明在苏辙看来，"一人得饱满"并不是王安石变法的本意，只是造成了这样的恶果而已。徽宗、蔡京重新推行新法，就完全是以搜刮民财，追逐"一人得饱满"为目的。苏辙在《丙戌十月二十三日大雪》诗中，对蔡京铸当十大钱，造成币制混乱，妨碍商品的正常流通，进行了无情的揭露和鞭挞。他说："秋成粟满仓，冬藏雪盈尺。天意愍无辜，岁事了不逆。谁言丰年中，遭此大泉（即大钱）厄。……奸豪得巧便，轻重窃相易。邻邦谷如土，胡越两不及。闲民本无赖，翩然去井邑。土著坐受穷，忍饥待捐瘠。彼哉陶钧手，用此狂且愎。天且无奈何，我亦长太息。"诗中的"陶钧手"显然是指蔡京。《宋史·食货志》说："蔡京当政，将以利惑人主，托假绍述，肆为纷更。有许天启者，京之党也，时为陕西转运副使，请为当十钱。"结果造成"钱币苦重，条序不一，私铸日甚""市易濡滞""百物增价""公私为害"。所谓"钱币苦重""市易濡滞"，正是苏辙所说的"奸豪得巧便，轻重窃相易"；所谓"公私为害"，受害的当然主要是老百姓，这就是苏辙所说的闲民流散四方，土著忍饥受穷。此外，苏辙所说的"达官例谋身，一醉日自富"（《欲雪》）；"深愧贫民饥欲死，可怜肉食坐称贤"（《春旱弥月》）等诗，也无不是投向当政者的匕首。

第二十九章 "心中未必空"

苏辙闲居颍昌期间作《历代论》四十五篇，名为论史，实为论政，其中不少篇都是有感于现实而发。如《尧舜论》说："世之君子，凡有志于治者，皆曰富国而强兵，患国之不富而侵夺细民，患兵之不强而凌弱邻国，富强之利终不可得。"《周公论》说："古之圣人因事立法以便人者有矣，未有立法以强人者矣。立法以强人，此迂儒之所以乱天下也。"这是为王安石变法和章惇、蔡京复行新法而发。又如《三宗论》说："膳服之厚，声色之靡，所以贼其躬者多矣。朝夕于其间而无以御之，至于夭死者势也。幸而寿考，用物多而害民久，矜己自圣，轻蔑天下，至于失国宜矣。"《汉昭帝论》说："悦之以声色犬马，纵之以驰骋畋猎，侈之以宫室器服，志气以乱，然后人之以谗说，变乱是非，移易黑白，纷然无所不至，小足害身，而大足以乱天下。"显然，这是为宋徽宗花石纲之役而发，是为蔡京"倡为丰亨豫大之说，视官爵财物如粪土，累朝所蓄扫地"而发。苏辙警告说，这样下去将至"失国""乱天下"，而北宋确实亡于徽宗、蔡京的腐朽统治。

苏辙晚年写了大量的抒发个人情怀的诗篇。在这些诗中，他回顾了过去，觉得自己于国于民没有做什么亏心的事。在他六十五岁生日时，儿孙们劝他念佛："儿言生日至，可就瞿昙语。"他回答说："平生不为恶，今日安所诉？"（《癸未生日》）环顾现在，他深感没有同调，有一种强烈的孤独感。他在《九日独酌》中说："府县嫌吾旧党人，乡邻畏我昔黄门。终年闭户已三岁，九日无人共一樽"；"平昔交游今几人，后生谁复款吾门？"官府嫌弃，乡邻敬畏，旧交零落，后生更不理解自己。因此，他只好"终年闭户"，连重阳节都只好独酌。他在《岁暮口号》二绝中说：

六十年来又七年，眼昏头白意茫然。
逢人欲说平生旧，少有人知两世前。

两世相从今几人，回头强半已埃尘。
此心点检终如一，时事无端日日新。

前一首感叹今人不了解自己,后一首感叹了解自己的人已大半死去,这就是他深感孤独的原因。聊可自慰的是无论时局如何变化,自己总是始终如一,保持着自己的操守。世事日非,他已感到无可奈何;既不可为,他只好洁身自好。他去世前不久,作《管幼安画赞》,集中抒发了这一思想。管宁,字幼安,东汉末遭乱,渡海居辽东三十七年,归国不应朝命,年八十四而没。苏辙说,当时天下大乱,直己者终害其身,枉己者终丧其德,管宁却能处乱全身:"幼安之贤,无以过人。予独何以谓贤?贤其明于知时,审于处己。"苏辙在历尽宦海浮沉后,深感"诚心忧世久知非"(《除日》),"苦心忧世漫区区"(《次前韵》)。因此,决心效法管宁,力争处乱世既不自污,又能自全。

苏辙出仕四十余年,与终身不仕的管宁毕竟不同。因此,他很想效法白居易的"优游终老"(《书白天集后》)。他晚年退居颍昌,很像白乐天晚年的退居洛阳。但苏辙很快发现自己与白居易也不相同。白居易与刘梦得诗酒相从,自己却索居无友:

乐天梦得老相从,洛下诗流得二雄。
自笑索居朋友绝,偶然得句与谁同?

白居易晚年还为歌儿舞伎(如白居易家伎樊素,善唱《杨柳枝词》)操心,自己却无忧无累:

乐天得法老凝师,后院犹存杨柳枝。
春尽絮飞余一念,我今无累百无思。

白居易罢杭州、苏州任,得天竺、太湖石、华亭鹤而归,充实其园亭,而自己所建园宅仅够百口居住:

乐天投老刺杭苏,溪石胎禽载舳舻。
我昔不为二千石,四方异物固应无。

第二十九章 "心中未必空"

白居易能引洛水入园池，供自己游赏，自己却只能策杖游颍昌西湖：

> 乐天引洛注池塘，画舫飞桥映绿杨。
> 溟水隔城来不得，不辞策杖看湖光。

苏辙觉得唯一可与白居易相比的是乐天园中有竹，自己园中也有竹，数量之多或许不如乐天，但傲寒之姿却可与之媲美：

> 乐天种竹自成园，我亦墙阴数百竿。
> 不共伊家斗多少，也能不畏雪霜寒。

是的，苏辙晚年远没有白居易晚年过得舒适阔气，但其"不畏雪霜寒"的品格却是相似的。

第三十章　"三千里外未归人"

——卒葬颍昌

苏辙初从岭南回颍昌时，与老友及其后代仍有交往。如鲜于绰求苏辙为其父鲜于子骏留一点纪念文字，苏辙就写了《书鲜于子骏父母赠告后》。文中说："予自龙川归颍川，子骏之子绰来见，涕泗言曰：'……公与先君有文字之好，愿录旧词，将刻之石，以慰诸孤思慕不已之意。'予亦流落南荒，不自意全得至于此，抚念存没，流涕而从其请。"参寥子求苏辙作《天竺海月法师塔碑》，苏辙也应允了："子瞻终于毗陵，余杭参寥师吊于颍川，既而泣曰：'辩才既以子瞻故，得铭于公。海月独未有铭，公以子瞻，其亦弗辞。'予亦泣许之。"苏辙《范丞相尧夫挽词》说："南迁头已白，北返病初加。……同朝曾忝旧，握手一长嗟。"《赠史文通奉议》说："有叟住东野，畏人希入城。君时共还往，我欲问修行。……真能访茅屋，屣履试将迎。"《次前韵示杨明》说："甘井元依庙，平湖亦近城。幅巾朝食罢，芒履雨中行。……欲邀东郭叟，烦子作郊迎。"《唐修撰义问挽词》说："我返南荒日，君临旧许初。笑谈宽老病，旌旆拥茅庐。酒盏开虽数，溪堂到尚疏。"可见，他与范尧夫、史文通、杨明、唐义问等都常有往来。

与上述情况相反，苏辙自汝南返回颍昌后的十年中，除见过极个别的亲友外，他几乎谢绝了一切往还，连大门也很少出。他在崇宁三年（1104）说："宇宙非不宽，闭门自为阻。心知外尘恶，且忍闲居苦。"（《见儿侄唱酬次韵》）崇宁四年说："平湖近西垣……不往三经秋。"（《和迟田舍杂诗》）崇宁五年说："可怜杜门久，不觉杜门非。床锐日日销，髀肉年年肥。……经年客不至，不冠仍不衣。"（《杜门》）大观元年（1107）说："春寒未脱紫貂裘，灯火催人夜出游。老厌歌钟空命酒，病嫌风露怯登楼。拥袍坐睡曾无念，结客

第三十章 "三千里外未归人"

追欢久已休。"(《上元不出》)大观二年说:"我居近西城,城枕湖一曲。不到平湖上,何物禁吾足?"(《遗老斋绝句》)大观三年说:"三年不踏门前路,今夜仍看屋里灯。"(《上元夜,适劝至西轩观灯》)大观四年说:"闭门颍昌市,不识颍昌人。"(《闭门》)政和元年(1111)说:"谁令闭户谢往还,寿酒独向儿孙举。"(《冬至日作》)这类诗句在苏辙颍昌诗中多得很,以上仅每年各举一首以见一斑。

说来也奇怪,政和二年(1112),也就是他去世的这一年,苏辙突然改变了"不踏门前路"的决定,不但出游颍州西湖,而且还泛舟潩水,好像专门为了收足迹似的。他在《游西湖》中说:

> 闭门不出十年久,湖上重游一梦回。
> 行过闾阎争问讯,忽逢鱼鸟亦惊猜。
> 可怜举目非吾党,谁与开尊共一杯?
> 归去无言掩屏卧,古人时向梦中来。

苏辙虽然在颍昌住了十年有余,但颍川父老却很少见过这位昔日执政,以至于连鱼鸟都因突然见到这位白发老人而惊猜。他现在的同调,只有书中的古人,因此,他只好仍回去掩屏读书。《泛潩水》写道:

> 早岁南迁恨舳舻,归来平地忆江湖。
> 半篙春水花千片,八尺轻船酒一壶。
> 徐转城阴平野阔,稍通竹径小亭孤。
> 前朝宰相终难得,父老咨嗟今亦无。

首联以南迁的"恨舳舻"反衬现在的"忆江湖",一个"忆"字,充分说明他的"闭门不出"完全是为时局所迫,完全是为了避祸。中间两联写泛潩水的快乐,春水半篙,繁花千片,轻舟八尺,美酒一壶,平野辽阔,竹径通幽,这样美好的生活,他已阔别十年了。尾联是对时局的感慨。苏辙自注说:"自濮沟泛舟至曲水园，本文潞公旧物。潞公以遗魏公，今为贾氏园矣。"文潞公即文彦博，累官同中书门下平章事，封潞国公。他历仕仁宗、英宗、神宗、哲宗四朝，出将入相五十年，是北宋的著名宰相。贾魏公即贾昌朝（998—1065），字子明，获鹿（今属河北）人。仁宗时拜同中书门下平章事，英宗时封魏国公。苏辙说，像文彦博这样的贤相，现在是没有了。在这十余年中担任宰相的主要是蔡京，因此，苏辙发出了这样深沉的感慨。

苏辙自三十岁最后一次离开故乡以后，再也没有机会返蜀。他在《还颍川》诗中说："故庐已荆榛，遗垅但松槚。颓龄迫衰暮，旧物一已舍。安能为妻孥，辛苦问田舍？"《将筑南屋借功田家》说："先人敝庐寄西南，不归三纪（十二年为一纪）今何堪！"《九日》说："身安且自慰，家远不成归。"故庐荒芜，年近衰暮，路途遥远，都是他"不成归"的原因，但都不是主要原因。主要原因是政治上的，除徽宗朝对元祐臣僚的迫害外，还与蜀中赵捻一案有关。赵捻本西南夷人，其父赵庭臣杀其族党，归降朝廷，赐姓赵。赵捻于元祐九年（即绍圣元年，1094）擢进士第二名。《朱子语类》卷一三三说："蜀中有赵教授者，因二苏斥逐，以此摇动人心，遂反。"结果赵捻兄弟被诛，父母妻子皆被流窜。这当然是为苏辙兄弟帮倒忙。他们兄弟本来一直思念故乡，但自岭南北归，任便居住时，苏辙直归颍昌，苏轼则在颍昌、常州之间犹豫不决，但二人都不敢回蜀居住。他们若回故乡，必然给政敌以话柄，对自己更加不利。

苏辙虽不敢归蜀，但却无时无刻不思念着故乡，《九日》说："尚忆少年乐，惊呼人尽非。"《除日》说："七十四年明日是，三千里外未归人。"有时因触景而生乡情，他得到"满把酴醾"就思念故乡酴醾："蜀中酴醾生如积，开落春风山寂寂。已怜正发香晻暧，犹爱未开光的皪。半垂野水弱如坠，直上长松勇无敌。风中娜娜应数丈，月下煌煌真一色。故园闻道开愈繁，老人自恨归无日。"（《次韵和人咏酴醾》）他在颍川买下卞氏宅，在整修过程中得到卞家的怪石，他于是联想到老家的木假山："卞氏平日本富家，庭中怪石蹲麏麚。子孙分散不复惜，排弃坑谷埋泥沙。……我家旧隐久不到，小池尺水三流槎。少年旋绕看不足，时呼野老来煎茶。"（《方筑西轩，空地得怪石》）

第三十章 "三千里外未归人"

颍川以食麦、粟为主，他于是想起故乡的稻米："少年食稻不食粟，老居颍川稻不足。……五年随俗粗得饱，晨朝稻米才供粥。"（《逊往泉城获稻》）蜀人旧食决明花，他听颍昌僧说叶也可食，就立即托人告诉故乡父老："秋蔬旧采决明花，三嗅馨香每叹嗟。西寺衲僧并食叶，因君说与故人家。"（《蜀人旧食决明花耳……》）有时因乡人来看望他，更勾起他无限的思乡之情。表弟程信孺罢单父（今山东单县）任，归乡待阙，来颍川看望他，他不禁想起少年时代苏程两家的兴盛，现在不但不能归乡，归乡也见不到其他表兄弟了："我生犹及见大门，弟兄中外十七人。两家门户甲乡党，正如颍川数孙陈。……东西隔绝不敢恨，死生相失长悲辛。萧萧华发对妻子，往往老泪流衣巾。仲叔已尽季亦老，双星孤月耿独存。"（《程八信孺表弟剖符单父，相过颍川，归乡待阙，作长句赠别》）

苏辙尤其念念不忘的是，眉山是父母安葬之地，而他们兄弟的一切都同父母的培养分不开。因此，建中靖国元年（1101）三月，他北归不久，就"因侄（苏）千之等西归"，托其代祭东茔："西望松槚，郁葱在目。然念洒扫弗躬，斋祭遐邈，岁月滋久，悔咎何赎！"（《北归祭东茔文》）崇宁五年（1106）三月，侄孙苏元老任广都主簿归蜀，他又托元老请僧于坟侧设斋（《东茔老翁井斋僧疏》）。崇宁三年（1104）又派次子苏适回乡祭墓。苏辙说："辙自元符庚辰（1100），蒙恩北归，西望松槚，即怀归志。孤拙多难，事与心违。俯仰四年，进退惟戾。日月不待，齿发变衰。深惧溘（溘逝）然，无复归日。遣适代往，周行兆域。有志不获，涕泗垂臆。兄轼已没，遗言葬汝。辙于妇史，夙约归附。……苟未即死，犹幸一归。躬行泛扫，以毕余愿。"从这篇《遣适归祭东茔文》可看出：（1）苏辙从岭南北归时，曾"怀归志"。（2）后来未归，完全是"孤拙多难"所造成。（3）他一直没有放弃西归的打算，苏轼"遗言葬汝"，而他是希望未死即归故乡，死了也要归葬先茔。但"事与心违"，"有志不获"，他不仅未能生还故乡，甚至死后也未能归葬故乡。

苏辙对卜居颍昌，思想上是很矛盾的，他在《卜居赋》中说，他因苏洵有卜居嵩洛之意，故在这里买田置宅，"以成就先志"。他从岭南北归颍川，"势不能返西蜀"，于是"筑室于城之西，稍益买田，几倍其故，曰：'可以止矣。"为什么不继续买田呢？因为"卜居于此，初（本来）非吾意也"。苏洵除准备移居嵩洛外，又曾指着先茔对苏辙兄弟说："此而（尔）兄弟之居也。"因此，他准备"追蹈前约"，归葬故乡。汉代贡禹（少翁）年八十一，忧不得归葬，汉元帝许以王命护其丧归；三国时蜀汉谯周（允南），年七十二终于洛阳，家在巴西，令其子轻棺以归。苏辙说："今予废弃久矣，少翁之宠，非所敢望；而允南旧事，庶几可得。"他嘱咐诸子说："念我先君，昔有遗言。父子相从，归安老泉。阅岁四十，松竹森然。诸子送我，历井扪天。汝不忘我，我不忘先。庶几百年，归扫故阡。"

元祐六年（1091）苏辙官至尚书右丞时，曾诏赐苏洵坟侧一寺为旌善广福禅院。崇宁四年诏元祐宰执坟寺不得充本家功德院，苏洵坟寺也被夺。大观元年又诏复元祐宰执坟寺，旌善广福禅院亦被赐还。就在苏辙去世前一个多月，广福僧智昕到颍昌看望苏辙，苏辙作《坟院记》，并对智昕说："我归要有时，久远与子亲。"（《广福僧智昕西归》）结果又是"事与心违"，"有志不获"，一个月后他就离开了人世。

苏辙去世后，其子原准备根据他的遗愿，送其灵柩归葬眉山东茔，这从苏过《祭叔父黄门文》和同苏辙"交亲逾四纪"的王巩《苏黄门挽诗三首》均可看出。苏过说："倾一奠而永已，不得执绋挽公之枢，葬于西岷。"王巩说："此去音容隔，徒多涕泗横。蜀山千万叠，何处是佳城？""徒记巴山路，空悲蜀道尘。弟兄仁达意，千古各垂名。"注云："今子瞻葬汝，公归眉。王祥有言，归葬，仁也；留葬，达也。"但不知是什么原因，苏辙后来并未"归葬"，仍同苏轼一起葬在汝州郏城（今河南郏县）上瑞里。以前关于苏辙葬地有争论，1972年河南郏县三苏坟出土的《苏仲南（即苏辙次子苏适）墓志铭》无可置疑地证明苏辙并未"归葬"："（苏适夫妇于）宣和五年十月晦日合葬于汝州郏城上瑞里先茔之东南巽隅。""先茔"显然指苏辙之茔。由此可见，苏辙不但未能实现"苟未即死，犹幸一归"的愿望，甚至连"令其子轻棺以归"的"允南旧事"也未能实现，更不用说连苏辙也不敢奢望的以王命护丧而归了。

第三十一章 "齿爵皆优于兄"
——官爵年寿皆高于苏轼

本书开头曾引《宋史·苏辙传》"辙与兄进退出处无不相同"语，这一评语是有一定道理的。在仁宗朝，他们兄弟同科进士及第，同应制科试入等。在神宗朝，他们同因反对王安石新法而先后离开朝廷，同因乌台诗案而遭贬谪。元祐年间二人同被起用而青云直上，哲宗亲政后同被远谪岭南。

但是，正像世间没有任何绝对相同的事物一样，苏辙兄弟的进退出处也不可能完全相同，他们的性格、政绩、学术成就和文学风格也有明显区别。

苏轼的性格豪放不羁、锋芒毕露，苏辙却冲和淡泊、老成持重。这种区别，在他们的少年时代已表现得很明显，并对他们以后的政治生涯产生了重要影响。苏辙的政治主张常常比苏轼还更尖锐激烈，但他遭受政敌的迫害却比苏轼轻得多。据《宋史》本传载，王安石以苏辙寡言鲜欲，对他素有敬心。苏辙对元祐之政的作用比苏轼大得多，但苏轼被远谪海南，苏辙仅仅贬官雷州。徽宗朝，元祐党人多被外徙，苏辙独免。苏辙去世时赠大中大夫，并与三子恩泽，据说也是蔡京"以子由长厚，故恤典独厚"（朱弁《曲洧旧闻》）。

苏辙兄弟的经历也不完全相同。在仁宗、英宗、神宗三朝，苏辙比苏轼更不得志。苏辙应制科试，因出言"不逊"，被抑入四等次。苏轼初从政就是凤翔签判，苏辙仅被命为商州军事推官，且未赴任，起点就比苏轼低得多。在熙宁年间，苏轼历任密、徐、湖三州地方长官，苏辙却一直担任幕僚，贬官筠州以前才做到南京签书判官。但在元祐年间，苏辙很快就从小小县令跃居副相，苏轼却遭到新旧两党的夹击，不安于朝，奔走于地方和朝廷之间。贬官岭南，遇赦北归后，苏轼死于北归途中，年六十五。苏辙却过了十二年的闲适生活，政和二年（1112）去世，年七十四。这就是《宋史·苏辙传》

所说的，他的爵位、年龄"皆优于兄"。

　　这就决定了他们兄弟的政绩、学术成就的不同。苏轼一生八典名郡（密、徐、湖、登、杭、颍、扬、定），地方政绩颇为显著。苏辙仅元祐末由门下侍郎出知汝州，但为时甚短。其前还做过半年的绩溪令，又在生病。因此，他的地方政绩几无可言。苏辙一生政绩主要表现在元祐年间朝廷任职期间。正如南宋何万在《苏文定公谥议》中所说："（元祐）九年之间，朝廷尊，公路辟，忠贤相望，贵幸敛迹，边陲绥靖，百姓休息，君子谓公之力居多焉。"这段话对元祐之政虽有些过分美化，但对苏辙在元祐之政中的作用的估计，是大体符合实际的，因为政敌也攻击苏辙在元祐之政中是"言之者而又行之者"。苏辙的政治才干也只在元祐年间才得到比较充分的发挥。吕公著赞叹道："只谓苏子由儒学，不知吏事精详如此！"（《栾城遗言》）张耒也说："某平生见人多矣，惟见苏循州不曾忙。……虽事变纷纭至前，而举止安徐，若素有处置。"（《明道杂志》）

　　由于苏辙晚年有十余年的闲暇致力于著述，因此他的学术著作比苏轼还多。苏轼有《易传》九卷（实为三苏合著）、《书传》十三卷（今本二十卷）、《论语说》五卷，共二十七卷。苏辙有《诗集传》二十卷、《春秋集解》十二卷、《老子解》二卷、《古史》六十卷，共九十四卷，收入文集的《孟子解》《论语拾遗》《历代论》等还未计算在内。

　　如果说苏辙在年齿、爵位、学术成就方面超过了苏轼，那么在文学艺术领域却比苏轼略逊一筹。苏轼是通才，他在诗、词、散文、书法、绘画等各个领域都是开派的人物。苏辙是偏才，他的成就主要在诗歌、散文方面，其他领域皆不足以称名家。

第三十二章　"经营妙在心"
——苏辙的文艺思想

苏辙的文艺思想远没有苏轼丰富，但他的《上枢密韩太尉书》《王维吴道子画》《墨竹赋》《汝州龙兴寺修吴画殿记》等诗文，特别是《诗病五事》一文，也提出了一些重要的文艺理论问题。上文已引述，在《上枢密韩太尉书》中，他很重视生活阅历对创作的作用。在总结文与可的绘画经验时，同样表现了他对生活阅历的重视。他认为文与可的墨竹之所以画得好，是因为他"朝与竹乎为游，暮与竹乎为朋，饮食乎竹间，偃息乎竹阴，观竹之变多矣"。正因为"观竹之变多"，文同才为竹子的崇高品格（"虽伤而益壮，已病而增奇""犹复苍然于既寒之后，凛乎无可怜之姿"）所深深感动。这样才触发了他的创作灵感，进入创作高潮，达到忘物忘我、身与竹化的境界。他引文与可的话说："始也余见而悦之，今也悦之而不自知也。忽乎忘笔之在手与纸之在前，勃然而兴，而修竹森然。"（《墨竹赋》）苏辙评论苏轼的创作道路曾多次说："自其斥居东坡，其学日进，沛然如川之方至"（《子瞻和陶渊明诗集引》）；"谪居于黄，杜门深居，驰骋翰墨，其文一变"（《东坡先生墓志铭》），同样强调了生活境遇对创作所起的巨大作用。

苏辙也很重视艺术实践、艺术构思对创作的作用。他在《石苍舒醉墨堂》诗中说："石君得书法，弄笔岁月久。经营妙在心，舒卷功随手。"前两句是讲艺术实践的作用，要"得书法"须靠长期弄笔。后两句是讲艺术构思的作用，舒卷自如要以精心经营为前提。苏辙论苏轼书法之所以取得巨大成就，也认为主要是由于苏轼"幼而好学，老而不倦"（《东坡先生墓志铭》），即同他长期的艺术实践分不开。

苏辙论文颇重道，这集中表现在他去世前不久所作的《诗病五事》中。

他批评李白说:"李白诗类其人,骏发豪放,华而不实,好事喜名,不知义理之所在也。……唐诗人李杜称首,今其诗皆在,杜甫有好义之心,白所不及也。"扬杜抑李是宋人的普遍倾向,这段话就很典型。苏轼有时也更推崇杜甫,如说"古今诗人众矣,而杜子美为首"(《王定国诗集叙》)。但他并没有像苏辙那样反对李杜并称,他在《次韵张安道读杜诗》中说:"谁知杜陵杰,名与谪仙高。扫地收千轨,争标看两艘。"苏辙指责李白"不知义理"的根据之一是:"永王将窃据江陵,白起而从之不疑。"而苏轼对李白参与永王李璘幕府却持辩护态度,他说:"士以气为主,方高力士用事,公卿大夫争事之,而太白使脱靴殿上,固已气盖天下矣。使之得志,必不肯附权倖以取容,其肯从君于昏乎?……太白之从永王璘,当由胁迫。"可见,苏辙兄弟在这个问题上的看法是不一致的。苏辙对孟郊的评价也集中表现了他以道论诗的观点。《诗病五事》说:"唐人工于为诗,而陋于闻道。孟郊尝有诗曰:'食荠肠亦苦,强歌声无欢。出门如有碍,谁谓天地宽?'郊,耿介之士,虽天地之大,无以安其身,起居饮食有戚戚之忧。……孔子称颜子'在陋巷,人不堪其忧,回也不改其乐。'回虽穷困早卒,而非其处身之非,可以言命,与孟郊异也。"苏辙兄弟都不满孟郊,但苏轼主要是不满孟郊诗的苦涩,而对其"诗从肺腑出,出则感肺腑"(《读孟郊诗》)的真情实感称颂备至。苏辙以道衡诗,指责孟郊啼饥号寒,连"食荠肠亦苦,强歌声无欢"这样出自肺腑的名句都一概否定,这就不太公正了。《诗病五事》也很重视诗歌的艺术形式。他称颂《诗经》歌颂"征伐之事",善于运用比兴手法,进行侧面烘托,批评韩愈的《元和圣德诗》直接描写和歌颂残杀战俘,他说:"此李斯颂秦所不忍言,而退之自谓无愧于《雅》《颂》,何其陋也!"他称颂《诗经·大雅·绵》写周太王迁豳,建都邑,营宫室,写得来"事不联,文不属,如连山断岭,虽相去绝远,而气象联络,观者知其脉理之为一也。盖附离(附着)不以凿枘,此最为文之高致也",称颂杜甫的《哀江头》"其词如百金战马注坡,蓦涧如履平地,得诗人之遗法",批评白居易"拙于记事,寸步不遗,犹恐失之"。这说明苏辙主张诗歌反映现实既要脉理为一,一气贯注,又应突出重点,有跳跃性,没有必要依样画葫芦,"寸步不遗";各部分间既要相互衔接,又要没有凿枘

第三十二章 "经营妙在心"

之痕。如果说苏辙对诗歌内容的要求颇多道学气，那么他对诗歌艺术技巧的分析，却不乏精到之见。苏辙还很强调创作风格的多样性，主张"文章自一家"，反对苏轼扬王（维）抑吴（道子），提出"优柔自好勇自强，各自胜绝无彼此"的观点（《王维吴道子画》）；强调画贵写意，赞美韩幹画马"画出三马腹中事"（《韩幹三马》），称扬孙位之画"纵横放肆，出于法度之外，循法者不逮其精，有从心不逾距之妙"（《汝州龙兴寺吴画殿记》）。

第三十三章 "小苏文一波三折"
——苏辙的散文

苏辙的文学成就主要在散文方面。他的文风与苏轼有很大不同，苏轼说："子由之文，词理精确不及吾，而体气高妙，吾所不及。"（《书子由〈超然台赋〉后》）苏辙说："子瞻之文奇，余文但稳耳。"（《栾城遗言》）朱熹说："东坡文字较明白，子由文字不甚分晓。"（《朱子语录》）所谓"不甚分晓"，正由于"体气高妙"，不是一望所能明白。王世贞说："明允之文浑而劲，子瞻之文爽而俊……子由之文畅而平。于鳞（李攀龙）云：'惮于修词，理胜相掩。'诚然哉。"（《艺苑卮言》卷四）刘熙载说："大苏文一泻千里，小苏文一波三折。"又说："子由称欧阳公'雍容俯仰，不动声色，而义理自胜'"，认为子由之文"有得于欧公"（《艺概·文概》）。茅坤说："子由之文，其奇崛处不如父，其雄伟处不如兄，而其疏宕嫋娜处，亦自有一片烟波，似非诸家所及。"（《苏文定公文钞》卷八）这些话都相当准确地概括了苏辙兄弟的不同文风。

与苏轼那种纵横恣肆、一泻千里的文风比较，苏辙文具有以下特点：

一、旨意深微，落笔远而扣题紧

例如，他的《唐论》用了一半以上的篇幅来论述一般历史现象，而无只字及唐，却为后面的论唐做好了铺垫："天下之变常伏于其所偏重而不举之处，故内重则为内忧，外重则为外患。"无只字及宋，但对历代君主顾此失彼的分析，显然是为宋而发。周衰于外重，亡于诸侯割据；秦惩周之弊而重内，加强中央集权，结果陈涉起义，郡县无以制；刘邦惩秦之孤立，大封同姓王，出现七国之乱；汉武帝进一步削弱藩国势力，而王莽遂得奋志于天下。这些话显然是针对现实有感而发。宋王朝有鉴于晚唐五代的分裂割据，大力加强中央集权，削弱大臣特别是武臣的权力，这无异于以偏救偏。苏辙说："圣人将有所大定于天下，非外之有权臣，则不足以镇之也。而后世之君乃欲去其爪牙，剪其股肱，而责其成功，亦已过矣！"文章的后半是论唐，认为唐外设节度，有周朝诸侯外重之势，足以制夷狄之难，匹夫之乱；内设府兵，有秦朝内重之势，足以防止各节度使的分裂和朝臣的篡权。"有周秦之利而无周秦之害，形格势禁，内之不敢为变，而外之不敢为乱，未有如唐制之得者也。"如果说前半论历代君主顾此失彼是为宋王朝的衰弱寻找病因，那么后半论唐制之得则是为宋王朝开的药方。寓意深微，言在此而意在彼；行文曲折，落笔远而又紧扣题，这就是苏辙特有的文风。

又如《民政策二》，本来是一篇论宋代科举之弊的文章，但它却从周、秦民风之异讲起。周代是"自匹夫以上，莫不务自修洁，以求为君子"；而秦却是"南亩之民而皆争为干戈旗鼓之事"。之所以有这种不同，"上之人实使之然也"。因为周代要"孝悌忠信"之人才能"登于有司"，而秦却要"武健壮勇，能斩捕甲首者"才"优之以爵禄"。这就表明，"利之所在"，天下之人"皆争为之"。文章的后半部分才讲到"民昏而不知教"，"其罪不在于民，而上之所以使之者或未至也"。朝廷一面想"求天下忠信孝悌之人"，一面又仅仅以科举取士。他说："士大夫为声病剽掠之文，而治苟且记问之学，曳裾束带，俯仰周旋，而皆有意于天子之爵禄。"至此，文章的主旨才完全显露。清人刘海峰说："子由之文，其正意不肯一口道破，纡徐百折而后出之，于此篇可见。"纡徐平缓，多题外之旨，弦外之音，这也是苏辙散文的特点。

二、抑扬顿挫，有雍容俯仰之态

《三国论》一开头就提出了全文的中心论题：天下皆怯暗，则智勇者胜；天下皆智勇，则不智不勇者胜，"不智不勇而后真智大勇"；而曹操、孙权、刘备，则是"智勇相遇而失之者"。按题作文，苏辙本应全面论述曹、孙、刘三雄。但他不是这样，全文的重点是把刘备同刘邦做对比，着重说明刘备不善于以不智不勇得天下："刘备之才近似高祖，而不知所以用之术。"他说，刘邦的智勇远不及项羽，他之所以得天下，"其道有三"：智勇不足，则"先据势胜之地";自己不如人,"则广收(韩)信、(彭)越出奇之将";打不赢就退避,以"深折项籍(即项羽)猖狂之势"。这样的不智不勇,确实堪称"真智大勇"。刘备却相反:"弃天下而入巴蜀,则非地也;用诸葛孔明治国之才而当纷纭征伐之冲,则非将也;不忍忿忿之心,犯其所短,而自将以攻人,则是气不足尚也。"全文用了很多排比句,读起来抑扬顿挫,朗朗上口,立论新而又气势足,"在作者诸论中尚为拔出者"(方望溪评,见《古文辞类纂》卷五)。

又如,他的《君术策五》,全文论审势,论因势利导的重要性:"臣闻事有若缓而其变甚急者,天下之势是也。……故夫天子者,观天下之势而制其所向,以定其所归者也。"接着苏辙以治水为喻,他说:

长江大河,日夜浑浑,趋于下而不能止,抵曲则激,激而无所泄则咆勃溃乱,荡然而四出,坏堤防,包陵谷,汗漫而无所制。故善治水者,因其所入而导之,则其势不至于激怒垒涌而不可收;既激矣,又能徐徐而泄之,则其势不至于破决荡溢而不可止。然天下之人常狎其安流无事之不足畏也,而不为去其所激;观其激作相麈,溃乱未发之际,而以为不至于大惧,不能徐泄其怒,是以遂至横流中原而不可卒治。

苏辙用这样长的篇幅(约占全文的三分之一)做比喻是值得的,因为全文的基本观点已包括在这一比喻中。这一比喻包含了两层意思:首论江河不"制其所向以定其所归",就会"汗漫而无所制"。次论"善治水者"能因势利导,不使其激;既激矣,能徐徐泄之,不使其溃;然后又从反面论证不善治水者既不能去其所激,又不能徐泄其怒,结果就弄得不可收拾。全文抑扬顿挫,语言也生动形象。唐顺之认为:"子由此文,真如长江大河。"茅坤也说:"通篇行文如怒马奔涛于千里之间,驰骤澎湃,而不可羁制者。"(《苏文定公文钞》卷一三)

以上两文的抑扬顿挫还以气势胜,苏辙另有一些散文则以从容不迫、曲折多姿为特点。例如《答黄庭坚书》,先说自己不配与黄交游:"辙之不肖,何足以求交于鲁直（即黄庭坚）"；次说自己早愿与黄交游："然家兄子瞻与鲁直往还甚久，辙与鲁直舅氏（李）公择相知不疏，读君之文，诵其诗，愿一见者久矣。"愿交虽久，而并未奉书："性拙且懒，终不能奉咫尺之书，致殷勤于左右，乃使鲁直以书先之，其为愧恨可量也。"但想到黄庭坚相知相爱之深，觉得书之先后不足介意，又轻轻拂去了自己的"愧恨"："自废弃以来，颓然自放，顽鄙愈甚，见者往往嗤笑，而鲁直犹有以取之。观鲁直之书，所以见爱者，与辙之爱鲁直无异也。然则，书之先后，不君则我，未足以为恨也。"这段文字，颇能代表苏辙散文平缓、婉转的特征。

三、语言平淡，体气高妙

这是苏辙散文最突出的特点。苏辙为文，"惮于修词"，不事雕琢，不求艳丽，冲雅澹泊，深醇温粹。正如宋孝宗对苏辙曾孙苏诩所说："子由之文，平淡而深造于理。"前面曾从内容上提及他的《东轩记》，这里我们再从艺术上来看看这篇文章的特色。此记首写修建东轩的经过；次写东轩建成后，自己因酒务繁忙却无暇在此宴息；文章的后一部分，也是主体部分，是抒发感慨。他说他少年时代曾怪颜回箪食瓢饮，居于陋巷，"何至困辱贫窭，自苦如此！"而现在他才懂得颜回的"自甘贫贱"，良有以也："及来筠州，勤劳盐米之间，无一日之休，虽欲弃尘垢，解羁絷，自放于道德之场，而事每劫而留之，然后知颜子之所以甘心贫贱，不肯求升斗之禄以自给者，良以害其学故也。"平平叙来，而后悔莫及之情却溢于言表。他说："士方其未闻大道，沉酣势力，以玉帛子女自厚，自以为乐矣。"——他过去就有点这种味道。"及其循理以求道，落其华而收其实，从容自得，不知夫天地之为大与生死之为变，而况其下者乎？故其乐也，足以易穷饿而不怨，虽南面之王不能加之。"——他现在懂得了轻外物，求自得之乐，可惜已经来不及了。他只希望能"归伏田里，治先人之弊庐，为环堵之室以居之，然后追求颜氏之乐"；但他自己"以谴来此"，身被"桎梏"，连"归伏田里"，也"非所敢望"。这篇文章语言极其平淡，思想却极其深沉，完全是仕途失意之人的大彻大悟之言，充分抒发了无可奈何的谪居之悲，"凄怆可诵"（茅坤《苏文定公文钞》卷一九）。

他晚年所作的《遗老斋记》，也以言浅意深为特征。这篇文章先叙遗老斋的修建和命名，接着回顾了一生的宦海浮沉，最后感慨道：

盖予之遭遇者再，皆古人所希有。然其间与世俗相从，事之不如意者十常六七。虽号为得志，而实不然。予闻之，乐莫善于如意，忧莫惨于不如意。今予退居一室之间，杜门却扫，不与物接。心之所可，未尝不行；心所不可，未尝不止；行止未尝少不如意，则予平生之乐，未有善于今日者矣。汝曹志之，学道而求寡过，如予今日之处遗老斋可也。

茅坤称赞此文"有老人之旨"。是的，这篇文章纯是一位饱经风霜的老人在向儿孙辈传授自己以数十年的宦海浮沉为代价换来的处世之旨，内涵非常丰富。首先，回顾往事，"虽号为得志，而其实不然"。他十九岁一举进士及第，元祐年间他由小小县令，"不五年而与闻国政"，表面看够"得志"了。但少年得志换得的是"流落凡二十余年"，"与闻国政"换得的是"播迁南荒，水陆万里"，而更重要的是自己的政治理想实现了哪一条呢？回顾往事真是得不偿失。其次，表面看他似乎对自己现在这种"闭门却扫，不与物接"的生活很满意："予平生之乐，未有善于今日者矣。"但是，像他这样一位从小关心国家治乱，从政四十余年的人，是不可能完全忘怀时事的。因此，正言若反，《遗老斋记》中那些看似轻松的话，实际反映了他对时局无可奈何的极其痛苦的心情。苏辙此文平淡无奇，嗜华丽者，鲜能好之；思想深沉，匆匆读过，鲜能知之。但如果反复咀嚼，往往觉得它确实"精妙有味"。

四、气象峥嵘，彩色绚烂

说苏辙散文以平淡为特征，并不是说他就不能写其他风格的文章。苏轼晚年《与侄书》（见赵令畤《侯鲭录》）说："凡文字，少小时虽令气象峥嵘，彩色绚烂，渐老渐熟，乃造平淡。其实不是平淡，绚烂之极也。汝只见爷（苏辙）伯（苏轼自指）而今平淡，一向只学此样。何不取旧时应举时文字看，高下抑扬，如龙蛇捉不住，当且学此。"这是讲苏辙"应举时文字"有

第三十三章 "小苏文一波三折"

"气象峥嵘，彩色绚烂"，"高下抑扬，如龙蛇捉不住"的一面。前面所举《唐论》《三国论》《民政策二》等，都具有这一特点。茅坤《苏文定公文钞》评苏辙"应举时文字"也经常说："此文如天马行空，而识见亦深刻"（卷六评《商论》）；"行文如神龙乘云于天之上，风雨上下，不可捉摸，不可测识，不可穷诘"（卷七评《老子论》）；"通篇如流风掣云，举子业中神解也"（卷一四评《臣事策》三）；"子由此文有大将挥兵之势，纵横捭阖，无不如意"（卷一五评《臣事策》八）；等等。其实，苏辙不仅"应举时文字"有"气象峥嵘，彩色绚烂"者，就是在以后的岁月中也有类似的篇章。

《黄楼赋》就是一篇"彩色绚烂"、颇事雕琢的文章。苏辙晚年说："余《黄楼赋》学《两都》也，晚年来不作此工夫之文。"（《栾城遗言》）此赋"东望则连山差参"，"南望则戏马之台"，"西望则山断为玦"，"北望则泗水淡漫"一大段，确实酷似班固《两都赋》的铺陈排比，而通篇的主客对话形式也是汉代大赋的惯用手法。让我们来读读其中的两段吧：

> 冯兹楼而四顾，览天宇之宏大。缭青山以为城，引长河而为带。平皋衍其如席，桑麻蔚乎旆旆。尽阡陌之纵横，分园庐之向背。放田渔于江浦，散牛羊于烟际。清风时起，微云霈霈。山川开阖，苍莽千里。

> 北望则泗水淡漫，古汴入焉。汇为涛渊，蛟龙所蟠。古木蔽空，乌鸟号呼。贾客连樯，联络城隅。送夕阳之西尽，导明月之东出。金钲（喻月）涌于青嶂，阴氛为之辟易（退隐）。窥人寰而直上，委余彩于沙碛。激飞槛而入户，使人体寒而战栗。息汹汹于群动，听川流之荡潏。可以起舞相命，一饮千石，遗弃忧患，超然自得。

所引前一段是对徐州总的形胜的描写，这里山环水抱，而城西一面又有数百里平川，桑麻丰茂，阡陌纵横，庐舍相连，牛羊满野。后一段是对徐州城北的描写，汴泗由西北而东南于徐州汇合，两岸古木蔽空，乌鸟呼号，幽静已极；江中商船，樯橹相接，繁华异常。接着是一个特写镜头，月出青山，阴氛顿扫,清光入户,寒意袭人,夜深人静,川流有声。在这样的月夜,黄楼上高朋满座,开怀畅饮,翩翩起舞,真是有如仙境,什么人间忧患当然都可忘怀。这样的刻意描写,在苏辙作品中是很少见的。不但苏辙"晚年不作此工夫之文",就是他一生中也所作不多。正因为这篇赋与苏辙固有的文风颇不同,因此当时就有人怀疑是东坡代作。苏轼在《答张文潜书》中说:"(子由)作《黄楼赋》、稍自振厉,若欲以警发愤愤者,而或者便谓仆代作,此尤可笑。"

苏辙贬官筠州期间所作的《庐山栖贤寺新修僧堂记》,也以"彩色绚烂"为特征,他对栖贤谷、三峡桥、寺院、僧堂的描写极其生动形象:

栖贤谷谷中多大石,岌嶪(高耸貌)相依,水行石间,其声如雷霆,如千乘车行者,震掉不能相持,虽三峡之险不能过也,故其桥曰三峡桥。渡桥而东,依山循水,水平如白练,横触巨石,汇为大车轮,流转汹涌,穷水之变。院据其上流,右倚石壁,左俯流水,石壁之趾,僧堂在焉。狂峰怪石,翔舞于檐上。杉松竹箭,横生倒植,葱蒨相纠。每大风雨至,堂中之人疑将压焉。

首写水石相激之声如雷霆,如车行;次写水石相激,流转汹涌之状,如大车轮;再写寺院的位置,倚石俯江;最后写僧堂的阴森可怖,怪石翔舞,松竹倒植,大有石将崩而堂将压之势。苏轼《与李公择书》说:"子由近作《栖贤堂记》,读之惨懔,觉崩崖飞瀑逼人寒栗。"《跋子由栖贤堂记》也说:"子由作《栖贤堂记》,读之便如在堂中,见水石阴森,草木胶葛。仆当为书之,刻石堂上,自欲与庐山结缘,他日入山,不为生客也。"王士祯说:"颍滨《栖贤堂记》,造语奇特,虽唐作者如刘梦得、柳子厚妙于语言,亦不能过之。……予游庐山至此,然后知其形容之妙,如丹青图画,后人不能及也。"(《带经堂诗话》)他们都指出了《栖贤堂记》具有语言生动、形象鲜明、气氛阴森的特点,能给人以如临其境、如闻其声之感。由此可见,苏辙散文虽以平淡为特征,但也具有多样化的风格。

第三十四章 "有王维辋川遗意"
——苏辙的诗歌

苏辙存诗一千七百余首，比存诗二千八百余首的苏轼为少。两兄弟的诗风很不相同，张耒《赠李德载》说："长公波涛万顷海，少公峭拔千寻麓。"苏轼诗气势磅礴，有如大海怒涛，汹涌澎湃；苏辙诗高雅闲淡，有如崇山茂林，幽深难测。方东澍说："（子由诗）用意用笔老重，不事驰骋，非余人浮情粗气，苟为惊俗，而意不可寻了，语句或失之平浅者可比。此所以为坡弟，能自立一队。大约以韩公为宗，而造句不及其奇崛。使才用笔，奇纵不及坡及太白、杜、韩。以此求之，可知家数大小优劣。"又说他"韵不及欧，快不及王，劲不及黄，奇肆不及子瞻，而妥帖大雅，亦可谓工矣"（《昭昧詹言》卷二）。这些话都比较准确地把握住了苏辙诗的特色及其与诸大家的区别。这里不准备做全面论述，只着重谈谈苏辙兄弟诗风的不同。

苏辙兄弟的南行途中诗，不少是同题分咏，最便于比较他们兄弟的不同诗风。苏轼诗以贬官黄州为界，有一个由豪放到渐趋平淡的发展过程。苏辙诗从一开始就以平淡为特征。南行途中苏辙兄弟都有《郭纶》诗，两诗的主旨完全相同，都对郭纶有功不赏寄予了深切的同情；但表现手法和艺术风格却完全不同。苏辙的《郭纶》是一篇长达二百九十字的五古，首写嘉州遇郭纶，中间以很大篇幅详尽记载郭纶自述其"有功不见赏"，最后是苏辙的感叹："予不识郭纶，闻此为敛容。一夫何足言，窃恐悲群雄。此非介子推，安肯不计功！郭纶未尝败，用之可前锋。"全诗娓娓叙事，确实堪称"静淡有味"，而结尾更是"一波三折"（刘熙载《艺概》评苏辙语）；"不识"而为之"敛容"，一折；由"一夫"不足道到担忧"群雄"寒心，又一折；以"此非介子推"反证郭纶"记功"正当，再一折；用人当用长，郭纶虽非介子推式的贤人，却是"未尝败"的猛将，是"用之可前锋"的，不应让其"憔悴落巴寶"，又是一折。仅这最后八句，涵蕴就非常丰富，曲折地表达了他对郭纶的同情，对朝廷赏罚不公的不满，真可谓"锻意深，下句熟"。苏轼的《郭纶》是一篇仅八句五十六字的七古，它以大开大合之笔为我们活画出了英雄无用武之地的郭纶形象。其中前四句是："河西猛士无人识，日暮津亭阅过船。路人但觉骢马瘦，不知铁槊大如椽。""首二句写出英雄失意之概"（纪昀评），以"阅过船"这样一个特写镜头，就烘托出了英雄放闲、百无聊赖的神情。"猛士"而"无人识"，眼前的"骢马瘦"与当年的"铁槊大如椽"，构成鲜明对比，既写出了当年的威武，又写出了眼下的潦倒。全诗气势磅礴，语言凝练，与苏辙娓娓叙事的手法迥然不同。

又如《舟中听大人弹琴》，题同，体同（同为七古），主旨同（同是歌颂苏洵琴技，崇尚古乐而不满世俗之乐）。苏辙的写法是由舟中听琴而联想到伯牙沧海学琴，末以"世人嚣嚣好丝竹，撞钟击鼓浪为荣。安知江琴独超绝，摆耳大笑不肯听"点明主题。全诗以写伯牙学琴为主，读起来平和婉转。苏轼的写法是由听琴而生议论："自从郑卫乱雅乐，古器残缺今已忘。千家寥落独琴在，有如老仙不死阅兴亡。世人不容独返古，强以新曲求铿锵。"全诗纵横恣肆，议论风生，与苏辙诗的平和婉转形成鲜明对比。

再如，苏辙兄弟都有《题仙都观》诗，苏轼诗以感叹物是人非开头，画面辽阔而气氛悲凉："山前江水流浩浩，山上苍苍松柏老。舟中行客去纷纷，古今换易如秋草。"接着写王方平、阴长生升仙的传说，更是天上、地下、人世、仙境融为一体，颇富浪漫主义幻想："空山楼观何峥嵘，真人王远阴长生。飞符御气朝百灵，悟道不复诵《黄庭》。龙车虎驾来下迎，去如旋风转紫清。"最后感叹人生虽短促，但仙仍不可学，他希望能像庄子那样逍遥游，追求精神的自由和解脱："真人厌世不回顾，世间生死如朝暮。学仙度世岂无人，餐霞绝粒长苦辛。安得独从逍遥君，泠然乘风驾浮云，超世无有我独存。"这就叫做博辩无涯，诗涛汹涌。苏辙同题诗写道："道士白发尊，面黑岚气染。自言王方平，学道古有验。道成白昼飞，人世不留窆（窆石，下葬所用）。后有阴长生，此地亦所占。并骑双翔龙，霞绶紫云担。扬扬玉堂上，

第三十四章 "有王维辋川遗意"

与世作丰歉。"一、二句写为他们介绍仙都古迹的道士发白而面黑,很善于把握山中道士的特征。"自言"四句写王方平的飞升,"后有"四句写阴长生的飞升。《仙都山阴君洞验记》有"鹤翔必年丰,鹿鸣必岁歉"的记载,最后两句即合写两位仙人的灵验,至今仍主管着人世的丰收歉收。他只平淡地叙事,确实以"不拘字面事料之丽"为特征,而又能做到"静淡有味"。

苏辙兄弟都作有《江上看山》,苏辙看到的是山色朝夕多变:"朝看江上枯崖山,憔悴荒村赤如赭。暮行百里一回头,落日孤云霭新画。前山更远色更深,谁知可爱信如今。唯有巫山最秾秀,依然不负远来心。"苏轼看到的完全是另一番景象:"船上看山如走马,倏忽过去数百群。前山槎牙忽变态,后岭杂沓如惊奔。仰看微径斜缭绕,上有行人高缥缈。舟中举手欲与言,孤帆南去如飞鸟。"这两首同题诗更足以说明苏辙兄弟诗风的不同。辙诗平淡,轼诗"雄悍"(纪昀评);辙诗多直叙,轼诗好比喻;辙诗"不拘字面事料之丽"而仍富有韵味,轼诗词理精确,形象生动,颇富文采。

苏辙兄弟的唱和诗,同样足以说明他们兄弟诗风的不同。当时凤翔有十个石鼓,每个鼓上刻有四言诗一首,韦应物认为是周文王之鼓,韩愈认为是周宣王之鼓(近人考证为秦刻石)。苏辙兄弟从韩说,写下了著名的《石鼓歌》。苏轼的《石鼓歌》首写石鼓字迹难辨,次写鼓出周宣,最后感叹石鼓经历了秦王朝的焚书坑儒却完好无恙:"六经既已委灰尘,此鼓亦当遭击剖。……是时石鼓何处避,无乃天工令鬼守?"苏轼此诗以"雄文健笔,句奇语重""澜翻无竭,笔力驰骋"为特征。特别是"模糊半已隐瘢胝,诘曲犹能辨跟肘"一段,写石鼓文之难认,"实景实事"(汪师韩《苏诗选评笺释》卷一),非常生动。苏辙并未亲到其地,他的和诗很难在描写"实景实事"上取胜,他于是在生发感慨上下工夫。他首先在有用、无用上做文章,文章一开头就写道:"岐山之阳石为鼓,叩之不鸣悬无虡(悬挂乐器的木架)。以为无用百无直,以为有用万物祖。置身无用有用间,自托周宣谁敢侮。"接着他说,周宣王时的有用之物早都荡然无存了:"宣王没后坟垅平,秦野苍茫不知处。周人旧物惟存石,文武遗民尽囚虏。鼎钟无在铸戈戟,宫殿已倒生禾黍。厉、宣子孙窜四方,昭穆错乱不存谱。……彼皆有用世所好,天地能生不能主。"有用、无用之类的话，本来是老、庄的陈词，但我们读起来仍觉有味，除他一连举出了宣王坟平、遗民星散、钟鼎铸成了戈戟、宫殿长满了禾黍等事实外，更在于他发出了"天地能生不能主"这样深沉的感慨。为了进一步说明有用之害，他又举了一个例子："君看项籍猛如狼，身死未冷割为脯。马童杨喜岂不仁，待汝封侯非怨汝。"《史记·项羽本纪》："项王身被十余创，顾见汉骑司马吕马童曰：'若非吾故人乎？'马童面之（面，不正视），指王翳曰：'此项王也。'项王乃曰：'吾闻汉购我头千金，邑万户，吾为若德。'乃自刎而死。王翳取其头，余骑相蹂争项王，相杀者数十人。最其后，郎中骑杨喜、骑司马吕马童、郎中吕胜、杨武各得其一体。"为了"千金，邑万户"，虽是"故人"，也不惜割其一体，"有用"（"待汝封侯"）真是罪过！项羽自刎于乌江是家喻户晓的故事，但经苏辙这样一提炼、点染，就令人触目惊心。这同样是"炼意深"的明证。接着，苏辙写石鼓以无用得全："惟有苍石于此时，独以无用不见数。形骸偃蹇（偃卧）任苔藓，文字皴剥困风雨。遭乱既以无用全，有用还为太平取。"石鼓虽以无用而自全，但又不是真的无用，在太平之世，石鼓会引起人们对往事的追忆和对历史经验的总结。这样全诗很自然地过渡到以周之仁政和秦之暴政做对比："宣王用兵征四国，北摧犬戎南服楚。将帅用命士卒欢，死生不愿阚鸺虎。问之何术能使然？抚之如子敬如父。弱柳贯鱼鱼弗违，仁人在上民不怒。请看石鼓非徒然，长笑泰山刻秦语。"石鼓文对宣王的歌颂是如实的，因为宣王兵征四国，爱民如子。而秦始皇游泰山，刻石颂秦功德只是给后人留下笑柄而已。讥秦暴政，仅用此一句刹住，却给人留下回味的余地。苏轼的《石鼓歌》"句奇语重"，纵横恣肆。苏辙的和诗却语言平淡，行文舒缓而寄慨遥深。就语言的形象和诗歌的气势而言，诚如王士祯所说："苏文忠公《凤翔八观》诗（《石鼓歌》为其一），古今奇作，与杜子美、韩退之鼎峙。文定皆有和作，谓之《岐梁唱和集》，然魄力不逮文忠矣。"但就风格淡雅而思想深沉而言，苏辙和作亦有其独到之处。

熙宁年间，苏辙兄弟诗风的区别尤为鲜明。苏轼赴杭途中，与苏辙共同赴颍川拜谒恩师欧阳修时，同作了咏欧阳修所蓄石屏的诗。苏辙的诗是正面描写石屏纹脉所形成的老槔、病松、丘陵、云烟，远非人工绘画所能比拟：

第三十四章 "有王维辋川遗意"

"老樗肃落但存骨，病松憔悴空留须。丘陵迤逦山麓近，云烟澹霭风雨余。……赋形简易神自足，鄙弃笔墨嗟勤劬。"(《欧阳公所蓄石屏》)苏轼诗却笔下含情，气势磅礴："何人遗公石屏风，上有水墨稀微踪。不画长林与巨植，独画峨眉山西雪岭上万岁不老之孤松。"而且想象奇特，在苏轼看来，这屏上的孤松，似乎是唐代工于画松的毕宏、韦偃的精灵所化："我恐毕宏、韦偃死葬虢山下，骨可朽矣心难穷。神机巧思无所发，化为烟霏沦石中。"最后他甚至把想象当事实，竟劝欧阳修作诗安慰这两位"不遇"的画师："愿公作诗慰不遇，无使二子含愤泣幽宫。"这种以无为有、以假作真的写法在苏辙诗中是很难找到的。

苏轼的《游金山寺》诗也以想象奇特见称。他写在金山寺上俯瞰长江，不仅写出了从日落到深夜所见的不同景色，而且给人以阴森可怖、毛骨悚然之感："羁愁畏晚寻归楫，山僧苦留看落日。微风万顷靴文细，断霞半空鱼尾赤。是时江月初生魄，二更月落天深黑。江心似有炬火明，飞焰照山栖鸟惊。怅然归卧心莫识，非鬼非人竟何物？"面对如此多姿的江山，而自己却不能归卧江湖，似乎江神都在"见怪"："江山如此不归山，江神见怪惊我顽。"他又同样以虚为实，竟对江神发起誓来："我谢江神岂得已，有田不归如江水。"这样结尾，确实如汪师韩所评："思及江神见怪，而终之以归田，矜奇之语，见道之言。"苏辙的《和子瞻金山》却没有这类"矜奇之语"，他首写长江、金山："长江欲尽阔无边，金山当中唯一石。潮平风静日浮海，缥缈楼台转金碧。"一、三句写江，二、四句写山。长江无边无际，似与大海相连；金山耸立江心，寺观缥缈而又金碧辉煌。起笔虽无苏轼原唱概括凝练(汪师韩：轼诗"起二句将万里程、半生事一笔道尽")，但也还颇能把握镇江金山寺江阔山幽的特色。次写苏轼来到金山，进一步写江："瓜洲初见石头城，城下波涛与海平。中流转柂疑无岸，泊舟未定僧先迎。"再写苏轼游金山所见，进一步写山："山中岑寂恐未足，复将江水绕山麓。四无邻家群动息，钟声铿锽答山谷。乌鸢力薄堕中路，惟有胡鹰石上宿。"最后写山上游客甚多，老僧迎送甚忙，苏轼爱山不归："谁知江海多行舟，游人上下夺岩幽。老僧心定身不定，送往迎来何时竟？朝游未厌夜未归，爱山如此如公稀。"全诗内容的转折与换韵相配合，或四句一韵，或六句一韵，或两句一韵，活泼跳荡。虽无原唱的气势，却也流丽婉转，轻松自然。

苏轼的《望湖楼醉书》，写西湖的陡雨陡晴，也以气势胜："黑云翻墨未遮山，白雨跳珠乱如船。卷地风来忽吹散，望湖楼下水连天。"苏辙的《次韵子瞻望湖楼上五绝》同样以淡雅轻灵见长："欲看西湖两岸山，卧乘湖上木兰船。湖山已自随船改，更值阴晴欲雨天。"

苏轼晚年有意学陶，诗风渐趋平淡，与苏辙的诗风比较接近。即使如此，苏轼诗仍时露本色，他的一些奇思妙想同样是苏辙所没有的。苏轼在渡海赴海南贬所时，回望中原，只见积水茫茫，深感北归无望。但一转念，他觉得海山呼啸，仿佛是群仙正在举行宴会，庆贺他北归有期："千山动鳞甲，万谷酣笙钟。安知非群仙，钧天宴未终。喜我归有期，举酒属青童。"（《行琼儋间……戏作此数句》）苏辙的《次韵子瞻过海》，首先感慨哥哥比自己还倒霉，哥哥"渡海南"，自己"犹在寰海中"。接着回顾往事，深感万事皆空，前途渺茫："平生定何有，此去未可穷。"最后他针对哥哥"归有期"的幻觉，要哥哥做好"兹焉若将终"的准备，并预感到他们今后见面也许只有在仙山佛国了："一瞬千佛土，相期兜率宫。"从这首诗不难看出，苏辙仍保持着他那深邃冷静的思想和净淡有味的诗风。苏轼直至晚年，仍不失其诗人特有的奔放激情；苏辙却一直像一位冷眼观世的哲人，不时发出一些看似寻常却耐人品味的哲人之思。这也许就是苏轼所说的"子由近道"吧！

以上以苏辙兄弟的唱和诗和同题分咏诗比较了他们兄弟的不同诗风。但是，最能代表苏辙诗风的，还是他那些写景、咏物、咏史、题画以及抒写个人闲适生活的小诗。写景如《竹坞》：

空陂放修竹，肃肃复冥冥。
莫除坞外笋，从使入园生。

后二句抒发了他那爱竹、惜竹之情。又如《溪光亭》：

第三十四章 "有王维辋川遗意"

> 溪亭新雨余,积色明滉漾。
> 鸟渡夕阳中,鱼行白石上。

清新淡雅,诗中有画,置之王维集中,几不能辨。

咏物如《再和十首》之一:

> 涧草岩花日日开,江南秋尽似春回。
> 旋开还落无人顾,惟有山蜂暖尚来。

以蜂尚来反衬无人顾,含不尽之意,这些山花正是贬官筠州的苏辙的自我写照。

咏史如《虞姬墓》:

> 布叛增亡国已空,摧残羽翮自令穷。
> 艰难独与虞姬共,谁使西来敌沛公?

布,指英布,他初从项羽,后归汉,成为刘邦的干将。增,指范增,项羽谋士,曾劝项羽杀刘邦,羽不听。后来项羽又中刘邦反间计,削增之权。增愤而离羽,疽死彭城。虞姬,项羽之姬。沛公,即刘邦。这首诗对项羽不能用人,招致兵败身亡进行了无情的讽刺。

题画如《题李公麟山庄图二十韵》,其中《芗茅馆》云:

> 山居少华丽,牵茅结净屋。
> 此间不受尘,幽人亦新沐。

《栖云室》云:

> 石室空无主,浮云自去来。

人间春雨足,归意带风雷。

前首写芗茅馆的朴素明净,后首写栖云室的空寂无人,都具有王维诗的静淡风味。杨升庵盛赞苏辙这一组诗,认为"奇景奇句,可诵可想","泉亦奇,诗亦奇,何异王右丞!"(《升庵诗话》卷一、一四)杨升庵还说:"宋诗信不及唐,然其中岂无可匹敌者?在选者眼力耳。……苏子由《中秋夕》云:'巧转上人衣,徐行度楼角。河汉冷无云,冥冥独飞鹊。'《旅行》云:'猿狖号古木,鱼龙泣夜潭。行人已天北,思妇隔江南。'"杨慎认为这些诗都"有王维辋川遗意,谁谓宋无诗乎?"(同上卷五)

苏辙那些抒写个人闲适生活的诗篇,更酷似王维、孟浩然,如《答文与可以六言诗相示,因道济南事》:

野步西湖绿缛,晴登北渚烟绵。
蒲莲自可供腹,鱼蟹何尝要钱。

饮酒方桥夜月,钓鱼画舫秋风。
冉冉荷香不断,悠悠水面无穷。

特别是他的《南窗》诗,更以闲逸淡远、语浅意深为特征:

京城三日雪,雪尽泥方深。
闭门谢往还,不闻车马音。
西斋书帙乱,南窗初日升。
展转守床榻,欲起复不能。
开户失琼玉,满阶松竹阴。
客从远方来,疑我何苦心。
疏拙自当尔,有酒聊共斟。

第三十四章 "有王维辋川遗意"

这是苏辙因制策忤世,留京侍父期间所作的诗。表面看是写他那闲适疏懒的生活,实际抒发了郁郁寡欢之情。清人叶乔然说:"苏栾城诗,世不多见。东坡尝言:'其《南窗》诗,人间当录数百本。'今读之,清逸闲适,淡致如许……此诗当于陶、柳门外另置一席。"(《龙性堂诗话续集》)确实如此,如果说苏轼诗"本似李杜"(苏辙《东坡先生墓志铭》),那么,苏辙诗就更似陶、柳、王、孟一派。

第三十五章 "各自胜绝无彼此"
——二苏比较

苏辙兄弟诗文的优劣,历来有不同看法。首先提出这个问题的就是他们自己,他们都说自己不如对方。苏轼说:"子由诗过吾远甚。"(《记子由诗》)又说:"子由之文实胜仆,而世俗不知,乃以为不如。其为人深不愿人知之,其文如其为人。故汪洋澹泊,有一唱三叹之声,而其秀杰之气终不可没。"(《答张文潜书》)这并不是什么自谦之词,而是苏轼的真心话。苏轼论诗论文都追求"质而实绮,癯而实腴"(苏辙《子瞻和陶诗引》)、"外枯中膏,似淡而实美"(苏轼《评韩柳诗》)的艺术风格,苏辙"汪洋澹泊"的艺术风格正符合他的审美趣味。苏辙则认为自己不如哥哥,至少在苏轼谪居黄州以后自己是赶不上了。他在《子瞻和陶诗引》中说:"子瞻常称辙诗有古人之风,自以为不若也。然自其斥居东坡,其学日进,沛然如川之方至,其诗比杜子美、李太白有余,遂与渊明比,辙虽驰骤从之,常出其后。""(轼)尝谓辙曰:'吾视今世学者,独子可与我上下耳。'既而谪居于黄,杜门深居,驰骋翰墨,其文一变,如川之方至,而辙瞠然不能及矣。"(《亡兄子瞻端明墓志铭》)苏轼去世后不久,在《题东坡遗墨后》中说:"少年喜为文,兄弟俱有名。世人不妄言,知我不如兄。"看来,他对哥哥的推崇也是真诚的。

一般"世人"虽认为苏辙"不如兄",但也有认为苏轼不如弟者。其一为苏辙兄弟的好友刘贡父,他曾说苏辙"所作强于乃兄"(《栾城遗言》);其二为苏门四学士之一的秦观,他在《答傅彬老简》中说:

阁下又谓三苏之中,所愿学者登州(苏轼)为最优,于此犹非也。老苏先生,吾不及识其人。今中书(苏轼)、补阙(苏辙),则仆尝身事之矣。中

第三十五章 "各自胜绝无彼此"

书之道如日月星辰,经纬天地,有生之类皆知仰其高明。补阙则不然,其道如元气,行于混沦之中,万物由之而不知之。故中书尝自谓"吾不及子由",仆窃以为知言。

从秦观这段话可看出,在苏辙兄弟生前,对其诗文的评价就有两种截然相反的看法。傅彬老认为苏轼"为最优",秦观却认为苏轼"不及子由"。秦观还具体比较了苏辙兄弟的不同文风,认为轼文如日月,一望可知;辙文如元气,深不可测。这大概也是世人不太欣赏(因为不太理解)苏辙诗文的原因吧!

在苏辙兄弟去世后,历代都有一些特别推崇苏辙诗文的人。周必大说:

吾友陆务观,当今诗人之冠冕,劝予哦苏黄门诗。退取《栾城集》观,殊未识其旨趣。甲申闰月辛未,郊居无事,天寒踞炉如饿鸱。刘友子澄忽自城中寄此卷相示,快读数过,温雅高妙,如佳人独立,姿态易见。然后知务观于此道真先觉也。(《跋子由〈和刘贡父省上示坐客〉诗》)

这篇《跋》有以下几点值得注意:(1)作为南宋"诗人之冠冕"的陆游,特别向周必大推荐苏辙诗。(2)被宋高宗誉为"掌制手",著有《二老堂诗话》的周必大,经友人推荐后,特意取读《栾城集》,仍"未识其旨趣"。这就难怪朱熹说"子由文字不甚分晓",要"识其旨趣",殊非易事。(3)周必大在"郊居无事"时,读苏辙诗"数过",才体会到苏辙诗的"温雅高妙",才懂得陆游欣赏苏辙诗"真先觉也"。这又说明苏辙诗的高妙确系事实,只是不易体味罢了。

元人方回也说:"子由诗佳处,世鲜会者。"又说:"周益公尝问陆放翁以作诗之法,放翁对以宜读苏黄门诗。……或问苏子瞻胜子由否?以予观之,子瞻浩博无涯,所谓'诗涛汹退之'也,不若'诗骨耸东野'则易学矣。子由诗静淡有味,不拘字面事料之丽,而锻意深,下句熟。东坡自谓不如子由,识者宜细咀之可也。"(《瀛奎律髓》卷一〇、二四)明人杨升庵说:"放翁谓子由诗胜子瞻,亦有见也。"(《升庵诗话》卷一)清人也有持类似看法,如贺

229

裳说："栾城身份气概总不如兄，然潇洒俊逸，于雄豪英发中兼有醇醪饮人之致。虽亦远于唐音，实宋诗之可喜者也。吾曛之殆甚于老坡，长律尤多可喜。"其下他一面举苏辙之诗，一面评论说："苍茫深沉，即列之唐人中，亦铮铮者"；"不惟音节入古，且言外感慨悲凉……大苏集中未见有是。"

持不同看法者，历史上当然也大有人在。清人王士祯不但不同意苏轼所谓"子由诗过吾远胜"的评价，甚至也不同意苏辙的自评。他说："文定作《文忠墓志》，谓'自黄州后，其文一变，如川之方至，而辙瞠乎不能及。'然此早岁之作（指《岐梁唱和集》），亦自不敌矣。"（《带经堂诗话》卷二）纪昀也反驳方回说："此论似高而非"，"子由诗究不及东坡"（《瀛奎律髓》卷二四纪批）。张谦宜《絸斋诗话》卷五甚至说："子由诗势平而意浅，不足起发人；文亦应酬故套，读之无味。"

以上两种对立的意见有一个共同特点就是笼统地对苏辙兄弟的诗文定高低，分优劣，这是很难令人信服的。需要的是做客观的、具体的分析。元人刘壎在这方面做得比较好，他说："老泉之文豪健，东坡之文奇纵，而颍滨之文深沉，差不及其父兄，故世之读之者鲜焉。惟进卷中《历代论》如《夏》《商》《三国》《东晋》数篇，却自精妙有味。他作如《御风辞》，超然特出者甚少，然其所作《古史》，则议论高绝，又非坡所及。"刘壎的具体评断，当然还会有不同看法。但他这种具体分析的方法却是值得肯定的。他肯定了三苏父子各有不同的风格，或豪健，或奇纵，或深沉。他对苏辙也做出了总的评价，认为"差不及其父兄"。这也是大体公正的，至少苏辙在文学艺术领域没有苏轼发展全面，在美学思想、书法绘画方面都不能与苏轼媲美，脍炙人口的诗文名篇也远没有苏轼那样多。但又不能一概而论，其《古史》"议论高绝，又非坡所及"。也就是说，苏辙在某些方面也有超过苏轼之处。这样具体分析，就令人信服得多了。

问题的症结就在于苏辙兄弟的诗文风格不同，喜奇纵明快者就更推崇苏轼，喜深醇雅淡者就更推崇苏辙。苏辙在《王维吴道子画》中曾说："优柔自好勇自强，各自胜绝无彼此。"我们应该以苏辙评价王维、吴道子画的态度来评价苏辙兄弟的诗文，承认美的多样性，承认他们不同的风格的诗文都是祖

第三十五章 "各自胜绝无彼此"

国文苑中的奇葩。王巩在《苏黄门挽词》中讲到苏轼葬郏城,苏辙将葬眉州(后仍葬郏城)时曾说:"弟兄仁达意,千古各垂名。"我们同样可借这句话来评价苏辙兄弟在文学史上的地位,他们都是文学史上名垂千古的人物。朱右所编《八先生文集》、唐顺之的《文编》、茅坤的《唐宋八大家文钞》、储欣的《唐宋十大家全集录》,苏辙兄弟均在选,他们的诗文都成了后世研究、学习的典范。

参考书目

苏辙. 栾城集. 上海：上海古籍出版社，1987.
苏辙. 龙川略志/龙川别志. 北京：中华书局，1982.
苏洵. 嘉祐集. 上海：上海古籍出版社，1993.
苏轼诗集. 北京：中华书局，1982.
苏轼文集. 北京：中华书局，1986.
苏过. 斜川集. 知不足斋丛书.
苏籀. 栾城遗言. 续金华丛书.
张方平. 乐全集. 四库全书.
欧阳修. 居士集. 四部丛刊.
文同. 丹渊集. 四库全书.
曾巩. 元丰类稿. 四部丛刊.
司马光. 传家集. 四部丛刊.
孙汝听. 苏颍滨年表. 上海：上海古籍出版社，1987.
续资治通鉴长编. 北京：中华书局，1979.
续资治通鉴. 北京：中华书局，1957.
宋史. 北京：中华书局，1977.
王文诰. 苏文忠公诗编注集成总案. 成都：巴蜀书社，1985.